U0465745

吉红江◎著

零售风口

关于 新零售 新思维 新店面

图书在版编目(CIP)数据

零售风口：关于新零售 新思维 新店面 / 吉红江著. -- 北京：中国书籍出版社，2017.11
ISBN 978-7-5068-6599-9

Ⅰ. ①零… Ⅱ. ①吉… Ⅲ. ①零售业 – 商业经营 Ⅳ. ① F713.32

中国版本图书馆 CIP 数据核字 (2017) 第 273928 号

零售风口——关于新零售 新思维 新店面

吉红江 著

责任编辑 姜 佳 戎婧铱
封面设计 唐甜甜
出版发行 中国书籍出版社
地 址 北京市丰台区三路居路 97 号（邮编：100073）
电 话 （010）52257143（总编室） （010）52257153（发行部）
电子邮箱 eo@chinabp.com.cn
经 销 全国新华书店
印 刷 荣成市印刷厂有限公司
开 本 787mm × 1092mm 1/16
字 数 285 千字
印 张 20
版 次 2018 年 1 月第 1 版 2018 年 4 月第 2 次印刷
书 号 ISBN 978-7-5068-6599-9
定 价 68.00 元

未来定义未来——未来已来

我与吉兄相识良久，始终认为他是中国零售行业中既有丰富的企业经营管理实战经验，又善于进行理论研究的一位专家级的双料企业家。他既能站在企业与市场的立场思考理论，又能在理论的研究中落位于企业的经营发展和创新转型，再用理论的高度践行于企业和市场。一句话概括就是：企业家和理论家跨界，实战派与学院派的合体。

接到吉兄写序的邀请，我顿感“压力山大”，自己虽在零售行业打拼了二十多年，一直从事企业经营、管理工作，一直保持学习的习惯，但充其量算是一个“零售老兵”，更未曾为他人作过序，心里极为忐忑。思索良久，既然自己不是“高人”、“专家”，就不要“之乎者也”锦绣文章了，干脆简单直接、有一说一，希望各位读者不要见怪。

吉先生最让我钦佩的是他对商业的敏锐嗅觉，每次与他交流，都能为我带来最新的市场动态及行业趋势变化。市场上的每一类商业模式创新，他都能最先感知、了解并去深入探究，并立即进行提炼总结。而且吉先生自从业以来一直如此坚持，实属难能可贵。他总能用自己丰富的经验、敏锐的洞察力与求知欲，第一时间洞悉这些变化且不吝分享。他就是以这样一种方式在风云变幻的零售市场执着地做一件事、出一份力、发一种声、尽一份心，孤独而坚定地坚持着自己的那份热爱与初心。

这本书是吉先生在零售行业进入信息、互联网、大数据时代的背景下，面对行业进入后互联网时代的战略时期，通过大量的走访、观察、座谈讨论与精心研究推出的一本关于未来新零售的书。该书以各个零售业态的创新企业与模式为案例，进行思考与研究，并没有固化地强调一个既定的观念与标准，更多的是启发、启迪、激发大家思考与对标，更像是一个“百家争鸣、百花齐放、万众创新”的抛砖引玉之作。与其说是一本书，不如说是对当下零售市场、业态、新企业、新模式、新变化的研究和提炼。

这正是这本书与吉先生的与众不同之处，所谓“兵无常势，水无常形”，没有永远先进的模式，一切都是“丛林法则”。当下中国零售行业有太多的概念和高端的名词、华丽的理论、动听的模式，但我们更需要的是践行与实际地投入其中，去坚决地做，去大胆试错、纠错，去执着和推动。这本书中介绍的各业态的创新者可以给我们带来生动的参照和对标。我个人始终认为“正确的不一定是对的，只有适合自己、适合自己企业发展的才是对的”。“过去成功的模式是不可复制的”，成功的模式往往是企业成功后提炼出来的，天时、地利、人和的条件各有不同，只有结合自己企业的实际情况学习、借鉴，才能取得成功。大道至简、见路不走，合适的才是最好的。

零售业是一个最古老的行业，也是一个比较“苦逼”的职业，需要的是坚守与执着、热爱与激情、创新与超越，这也是我们这代零售人的使命与责任。

一份责任，一份理想，一份坚守，一份期望，这正是吉红江先生潜心两年多来著作这本书的初衷吧。

开卷有益，在此将本书推荐给大家，希望此书可以给每一位读者带来一份启迪，带来一些思考，带来一些新元素或新思路。

“Future Defines Future”，未来定义未来 —— 未来已来。

辛克侠

2017 年 7 月 1 日

注：辛克侠先生历任海尔集团有限公司总经理、国美电器有限公司副总裁、月星集团有限公司副总裁。现任宏图高科总裁、宏图三胞董事长、Brookstone（博斯通）中国 CEO。

探底客户需求，破译客户心智
——给新零售贴上一个属于自己的标签

随着信息技术的高速发展，互联网工具的广泛应用，人们的行为习惯发生了改变，这也导致各行各业呈现出新模式、新面貌。在此背景下，作者聚焦零售行业，从三个立体维度开始设计推演，打通零售的过去，规划零售的当下，推演零售的未来，深入探究新零售的发展。

利用大数据分析对数千名消费者购买行为进行探底分析对比，通过走访上百家国内外有明显标签的IT潮品综合店面，（写出）作者总结出了新零售时代的新思维方式，并详尽阐述具有极强代表性的未来店面标准流程。

这本书无论对创业者，还是正在实践操作运行的高管和老板，甚至是零售爱好者，都会有深刻启发和触动。作者立足时间、空间、角度三个维次，梳理了传统零售的进程，展望了新零售的发展趋势，从全新的思维角度，精准设计了当下零售店面的操作手册，这本书可以说是一本传统零售向新零售裂变的宝典。

本书精准定位了零售关键要素：我是谁，到哪去，怎么去，和谁去，以及卖什么，怎么卖，在哪儿卖，谁来卖。全书包含了笔者十几年的IT零售体验精髓，作者用精准的思维体系，通过自身对零售的体验，从中找到了新零售的核心命脉，转身结合当下，写出了本书。

此书深刻阐明了从传统零售向新零售发展的战略方向，同时也解析了具体规划和行动指南。只要读者透彻理解本书，对零售事业会有很大帮助。

新时代、新未来，在共享时代，思想的分享价值更为重要，借此书核心思维，祝各位新零售转型成功。

王景铎

2017 年 6 月 20 于大连

注：王景铎先生为大连拓金创始人，总经理。

零售就是服务好顾客

零售业发展到现在，随着各种创新技术的应用，业态日益精彩纷呈。随着移动互联网和物联网的应用不断深化，相信带来的冲击和变革会更加迅速。无论是小目标和外星人的世纪之赌，还是阿里京东两大门派的市场份额之争，消费类电子产品由于其产品的标准化和同质化，始终处于零售业态变化的风口。

自2010年起，电子商务的迅猛发展把线下的零售业态冲击的七零八落，而随着移动互联网的崛起，O2O业态又让线下零售商看到了一些机遇。机遇也好，冲击也罢，零售业态的核心还是抓住顾客的需求痛点，满足顾客的需求。这就需要从业者从产品线的选择、店面布局、服务的无缝衔接等每一个维度，都能有一个全新的面貌来展现给顾客，满足顾客不同的需求痛点。

作者在业内潜心研究多年，并且经历了零售业态的各种变化，不辞辛苦走访国内大大小小千余家的零售店面，累积了广泛的素材和零售大数据。他把这些优秀店面的案例和大数据加以总结，目的是分享给业内同仁，让大家能从中借鉴经验教训，从而结合自身的经营，能更好地发展自己的业务。在这里毋庸赘言，还是让“玉”尽快呈现出来。

王宇德

2017年6月26日

注：王宇德先生为创新（creative）中国原中国区总经理，现为青岛创新未来董事长。

思想，只有分享，才有价值

2005年，已经工作四年多的我进入IT分销领域，做的第一个产品就是苹果，没想到这一做就是十多年，这十多年能够跟着苹果的大趋势，着实是一种荣幸。

从入行开始，我一边做销售，一边给客户做培训，因为我一直认为给客户提供产品、账期、授权等等都是公司的资源，客户也会认为天经地义，其实这没什么错，这本身也就是一个生意；但是如果想让客户尊重你，你需要给他们带来更多额外的个人价值，这需要更多的个人努力，而培训就是其中最好的方式之一。如果你能给客户更多的培训，他们生意越来越好，对你的业务自然也就越来越有帮助。

培训一直坚持到2014年，因为工作越来越忙，业余时间给客户培训的机会越来越少，于是很多朋友就建议我开一个专栏，把自己的经验写出来分享给大家。纠结了一段时期，毕竟我既不懂技术又很久没有提笔写作，再加上当时我转型负责做互联网BTB业务的筹建，时间更加紧张，但最终还是鼓起勇气，开始了我到现在一直在坚持的尝试：通过微信公众账号给大家推送文章。

为此这三年，我放弃了看电视、旅游、看电影等大量的业余时间，有时候为了一篇文章经常写到半夜，周末也是经常一杯茶一个笔记本度过一天。但一开始的阅读量非常低，多的几百左右，少的只有几十；这期间苹果的一个高管在他的朋友圈推送过一次我写顺电的文章，达到了3000多的阅读量，给了我莫大的信心，继而断断续续，一直在坚持，也让我认识到：坚持，也是一种无法估量的价值。

我研究的领域基本上是零售的发展趋势（当然我主力是研究 BTB，不过因为当时涉及自身的工作，没有分享过这方面的内容），包含潮品店、智能产品走势、如何线上线下结合等等，中间我还做过直播、群培训、网络培训等，虽然个人会比较辛苦，但是一大批不认识的零售商逐渐都成为了朋友，也为很多零售商带去了更多的启发和帮助，让他们在新零售转型这条路上看得更清晰，同时给自己所在的公司也带来了大量的优质客户资源，这正是一举多得的事情，分享的价值超过了我的预期。

去年开始，很多零售商朋友建议我将文章集结出版，但是因为在职加上当时的 BTB 业务处于关键时期，就一直没有具体的行动，直到最近我有了足够的时间，经过数次的修改，才有机会出一本属于零售商自己的书。因为这都是一些个人的思考和总结，一定还有很多不完善、甚至是不准确的的地方，还请业界朋友多多指正。

本书分为三个维度，新零售、新思维、新店面。新零售，主要探讨未来的实体零售走势及发展机会；新思维，针对不同的店面、时间段、服务等提出一些相对具体的建议；新店面，主要描述了这几年出现的一些不同风格的店面，其中有的还在高速发展，有的曾经做出过一定的行业影响力但也已经在走下坡路，所以无论哪种维度都值得我们思考。但是店面的案例都是已经发生过的结果，真正的未来，还需要他们自己去验证，希望大家都能走的更远。

另外，关于传统零售，大家也有很多误解，一说到“传统”就一无是处，这是不严谨的。传统公司依旧拥有自己的优势，很多传统的办法依旧有效，人才、经验的积累是花钱也买不到的。新零售公司也不全是优点，也有经验不足、管理等方面的问题，相互学习、相互借鉴，才是最佳的配合。希望阅读本书的时候，您能够有清晰的认识。

感谢创新未来总经理王宇德先生的鼎力协助，没有他，这本书也不可能很快出版；也感谢一路走来各位同事、朋友的理解、支持和协助！

“雄关漫道真如铁，而今迈步从头越”，以此书献给所有的零售商朋友以及所有对新零售有兴趣的人，让我们在新零售的道路上，走得更远、更加辉煌！

西楼

2017年6月12日于苏州家中

目　录

第一部分 新零售

传统零售业企业的“新零售”思维

线下零售业的未来

面对互联网，传统零售业惧怕什么？

传统企业的互联网思考

微店——线下零售店的最佳OTO工具

传统零售企业转型的七大壁垒

潮品店来袭，2017年能开出1500家吗？

一个不让拍照的店面不是好店面

专卖店生死劫

|第一章|

传统零售业企业的“新零售”思维

线下实体零售店面现在又成了一个热门词汇，又变成了一个新的风口，这离喋喋不休地说线下没有机会了也并没有几年时间，就被另外一个马云提及的“新零售”这个词汇快速取代，成为各方精英专家口中的又一次历史性机遇，但是真正的“新零售”还只是理论和方向，现在都是各路神通尝试探寻的阶段，并没有一个完全成型的标准或者方案。对于线下实体零售而言这是最坏的时代，也是最好的时代，无论怎样的时代，实践的意义都大于空谈和教条。

线下实体零售门店，这几年发展很不顺利，能够看到最多的行业新闻不再是开店，而是关店潮。无论是沃尔玛这样的大型超市，还是苏宁国美这样的电器连锁，或是各地的区域电脑城，关店潮似乎一直就没有停下来过，大有线下实体零售已死的趋势，究其原因，无非是说线下实体零售业不适应时代发展、受到了电商的冲击等等，但真实的原因在哪里？这里做一个简洁而深入的分析。

1. 零售定位错位

线下实体零售店兴盛于改革开放之后，第一批专卖店体系是建立在供不应求的基础之上的，加上中国的市场是逐步对外开放的，上世纪末外资品牌授权专卖店大举进入中国市场时受限于不了解中国市场，一般采用总代理模式，逐级往下分销，国内的经销商只要能够拿到代理资格，一般都是稳赚不赔。所以，一般经销商都是将厂商、总代理定义为用户，主要的精力是把厂商、总代理服务好。

当然在当时的情况下，甚至说就在当下，确实只要服务好上游，就有赚钱的机会，这也无可厚非；但是对于下游的消费者，有时却采用简单粗暴甚至是坑蒙拐骗的服务方式，让很多消费者上当受骗，积怨颇多。随着互联网的激进发展，消费者本身也在变化升级，但是线下实体零售业并没有意识到这种变化并及时去调整定义用户，造成机会的缺失。

用户定位出现的差错，是线下实体零售业出现问题的根本因素，也是造成大家没有及时调整自己的经营战略根本原因，等坎坎坷坷几年后才发现问题实质的时候，野蛮人已经站到了家门口，甚至已经登堂入室，这时惊慌失措下的举动，大多都是仓促和不合时宜的了。

2. 零售经营粗放

因为所处的时代属于求大于供，所以零售商大多数采用粗放式经营，店面形象前期比较杂乱，后期随着竞争的加剧，有一定的规范性。但是想想曾经的电脑城，看看现在的通讯市场、通讯卖场，就知道，曾经的专卖店是怎样的情景。

环境不好还仅仅是一方面，在日常管理上，店面还存在不专业、欺行霸市甚至欺骗用户等问题，极少考虑用户的感受和体验，更多地采用赚取“快钱”的方式，造成店面没有长期策略。短视给店面带来的是长期生存的压力，这就是一种鼠目寸光的效应，问题的累积会达到一个爆发点。

3. 品牌更迭连带错杀

之前的零售商大多数围绕一个品牌操作，聪明有实力一点的会以一个品牌为主，几个品牌为辅，注册多个公司使用不同方向的策略。但是无论哪种，都会被其中主要品牌的命运所绑定，这样，当个别品牌出现问题的时候，就会“错杀”整个渠道中的核心零售商，说是“错杀”也许并不准确，更是一种真正意义上的市场屠杀。

比如诺基亚、摩托罗拉的倒下，就使一批通讯零售商跟着吃了苦头，有的硬撑了过来，但是有相当多的就很难东山再起了。再比如 HP 笔记本，那一年“3.15”曝光之后，同样一批核心的零售商也随之销声匿迹，让人惋惜。所以现在我们都说不要把鸡蛋放在一个篮子里，也就是这样的道理。

品牌遇到问题，市场出现连带“错杀”屡见不鲜，对于国内区域里一些核心

零售商的影响是阵痛的、也是长远的，只有那些不断调整、顺应时代的厂商才有可能持续生存，更何况是以品牌产品销售为主的零售商，所以“傍大款”的模式只会有短期效应，越来越没有长期价值。

4. 管理工具落后

目前线下实体零售商的管理工具，大多数还停留在 ERP 阶段，甚至有的还在使用管家婆、用友开发的一些简易工具，现代化程度只停留在内部数据传输上，个别客户也在使用钉钉等开放的工具，只能说和互联网沾点边。

管理工具的落后，造成线下实体零售店的很多数据是纸面记录，比如会员资料、客户购买记录、进销存的历史对比等等，这些有价值的内部数据没有办法发挥实际的价值，就会造成资源浪费，成为睡眠数据。这也会让老客户的维护成本增加，让企业持续性地受到顾客来源的压力。

另外我们在客户评价、产品评价、售后调研等方面都没有专业的适合互联网时代的工具。在互联网如此发达的大环境中，线下实体零售需要将管理工具大幅度升级，这样从管理的角度上看，仅仅是管理工具的升级，就能够带来的数倍机会的回报。

5. 店面体验落后

目前零售店面基本上是柜台式、平面陈列、立体陈列。其中柜台式在一些四六线城市和一些通讯市场还大量存在，但总体数量走势是在减少的；平面陈列现在是最为普遍的方式，基本上就是平面桌和平面墙；立体陈列比较少，在一些新开的潮品店中相对普遍。

目前店面体验基本上还是以产品销售为主，服务为辅，整体上还是停留在产品体验上，增值相对比较少，所以专卖店面体验基本和十年前差不多，有改进，但是整体改进不大；一些新兴的场景体验、情景体验、舒适体验、虚拟现实体验等虽然已经出现，但发展还不够快，还需要一定的推广时间。

6. 经营成本升高

中国的商业地产价格昂贵，这是因为中国房地产是各地政府重点支持的大产业，房价居高不下，也就让商业地产同样水涨船高，线下实体店面租金年年高涨，这也是中国的星巴克价格比美国高出很多的原因之一。

经营成本还不仅仅停留在房租上，国内的人力成本也在节节攀升。因为消费类电子产品，特别是一些新奇特的电子产品，大多具有较高的技术含量，对店员以及技术服务人员的素质的要求也比较高，员工成本就居高不下。另外装修、道具等成本也在攀升，整体的线下实体零售店成本呈现出高位运营、持续增加的态势。

7. 电商的冲击

毋庸置疑，电商在中国的兴起，对线下实体零售店的冲击是一个现实情况，主要是因为电商解决了支付、物流和信任问题，其中信任度是根本，因为电商运用互联网技术，价格是公开透明的，购物后可以无差异地评分，建立商家或者品牌的信用度，而这些都是线下零售所缺乏的方面。

同时，电商充分发挥了长尾理论精髓，在线上提供了海量的可供消费者选择的多样性产品，这是线下无法比拟的一种优势，能满足消费者的一些非常规的细分需求，使互联网成为真正的万货商店。这在历史上是没有什么工具能够实现的，唯有互联网，起码是到目前为止最佳的工具。

电商挥动价格大旗，采用价格战方式，一段时间里甚至可以补贴消费者、让利顾客，给线下零售商造成巨大的压力。当然这种非正常的方式是有违商业的基本规律的，也是一种不合法的行为，“出来混一定要还的”，但是在没有还之前，这种杀伤力巨大的市场行为，还是需要有足够的措施应对，否则头破血流之后，谁能活下来，还是一个未知数。

线下实体零售店发展的问题，根本原因就是线下实体零售商没有跟上时代的发展趋势，没有在发展最好的时候看清楚零售业的未来，在最佳的时期错过了最好的机会。当然现在后悔也是没有意义的，线下实体零售店要做的就是抓紧看清楚这个世界，立刻调整，我们还有机会，因为我们掉队的时候，门外的同类型对手也没有跑的太远。其实人，还是社会性的“动物”，“逛街”是一种本能，线上无法取代线下这种“逛街”的体验，所以线下实体零售业依旧会存在，而且还会存在的很好，并且会成为下一个增长的热点，只不过这个热点需

要有一种或者多种创新的形式。未来的电商不再仅仅是电商，未来的线下实体零售业也不再仅仅是线下实体零售店面。

那实体店该如何调整，开一个在线销售网店吗？这是很多企业曾经的诉求，也是传统零售企业转型的最大误区之一：认为线下实体店转型，就是开一个在线销售平台，变成一个电商，然后成为所谓的O2O。这当然也是一种转型和升级，但是很显然不一定适合于大部分的线下零售企业，一方面投资大，没有成功的样板；另一方面如果出现数以万计的小微电商，和电商存在的理论基础也是有冲突的，不符合长尾理论。那么传统的线下实体零售企业，如何学习互联网、实现传统零售＋互联网以及拥有有效的互联网思维呢？本文分别从用户（1）、店面（2）、产品（3、4、5）、服务（6、7）、社会化（8）、互联网（9、10、11）、管理（12）7大方面12个维度展开分析，希望能够给线下零售企业带来系统的思考，给传统企业转型带来真正的推动作用。

一、用户思维：重新定位线下实体零售店的用户

用户思维是互联网思维的核心，但却并不是互联网思维所独创，也不是因为互联网的出现才有这个思维。用户思维从商业出现开始就已经拥有了，无论是打破时间限制出现的中国宋代的坊和市，早市、夜市、草市兴盛；还是1852年世界上第一家百货商场Bon Marche（廉价商场）在巴黎诞生，都是为了满足用户的需要。所以不用自卑没有创造出什么理论，而是有没有坚持商业的基本规律，在这个一切向钱看的时代，有没有坚守老祖宗的那些基本的商业思维和习惯。

中国的市场是一个复杂的市场现象，首先要承认贫富差异的存在，一线城市的购买力远远超过四六线城市；当然也要看到我国中产阶级兴起的这一客观事实。而线下普通零售店，能够覆盖的一般也就是5~10公里范围内，如果在百货商场可以扩大到10~30公里，所以线下零售企业不仅仅要研究中国整体的消费变化，也要研究每个店覆盖范围内的变化，这虽然比较辛苦，但是务实的工作一定能够给零售企业带来惊喜。

首先要明确认识到零售店是为谁服务的，一般来说消费类电子品牌线下实体零售店是为当地中产人群服务的，但这又不是绝对的，因为我国的中产是分散的、哑铃式的结构，所以又不能教条来确定，现在按照城市类别，做一个简单的区分。

1. 一、二、三线城市。

因为人口集中度比较高，所以城市中中产阶级的比例相对比较大，我们可以把店面服务对象定义为中产人群：外企、国企、大型企业员工、中小微企业老板、艺术院校学生等。

2. 四、五、六线城市。

因为人口比较分散，经济发展相对滞后，在绝大多数这样的城市里，我们除去定义以上人群外，还需要将用户扩大到准中产和富裕人群。

当然以上的划分还是比较粗略的方式，因为我国城市也不是平衡发展的，比如江苏江阴一个县城，就有近 40 家上市公司（截至 2016 年 9 月 37 家上市公司），所以用户确定也一定要因地制宜。并且不是所有零售店都是服务中产的，有的店面本身定义就是服务消费能力较低的消费者，这也是成立的，毕竟我国现在 70% 以上还未达到中产的标准，有巨大的市场机会和市场潜力，就看你用什么模式去操作了。只有用户定义精准，才能反推过来引进相应的产品，这样的思维才是一种科学的模式。

用户思维，对于线下零售商而言，首先要考虑的是服务对象，这是一个首要条件，只要定位清晰，无论是为什么阶层，需求都能够被清晰地挖掘出来。然后再去整合资源，寻求资源和用户需求的交叉点，一切的工作都由此展开，就能够应对各种竞争，获得各种生存成长的机会。

案例分享

第一次去深圳芭依珊(813)奶茶店,是因为我不喝酒同事就说带我去喝奶茶,我想喝奶茶的地方能聊天么?因为在我的印象中,奶茶店就是路边排队那种。同事笑言:“你要去看了再判断,不过这家店被称为奶茶中的爱马仕。”

到店时已经很晚,商场已经关门,我们还是拐着弯进去的,店面足足有 300 多平方米,加上外面的广场和露台,足足有 1000 平方米以上,并且是 24 小时店面。顾客很多,大多都是 90 后的模样,我们也是排队等了 10 多分钟,才有机会喝上,外面的座位基本上都坐满了人,据说白天排队至少 1 个小时以上。

这个人均消费在 50 元以上的奶茶店,为何如此火爆,仔细观察和思考,就是定位非常精准,用户思维用的精妙。

大家习惯认知的奶茶店,一般都是路边一个小门脸,一个窗口,10 多块钱一杯,没有座位只有外带,这种形象全国普遍,见的多了,就以为是常态了。但是芭依珊(813)奶茶店非常清晰地将顾客定位为年轻时尚的 90 后、不喜欢花天酒地的商务人士,这两部分顾客刚好是现在高速兴起的两个阶层。90 后有自己的生活方式,生活压力也相对宽松,同时随着健康生活的兴起,商务人群中也逐步出现不喝酒纯聊天的群体,加上深圳夜生活文化比较兴盛,这种全新的奶茶店就出现了。有宽敞的环境、高品质的服务、高质量多种口味的产品、24 小时服务等等,刚好贴切这部分人群的需求,加上互联网的传播力量,这个店面非常迅速地在同类人群中病毒式地传播,就有了“奶茶中的爱马仕”的称号。

现在深圳兴起了一大批这种类型的奶茶店,也出现了同质化竞争,比如火爆的喜茶,但是这种精准定位的用户思维值得我们思考,毕竟快时尚的餐饮行业的竞争比消费电子行业更加激烈和残忍。

二、体验思维：从用户发展和需求的角度确定零售店面体验

用户确定之后，我们就需要考虑店面的位置和店面体验，其实店面位置也是用户体验的一种形式：交通是否方便、是否好停车、店面周边环境是否和谐等等，都是体验。以传统而言的零售店面开店对于位置的表述就是：位置、位置、还是位置。在新的环境下依旧重要，而且随着用户生活节奏的加快和生活水平的提升，变得更加重要。

店面体验，是现代体验式营销的核心板块。对于店面体验式营销最著名的就是伯恩德·施密特《体验式营销》，体验营销是通过看(See)、听(Hear)、用(Use)、参与(Participate)的手段，充分刺激和调动消费者的感官(Sense)、情感(Feel)、思考(Think)、行动(Act)、关联(Relate)等感性因素和理性因素，重新定义、设计的一种思考方式的营销方法。根据这个定义，为了便于理解，一般将店面体验分为4种类型。

1. 感觉体验

顾名思义，感觉体验就是通过看、听、闻的第一触觉来体验店面，给用户一种统一的，舒适的感觉。一个店面就像打开的一个网页，优秀的网站都有统一的VI设计，一个店面也是如此，就是要反复刺激用户的第一触觉，激发用户的记忆沉淀，这是店面的基本功。

所以店面第一重要的层面，就是抓住用户的第一感觉，从门头logo，到店面整体形象，都要是一致的，因为在消费者没有走进店面之前，首先看到的是一个整体的形象，形象需要颜值和个性化，但是同样也需要符合大众的审美，过于特立独行甚至审丑的，短时间会有热点但是不能持续，所以我们第一步是需要抓住眼球。如果太过于雷同，容易出现让消费者出现店盲症，类似于脸盲症，看什么店都一样。

产品的陈列也要遵循这个原则，让用户可以看到真实的产品、听到无损的声音、闻到清晰的气息，整体区域划分是清晰美观的。前两者是店面都能考虑到的，但是对于气味，大多数店面并没有特别的讲究，因为不是香水店，所以就

不在意，但是如果能够加强这一块，对于零售店而言也是一种特别的体验，不妨试试，这一步是抓住眼球的同时抓住嗅觉。

2. 触觉体验

如果说感觉体验是用户第一印象的体验，那么触觉体验，更是一种交互式的体验，因为感觉是没有身体接触的，而触觉，是有身体的接触，这种接触包含以下几种。

（1）和销售产品的接触

把产品陈列在店面，不仅仅是让产品看起来整齐划一，更是希望这种陈列能够让用户有接触把玩的愿望，这种就是一种产品体验，所以需要把产品陈列到合适的位置和空间，比如小朋友的产品不能放置太高，老年人产品陈列道具字可以大一些，饰品需要配套镜子，高科技产品需要视频演示等，这些都是为了让顾客更好地体验产品，只有体验好，才能激发购买的需求。

（2）和店面服务人员的接触

用户产生了兴趣或者直接的购买需求，但是还没有最后成交时，需要有一个临门一脚的过程。目前实体零售店面大多数还是靠人来完成最终的交易，所以店面服务人员就显得非常重要，因为最终用户需要和店面服务人员交流，这里面可能会有讨价还价、疑问咨询、打包拿货等等，这也是一种体验，体验不好，生意就有可能在任何一个环节终止，所以店面服务人员必须做到专业、友好、贴心。

专业，就是需要有熟练的产品知识，要了解顾客购买心理；友好，就是需要一种亲和力、一种帮助别人的心态；贴心，其实就是挖掘客户需求，甚至潜在的需求，超预期完成客户购物体验。在我们还没有用机器人替代店面服务人员的时候，人的价值是最容易被重视也最容易被忽视的，即使店面未来有机器人店员或者虚拟店员，店面店员的价值依然是店面体验最重要的部分。

3. 场景体验

场景体验，就是将日常生活中的常见场景，通过科学的规划设计，搬到店面，让顾客能够真实体验到不同产品在不同场景下的应用和功能。一般来说一个线下零售店根据店面面积以及销售产品不同，可以设定多个场景，比如家庭客厅、卧室、书房、厨房、办公室、户外运动等，场景体验风格有助于激发顾客的自主消费，目前是店面陈列趋势之一。

场景体验的优势是，让产品自己说话，并能够刺激用户需求，从而激发内在需求产生冲动性消费。对于一些新品、能够解决用户痛点的产品，场景体验就有绝对的优势，可以降低店面店员数量，节约店面成本。但是场景体验需要注意的是，对于店面设计要有充分的专业设计和规划，如果随意设定会让店面显得比较凌乱，同时因为场景道具的个性化、设计需要成本等，装修费用比普通标准化店面要高出很多，所以需要有足够的预算设置和成本核算；对于设计公司的选择也需要注意，要有行业经验的有悟性的设计师才能够完成比较合理的场景设计。需要特别提醒的，这场景不是高度仿真，而是适当夸张，否者会跌入店面仿真恐怖谷（恐怖谷是机器人发展过程的一种现象，当机器人与人类相像超过 95% 时，由于机器人与人类在外表、动作上都相当相似，所以人类亦会对机器人产生正面的情感；直至到了一个特定程度，他们的反应便会突然变得极之反感，哪怕机器人与人类有一点点的差别，都会显得非常显眼刺目，让整个机器人显得非常僵硬恐怖，让人有面对行尸走肉的感觉）。

4. 沉浸体验

如果说前三种体验，还是停留在单项体验上，那么沉浸式体验就是一种互动体验，通过体验，让人能够感受到日常常规生活中无法触及的感受。比如说 VR 的设备体验过山车就是典型的沉浸式体验，还有手工制作，比如现在很多商场的学油画、制作手工纪念品、制作陶瓷工艺等，甚至儿童区域的玩沙子游戏，都是沉浸式体验的一种。

沉浸式体验的优势是互动，互动才能产生更深入的交流和了解，从而激发持续的需求欲望，这种互动可以收费也可以免费，互动本身也是店面的发展趋势之一，是店面需要去深入研究的。目前，并不是所有店面都能做好沉浸式体验，因为对于店面面积、人员接待能力以及投入都是一种考验。

其实全球范围中做沉浸式体验最好的就是迪士尼乐园，它将各种童话中的故事、电影中的故事，设计为生活中可以体验的形式，让人可以在某种场景下成为这些故事的参与者甚至主角，激活人内心深处的梦想，这才是沉浸式体验的高超应用者。随着 VR、AR 以及全息技术的发展，这种体验将会达到一个新的高度，环球影城就在尝试这种模式。对于零售店，还可以有更多的实用的尝试，可以从最简单的游戏、手工开始这种互动。

如果店面希望有足够的人气和氛围，很多沉浸式体验就可以采用免费的方式，或者成为会员即可免费体验，这样既可以增加会员数量，又可以增加店面人气，这其实就是互联网的免费流量思维，比如百度靠提供免费的搜索，获得大量的数据，从而又能带来精准的推荐，实现额外的利益，这也是一种大数据思维。

案例分享

2007 年百思买在上海徐家汇开业第一家店面，店面全部采用体验式销售，让产品自己说话，并且有多种实用的产品组合陈列方案。店员不再是卖场式的推销，而是变成顾问，帮助有意向的客户解决购买的问题。因为其前沿和时尚，成为国内一家不可多得的零售研究学习店面。

店内有一个没有店员的销售区域，就是厨房用品区域，该区域设计成为一个巨大的厨房样板间的模样，足足有 100 多平方米。据说当时为了建设这个区域，百思买派出了多名摄影师，在经过许可的情况下，进入中国多个家庭拍摄，然后拿到百思买每年投入 5 亿美金做研发的陈列实验室分析，发现中国家庭都非常重视厨房的设计，虽然大多数家庭的厨房面积都不是很大，但是大家都有一个梦想，就是希望家里厨房面积能够更大一些、厨房设备更先进一些、厨房整体更漂亮一些！

这大概和中国人的家庭习惯有关，但是无论什么原因导致这种现象的出现，都让百思买敏感地发现了商机，于是他们就在店面建设了一个巨大无比的厨房，这就是绝大多数中国人都梦想的厨房，但是几乎也不可能实现的厨房，因为要是有 100 平方米的厨房，这个家得有多大啊！

厨房设计得非常实用，灶台、餐具、炊具等等全部采用场景式体验，进入这个区域后，你就会情不自禁的产生购买欲望，加上本身有清晰的标牌和导购情景，所以即使没有店员和顾问，也会勾起你的需求，这样这个区域的销售就成了店面的一块金子招牌。

其实这种陈列，就是典型的体验式陈列，家庭式的场景，让你沉浸其中，这种"高富帅"的方式，即使到今天也不是很多见。可惜的是，百思买后来因为自身的原因退出中国市场了。

三、爆款思维：实体零售店必须掌握的一项技能

爆款，是这几年互联网思维的一个重要概念，也是大家争相学习的一种思维模式，比如现实生活中小米的手机、罗辑思维推荐的书，都是爆款思维的典型案例。

那么何谓爆款？爆款是指在商品销售中供不应求、销售量很高的商品。对于实体零售店，爆款销售当然也是一个必然的选择，因为这将会对店面的社会地位有至关重要的影响。首先，能够让消费者尊重一家店面，他想要的商品供不应求时你能及时提供，就是一种店面的潜在魅力；其次，养成习惯，爆款能够带来同类产品的销售，消费者虽因爆款而来，带走的也许是他更心仪的产品；再次，形成影响力，一个知名度越来越高的店面能够吸引更多品牌商的青睐。

零售商如何选择爆款产品呢？这是一门大学问，因为爆款产品在成为爆款之前，就是一个普通的产品，它不会主动找到你，需要你去在合适的时间发现合适的产品并且能认准拿过来。想要练就这样一双火眼金睛，是要下一番功夫的。

1. 成为一名数码粉丝

因为我们是消费类电子销售门店，消费类电子是这十多年来高速发展的行业，尤其是近年来基本上每年都有众多的热点，如果你不是其中的一个粉丝级别以上的爱好者，基本上是很难抓住头绪。

所以你首先就是要喜欢这一类产品，只有喜欢、爱上这类产品，成为用户、

成为这个圈子中的一员,你才能有从这高度迭代的行业中间发现机会的可能。

2. 熟悉行业发展趋势

仅仅喜欢、使用还是不够的,这仅仅是一种个人的爱好,不足以了解行业整体动态。要成为爆款选品专家还需要深入研究细分行业的技术、品牌、趋势,甚至还需要知道、熟悉供应链的发展,让自己成为行业的专业人士。

3. 敏感的市场反射

成为专家式的数码粉丝,会让你能有更多的专业度和权威,但是这依旧不够,你还需要有足够的市场敏感度,要熟悉国内外市场的历史、现状以及未来,能够对一个不起眼的行业事件给出精准的市场判断。

4. 消费需求变化的研究

全世界的消费者每时每刻都在变化,我们起码要对一个区域市场有一个深入的关注和研究,因为只有研究消费者的变化,你才能辨别市场动态的真实变化原因,给出合理的建议和判断。

5. 广泛的人脉关系

最后一条,就是需要建立广泛的行业内人脉关系,这也是你能否获得爆款产品代理权的关键因素,否则你就是一介穷书生而已,虽能知天下事,但是没有伯乐推荐,也是无用。爆款产品的代理权在第一阶段因为本身不够清晰,这时你可能拿不准,等到第二阶段已经路人皆知的时候,往往和我们能够合作的机会也是非常遥远了。

如果能做到以上的几点,你就有机会成为一个爆款的专家,你的店面爆款就能至少提前半步布局,成为一个市场的赢家,其实半步就够了,足够让你的零售生意引领先机。当然不可能所有人都成为爆款专家,“三人行必有我师”,比较妥帖的方式就是要有几个这样的有能力的上游供应商或行业的内的朋友。

不过有一点需要补充的是,爆款思维对于零售商而言,不能仅仅定义为产品的爆款,还需要增加一个新的层面,就是爆款店面,简单的说,就是要让你开的店面成为你所在商圈、所在行业的一个爆款。比如提起书店,我们会说苏州诚品书店，开业之后不仅仅是一个商场，还成为旅游景点，这就是店面的爆款，成为全国各种产品都想进入的地方，可以说是趋之若鹜，很多品牌为了能够进入这样的店面，可以给出非常诱人的条件，这就是爆款店面。如果我们能够开出这样的店面，也是一种成功，会让你迅速成为行业中的香饽饽。

如何开设一间爆款店面呢？以下几点，供大家参考。

1. 定位极致化

一般零售店都是要有清晰的定位，但是也有放宽了要求的，因为我国的消费者收入并不是很均衡，所以需要将范围扩大得更大一些，以招揽更多的顾客。

但是如果你想做一家爆款店面，就需要将定位做到极致，所谓极致，就是要能够非常清晰地细分出用户群，同时也要能够让特定顾客一眼就看出，这就是为自己的准备的店面，这才是极致，否者就是模糊。能做到极致定位的店面并不是很多，全国也是屈指可数，因为定位极为清晰的同时，也会排除一些潜在的消费者。

2. 装修极致化

店面需要极具特色，这种特色包含但不限于颜值，可以是颜值，也可以是不同的风格，比如工业思维设计、比如卡通思维形象等等，这要看店面自身的定位和规划了。

装修极致化，更需要的是一种创意，要与众不同，山寨的店面是没有机会成为爆款店面的，这对零售商的要求有些高。但有一点需要说明，极致化，不是要奢华，而是要有让人过目不忘的特点。

3. 服务极致化

店面需要提供极致的服务，何为极致服务，一种就是超高标准，一种就是意想不到，还有一种就是细致入微。海底捞不算是装修豪华，但是服务一流，尤其是在火锅这个行业，他的人性化服务有时候甚至有点变态，但是这个变态的服务，就容易让消费者记住，你能说他的服务有多么高的技术含量吗？其实没有，就是做了你都想不到的又贴心的事情，在这个层级上坚持持续去做，就

火了。

需要特别强调的是，极致服务是相对于你定位的服务对象的，并不是越高档越好，而是超过这个层级的一般预期，超过一点点并坚持下去，就能够有意想不到的效果。

4. 位置极致化

开店，位置最重要，当然爆款店面就更需要一个与众不同的位置，这里面有两层意思，一个是最好的商业位置，一个是最与众不同的位置。

最好的商业位置容易理解，一个城市最好的商圈，最好的商场，容易获取最充足的人流；最与众不同，不一定是最好的商业区域，但是一定要特别，有独特的魅力之处，能做到这一点可能有难处，比如故宫之前开的星巴克，需要我们发挥自己的大智慧了。

当然如果你在一家爆款商场或者 SHOPPING MALL 开一家店面，也有很大概率会成为爆款店面，这也是一种有效的办法，前提是得有这样的机会。如上文说的苏州诚品书店就是爆款 SHOPPING MALL 的概念，但是全国也就这么一家，刚开业之前绝大部分人还不看好他的发展。

无论是爆款产品，还是爆款店面，都需要有一点理想主义、有一点完美主义、有一点去商业主义，不用刻意去追求太多别人的评价，这个可能真的需要一点天分，但对极致的坚持和追求，后天也可以实现。

案例分享——爆款产品

ANKER 是一个中国的品牌，通过亚马逊将产品销售到美洲、欧洲和日韩市场，基本上推出的产品能很快就能成为同类产品中的销售前三名，他们采用的就是爆款战略。

比如苹果数据线，这在中国市场遍地都是，无论是原装、还是授权或者非授权，价格也是五花八门，按理说这个市场应该没有什么机会。但是 ANKER 反其道而行之，首先找出数据线使用者的痛点，就是接头处容易断裂，一般使用半年后这种现象非常普遍；另外一方面市面上的所有数据线都长得差不多，就是以仿苹果原装数据线为主，品质上又不如原装，所以这是一个大红海市场，也是一个高度雷同的市场。

ANKER 将数据线设计为红色，使用一种特殊的凯夫拉的材料，这是一种杜邦公司发明的防弹材料，能够拉动 1.5 吨汽车，80 公斤的吊重；同时在接口处经过特殊的试验和处理，能够承受 6000 次暴力弯折。这样就解决了这个产品的痛点问题，也成为市场上一个没有竞争对手的产品，一经面世，就出现了火爆的需求，成为一线难求的产品，还被消费者戏称为“拉车线”。

纵观该产品的设计思路，其实就是抓住痛点、解决痛点、将产品极致化，所以再普通的产品，都有成为爆款的机会，只要理解这一点，成为爆款其实并不是很难。

案例分享——爆款店面

桃源眷村，一个开在 LV 旁边的店面，一个以豆浆烧饼油条外加包子的店面，一个这两年来话题不断的店面，也不容否认，这是一个爆款店面、网红店面。

豆浆烧饼油条包子，是中国大部分区域的常规早餐，既然是早餐，就不可能有什么太大的噱头，价格也不至于相差太大，也就在几块钱到几十块这个空间里，即使在五星级酒店，也卖不出什么特别的高价。

但是桃源眷村做到了，首先他选择了一个与众不同的位置，2014 年第一家店面开在上海 LV 店面旁边，装修丝毫不逊于 LV，并且有满满的情怀和文化的沉淀，毕竟这家在台湾有 900 多家的眷村，代表着故往情感的眷恋、集结、守护与传承。产品品质本身没有任何可以挑剔的地方，采用最优良的材料、最古朴的做法，拥有最原始的味道，来这里吃饭的人，吃的已经不仅仅是产品，而是一种文化和心情，对快节奏中的都市男女来说，那就是一种情趣，一种回归原始的情结。

现在桃源眷村已经开到全国众多的城市，几乎每个城市都是在地标建筑的附近，比如苏州的诚品书店、合肥的万象城、北京的三里屯等等，写意、自然、复古的怀旧风格，吸引着众多的时尚饮食男女，成为城

市的一道风景线，无论你来还是不来，她都在那里，不急不躁，等待着属于她的那份情缘。

四、迭代思维：优化迭代是跟上这个社会发展的最有效方式

在日常的工作中，我们是如何决定一个产品或者项目的？简单的说就是先定义需求、构建框架、规划流程并执行，然后检测整个过程和结果的匹配性，最后发布这个产品或者项目，这种思维模式有一个科学的名字叫做“瀑布模型”。其实一直到80年代早期，在软件开发行业，这是唯一的一个被广泛采用的软件开发模型，优点是按照既定流程，可以节约大量的时间和金钱，但其也有明显的缺点。

如果按照既定流程做，可能需要几个月甚至更长时间才能见到最终的产品，可能在这几个月期间需求已经发生了重大的变化，当客户拿到最终产品的时候，他们往往会大吃一惊：这是我要的东西吗？

迭代思维的方式就有所不同，假如这个产品要求6个月交货，我在第一个月就会拿出一个产品来，当然，这个产品会很不完善，会有很多功能还没有添加进去，bug很多，还不稳定，但客户看了以后，会提出更详细的修改意见，这样，你就知道自己距离客户的需求有多远，回家以后，再花一个月，在上个月所做的需求分析、框架设计、代码、测试等等的基础上，进一步改进，又拿出一个更完善的产品来，给客户看，让他们提意见。

就这样，我们的产品在功能上、质量上都能够逐渐逼近客户的要求，不会出现花了大量心血后，直到最后发布之时才发现根本不是客户要的东西的情况。

当然这两种思维各有优缺点，一般来说周期长、成本大的产品适合迭代思维；周期短、成本低的产品适合瀑布模型。

对于传统零售商而言，一直擅长的就是瀑布模型的思维方式，迭代思维使用的比较少，在面对互联网高速发展和不确定因素增加的时候，我们需要采用更多的迭代思维，才能使零售商更灵活地适应市场的发展。其实改革开放的

总设计师邓小平同志在改革开放初期提出的“摸着石头过河”就是一种迭代思维，但是首先你要决定过河、也能愿意去摸第一块石头，所以对零售企业而言，那就意味着要敢于尝试。

比如对于潮品店的开设问题，很多人经常会有是不是要做或者怎样去做的疑问。其实潮品店到目前为止也就只有4~5年时间，最近一两年才兴起，所以还没有成熟的规则和套路，应该说市场上的店面都是各种尝试，并没有一套行之有效、放之四海而皆准的规则。但是只要判断出这是一个趋势，我们就可以去尝试，可以从一张桌子，然后两张桌子，然后一个专区，再然后半个店面，最后一个店面去不停地尝试，在这个过程中不断总结得失、优化迭代，就一定能够获得比你看到的、听到的所谓的经验有更好的收获，这才是一个进步的过程。

再比如传统实体零售商如何做好线上的问题，同样没有人能够给出一个完美的方案，就连阿里巴巴做线下都在不停地做不同的尝试，更何况是我们，因为这种线下线上相结合没有一个范本可以让我们去照搬过来用，所以这也是需要优化迭代的。作为一个中小企业，可以从一个公众账号开始，也可以从一个网店开始，无论哪种模式，都是要解决现在的痛点，一步一个脚印，在做的过程中优化自己，几年之后再回头看看，或许就豁然开朗，你获得的就是你的初心，或许外形有不同，但是一定解决了你线上线下结合的恼人问题，而且一定会收获更多。

迭代思维就如一个人的成长，从懵懂无知到天真无邪，再到青春少年，到最终成熟，这就是一个优化迭代过程，这个过程有人默默无闻、有人青云直上，总结他们的成长和发展，我们发现这也是一个自然的规律：那些能够不断尝试、敢于挑战自我、善于总结的人，都获得超过常人的成就。传统零售企业已经被各种新兴商业冲击，这个时候尤其要重视并且擅长使用这种思维，放下原地踏步、做到勇往直前，一定能够让你在信息爆炸、无所适从的时代，找到一条属于自己的路。

案例分享

Brookstone是美国一家专业零售商，供应各种功能多、质量好、设计独特新奇、在市面上较难找的消费产品；2014年三胞集团与赛领资本、GE Capital合作收购运营Brookstone；2016年在南京尝试开设中国大陆第一家店面。

第一家店面位于南京夫子庙旁的水游城，刚开业的时候虽然有各种媒体报道，但是当时还是比较凌乱的，主要引进的产品也就是快速红酒醒酒器、不粘手的沙子和部分手机周边，店面还有很大一部分是宏图三胞改良后的PC销售区域。但隔两个月再去一次，你就会发现店面陈列调整了，增加了很多新引进的产品，部分品牌消失不见了——这就是优化迭代。据其内部高管介绍，2016年他们总结了12条失败的经验，其实就是优化迭代的经验，这12条经验主要就是产品迭代、陈列迭代、专区迭代、管理迭代、人员迭代等等，其实这就是试错成本。

Brookstone店面一角

2016年他们一共开了11家店面，每一家都在上一家的基础上有新的优化迭代，尤其是产品组合方面，目前主要组合有红酒系列、儿童沙子区域、床上用品、旅行产品、按摩器材、机器人无人机和难找的工具等，这就是优化迭代过来的，如果没有之前的尝试，就不会有现在的组合，即使刚进入中国有再多的科学预测，都不如尝试验证后的修改调整。

所以一家优秀的公司，要有足够的耐心能够接受一定的试错，这样才能够有持续不停的优化迭代，这对于企业的创始人或者决策者，更是一种涵养和境界。

五、跨界思维：跨界是一种需求升级的必然现象

跨界，是这几年占据热搜的词，玩营销的，无不谈跨界，那么跨界思维到底是一个什么概念，现在比较认可的一种解释就是：能够总结出不同行业、不同产品、不同偏好的消费者之间所拥有的共性和联系，把这些原本毫不相关的元素进行融合、互相渗透，进而彰显出一种新锐的生活态度与审美方式，并赢得目标消费者的好感，使得跨界合作的品牌都能够得到最大化营销的思维模式。

对于零售商而言，简而言之，就是把看似毫不相关的两个或者两个以上品牌、服务、产品结合到一个门店去提供给消费者。这种毫不相关其实只是表面现象，比如数码店也开始卖毛绒玩具、也开始销售雨伞，广州深圳等地有的还整合了一个咖啡厅进来，然后又加入了茶具、茶叶，甚至有的店面还准备销售一些情趣用品。这就是跨界，这还仅仅是现在看得到的跨界，未来或许还会加入更多我们目前无法想象的产品或者服务，但这中间并非是简单的硬件产品叠加，而是内部有各种关联。

跨界思维，是传统零售企业需要下大气力去理解的，因为我们之前的习惯都是相对单一思维，做某一个品牌的代理，就要接受这个品牌的洗脑，他让你怎么做你就要怎么做，你想做一些不合规矩的创新，也只能偷偷摸摸。其实这些品牌公司本身对实体零售并没有太深入的研究，他们大部分的思维就是单一思维或者叫职业经理人思维，就是执行过程尽可能保证不出错。这种模式对小本经营的传统零售是有效的，但是可能会造成我们没有跨界思维这个概念，因为跨界思维并没有单一思维实用。

中国的互联网用异乎寻常的速度在发展，消费者的需求升级也越来越快，开始有越来越丰富的多样化需求，并且也是在不停的变换之中，流行短的可能就几个月时间。这个时候，如果我们给消费者提供的还是单一的服务、单一的产品，那么消费者就一定会逐步失去持续的兴趣，所以即使你是某大牌的代理店面，可能也就是一年来个几次，甚至来了也只是看看，因为你需要足够的利润，所以标价一定不会太低，这样就把本属于零售店面的顾客，给硬生生地赶

到了网上，其实他们还会逛街，只是因为你不能提供满足消费者需求的产品或者服务，所以就不会经常光顾你的零售店面了。

跨界思维的核心，是要去研究消费者需求的变化，而不是盲目的跨界。这些跨界中间唯一的联系，其实还是用户需求，比如这几年倍受推崇的方所书店，就是这样的跨界。随着社会的发展，希望提升自己的人越来越多，但是又不愿意去以前那种乱糟糟的书城，而像太古汇恰好是这群人喜欢逛的场所，方所的店面就开在这里。这个群体不仅仅会看书，还有各种礼品的需求、文化创意的需求，所以方所还有礼品、茶具、甚至服装，把这些联系起来的就是这个群体对文化创意的需求集中体现。这种跨界，并不是没有规律可循，恰恰是按照了一定的规律，所以很多人去了都会感觉很舒适、很惬意，因为他们抓住了文化创意需求这个类别，所以消费者不会觉得突兀，这就是典型的跨界思维的表现。

跨界不是简单的堆砌，更不是随意的整合，而是一种用内在的线，把各种需求通过特定的方式梳理，将合适合理的整合到一起，形成一种新的服务，这就是跨界思维，未来传统零售将会出现越来越多各不相同的跨界店面，这也是新零售的一种新的方向。但是这种需求的点没有那么容易抓到，也没有那么容易被发现，他们在刚开始看起来并不是一个很好的机会。同时需要提醒的是，跨界店面的盈利模式比潮品店难度更大、经验更复杂，因为涉及的行业比较多，术有专攻，需要提前做好相应的准备。

案例分享

如果现在告诉你，奔驰是一家咖啡厅，或是一家餐厅，你会怎么想？其实这不是笑话，而是一个事实。位于三里屯 soho 的奔驰跨界店面 Mercedes me，是奔驰继汉堡、慕尼黑、东京、米兰、香港之后的全球第六家城市体验店，由德国建筑设计师 Pro. H.G Merz 设计，面积 2,421 平方米，其理念是将国际元素融入中国氛围，打造北京最 in 的体验新地标。

店面一层分为三部分，一部分是汽车展示，不过占地非常小，一般也就是 2 ～ 3 辆车；一大部分是衍生品的销售，带有奔驰标识的各类产品：水杯、笔记本、笔、帽子、纪念章、手机壳等等，涉猎广泛；还有一个突出的部分就是 me caf é 咖啡厅，提供纯正奔驰品质的咖啡和服务。二层是一个餐厅，同样提供高品质的中餐和西餐，有机认证的咖啡和东南亚风格的川式中餐，让整个店面无处不存在跨界的思路。

奔驰三里屯一角

店面还可以提供 500 人左右的发布会活动，可以在这里举办时尚的发布会，地理条件在北京也是独一无二的。

这就是奔驰的跨界店面，汽车销售在这里已经不是他的主业，而是通过跨界，为众多潜在消费者提供奔驰般品质的体验和服务，不仅仅有产品，还有生活。北京梅赛德斯—奔驰销售服务有限公司总裁兼首席执行官倪恺说："我们的想法是创造一个空间，供奔驰客户和所有消费者都能在此尽情享受咖啡时光、可口美食和宜人购物体验。这里拥有能够传递品牌理念的环境，而不是生硬的销售氛围，能够拉近消费者与奔驰品牌的距离。"

当然培养年轻的消费者，为未来的消费更迭做好长久打算，这种跨界才是真的恰到好处的选择。

六、搜索思维：搜索并不仅仅是互联网特有的专用工具

我们打开淘宝网页，除去随意地浏览，还会做什么？那就是搜索，因为产品实在是太多了，我们不可能一一看下去，那么就把需求通过搜索去发现，这就是互联网的价值之一——通过搜索自己需求，寻找切合自己的精准的产品或者服务。这是一种极为高效的方式，并且互联网公司通过记录这些搜索，形成大数据，又可以反过来给你提供精准的服务。所以，在网络的世界，不必担心产品的海量化，因为我们有一个极好的管理工具，就是搜索。

一个 100 平方米的实体零售店面，潮品店会有 800 ~ 1500 个 SKU，相对于网络这是少得可怜的数量，但是对于一般消费者，却是一个庞大的数字，因为一个人一般进店能够留有印象至多不过 50 个 SKU（30 分钟停留时间），能记住的就更少了，尤其是对于不熟悉的产品，基本没有一次性记住的可能。

所以零售店的产品销售依靠什么？其实是靠店面的展示和店员的开口率。

店面展示因为空间有限度，所以一个店面能够主推的品牌一定是有限的，所以很多连锁零售企业有进店费用或者主推费用就可以理解了，有限的资源本身就是有价值的。主推的方式一种是产品陈列，可以通过堆头等方式，也可以是多次出样陈列增加曝光度；一种方式是店面海报活动，但是正常来说零售店不可能长期做同一个品牌的活动。

开口率就是一个消费者到店面以后，店员开口给他推荐产品的机会和次数。可想而知，畅销品牌或者主推品牌一定是被提及最多的，而一般品牌除非零售商或者厂商有较高的奖励，店员才会有更多的提及和推荐，否则只能看店员的喜好和心情了。这不能怪店员，毕竟那么多产品，怎么可能一下子记住那么多呢？而且消费者也不会听店员唠唠叨叨地一直去讲，这就使店面绝大多数产品都是沉睡产品。即使我们店面是买手制度的产品，也同样如此，店员通常首次开口介绍的不超过 20% 的产品数量，这对于那些 80% 的品牌产品，其实是并不公平的，但是这就是一个事实。

那么我们有没有可能将搜索思维和实体零售店集合到一起，在店面也同样提供搜索服务？答案当然是肯定的，而且形式会更多。

1. 提供屏幕查询

这是一种最简单的方式，就是同样通过技术手段，在店面将陈列的产品实现在线查询，这样就可以让顾客快速、准确地找到自己想要的产品。从技术上来说因为就是互联网基础技术，所以并成本不是很高，但是却可以给顾客提供一种精准的服务，也可以让顾客感受到店面和网站一种无差别体验。

2. 提供语音机器人服务

随着科技的发展，语音识别技术的到来高速发展，如果店面能够通过机器人语音查询的方式，给顾客提供更为舒适的体验，同样是解决了搜索问题，并且还能替代相当一部分店员的职能，让店面去店员化更进一步，这种专业的服务，会比一般店员介绍更具有专业性，也让店面未来更具有科技感，实现线上线下体验的一种新模式。

机器人店员，在未来相当长的一段时间内，是一种主流的体验形式，当前的语音识别能力已经能够实现基本的交流功能，只要稍加开发，就能够实现店面的接待、产品查询、产品介绍等，从成本上来说机器人店员比用一个人的成本要低很多，并且不会出现差异化服务的问题。

从消费类电子的产品特性来看，完全无人销售的店面是不务实的，所以在实体零售店，机器人店员会更加具有现实意义，并且会出现普及趋势，但是是否会完全替代人工，还需要时间来检验，但是 3~5 年内不太可能现实。

3. 通过专区实现递进式搜索

专区陈列是一种传统的方式，同样也是非常有效的方式，将同类别的产品，陈列在一个区域，这样顾客进店以后就能快速判断自己需要的产品区域，降低其识别时间，给顾客提供了递进搜索服务的便利。这种方式需要比较高的陈列技巧，否者会降低顾客在店面的停留时间，而且由于店面面积问题，这种陈列模型发挥的空间是受限的。

搜索思维，主要给顾客提供更为精准的服务，提升店面的服务能力，同时

也是为了收集数据，为店面的大数据思维做好前期的准备，所以这个思维是一个桥梁，不是要不要做的问题，而是如何创新去做的问题。

案例分享

位于上海淮海路的优衣库 MAGIC FOR ALL 全球概念店，店面 8000 多平方米，分为地上 5 层和地下 1 层，是优衣库全球最大的专卖店。这么大的店面，如果没有清晰的陈列引导，消费者会晕掉，所以 MAGIC FOR ALL 概念店共设立五大主题区，包括 MICKEY 100 主题区、未来天地、小冒险家、缤纷童话和定制专区等。

每个区域陈列还按照颜色由浅到深、从暖色系到冷色系进行排列，顺序可以具体到“红橙米黄绿蓝紫”，按光谱顺序从通道入口向后排列。花纹方面则是由单色系、波点、条纹至格纹陈列。优衣库视觉陈列部主管李俊接受《中国广告》采访时说，“卖场通常会被划分为几个区域，每个区域有指定摆放的产品，遵循的要求是“三利”，“利于顾客在找寻产品时节省时间、利于员工工作、利于形成干净整洁的卖场”。因此，优衣库的摆放顺序是按照人们行走习惯和视觉顺序划分的，“当一位顾客从门口进入，基本按照上衣、下装、配件、居家、童装、优惠产品”的顺序，“即使款式再多，我们也要求展示在最外面的码数都是中码”。李俊说，做陈列首先要站在顾客的角度，“这个陈列你自己是否会有冲动想去摸，我至少要让顾客摸一下产品，他的注意力被吸引，这就说明我们是成功的”。

上海优衣库旗舰店一角

优衣库的陈列方式，如果用互联网思维来解释，其实就是店面搜索思维，这种思维让无论多大的优衣库看起来都是条理清晰的、多而不乱、易于体验的，这样消费者才愿意来，在舒适的体验中完成一次次属于他们内心的期待的购物。

七、评价思维：让市场决定店面的一切

淘宝的兴起，其中有两大必杀技，一个是支付宝、一个是评价系统，这两个必杀技都是为了解决一个问题，就是信任的问题，当然支付宝现在已经发展成为一个独立的社区，成为在线支付的一个最重要平台之一，而评价系统却是保护阿里整个电商体系的一个护城河，让淘宝、天猫具备了金刚不坏之身。

评价思维，按照传统的企业管理，一般都是上级评定下级、领导评定职员、长辈评定晚辈，通过已经完备的KPI考核，实现公司的管理。但是互联网评价思维却抛弃了这些条条框框，让最重要的顾客来给你打分，你的产品好、服务好、售后好，就给你五星好评；你服务不好，就给你一般甚至是差评。这很公平，因为顾客才是上帝，之前评价思维的上帝其实并不是上帝，而是我们的上司。

对于传统零售企业而言，我们之前基本上没有顾客评价这一项，即使有的也是摆设，因为我们既没有工具也没有考虑过让衣食父母给我们打分，有时候甚至还很担心顾客打分会影响团队士气；在更早的电脑城时代，有个别经销商坑蒙拐骗、弄虚作假，就更不可能让顾客来打分评判了。

随着中国消费者能力提升，需求多样化，就越发需要一套符合市场需求的评价体系。其实完全可以开发一套顾客打分体系，通过零售企业公众账号、会员平台，让顾客可以便捷地给服务过的店员打分、给店面打分、给产品打分，这样一方面适应了市场的发展，让市场决定员工的好坏、去留，一方面又建立了一个大数据收集端口，能够获得第一手的客户资料，这让企业的价值又提升了一个等级。

评价思维，本质上是一种持续经营思维，是新零售企业一定要拥有的，也是未来会员制度的基础。如果我们现在是自上而下的评价思维，是一定需要改变的，因为只有改变这个思维，才能够改变企业的管理模式，否则你就是有

再多的互联网思维，一旦执行下来又都回到了从前循环之中，就再难深入下去了。

案例分享

咪蒙是2017年上半年特别火的一个公众号，据说已经有800万粉丝，头条报价68万。最近一篇文章《咪蒙：说来惭愧，我的助理月薪才5万》，更是成为网络热议的文章，当然这个助理也不是容易做的，加班、随时出差、身兼数职等等，确实不容易。

咪蒙这个公众号，写的都是两性关系、情感励志、影评等内容，用的都是大白话，文章编辑也不花里胡哨，都是简单简洁的生活语言，但是基本上每篇文章都是10万+。我们研究他们的文章发现，基本上每篇文章的精选留言，都有大量的作者回复，这着实让人吃惊。

做公众号的人都应该知道，后台会有各种留言，有客气赞赏的、有分享自己观点的，当然也有骂人的，其实分析后台留言对于一个公众号至关重要，因为我们的用户就是这些读者，他们的评价就是我们未来文章选题的一种趋势，当然骂人的一般都不会入精选。

咪蒙对于后台留言的重视和回复，是很多公众号都没有做到的，这就如同销售产品一样，我们非常重视产品，但是却没有重视客户评价、也不给分析回复，那么你就没有客户黏度。拥有800万粉丝的留言，工作量一定是巨大的，但是这种巨大的回复量也让用户有了存在感，并且有一种深深的参与感，这种存在感、参与感，就是一种评价思维的体现。

咪蒙是一种比较典型的自下而上的思维模式，重视社会现象，语言通俗易懂，甚至还有点直接有点污，这正是年轻人喜好的口味，如果零售店也有这样的意识和习惯，店面就会有更多的粉丝，月薪即使达不到5万，也能翻倍了。

八、流量思维：获取用户是零售店的一项长期工程

虽然有人说流量已死，但是没有流量的网站是必死无疑的，这里说的流量已死并不是真的死了，而是说现在电商流量已经达到一个饱和状态，即使增加宣传，也不会增加更多流量，反而会增加获客成本。一个网站能不能存活，不是网站设计得有多么漂亮，而是有多少流量，一个电商网站的获客成本从几毛钱到现在几十块钱，甚至一些新兴网站要几百块钱，所以传统电商现在遇到发展的瓶颈期，传统电商本身也在向新型电商转变，就是线上线下，线上流量到了天花板，就从线下找。

一个店面的获客成本有多高，没有人去统计，只是知道店面现在的人流量在下降，那么获客成本一定是在增加的，所以我们也需要借鉴一下电商曾经采用的流量思维，他们的一些成功经验，也是值得我们借鉴的。

1. 免费

网站通过免费服务，给大众提供便利，比如谷歌、百度，就是通过免费搜索服务，获取了大量的客户资源，这种集中的客户资源和使用数据记录，是这些公司巨大的财富，让他们反过来能够越来越精准的提供服务。

实体零售店其实也可以在店面提供一定形式的免费服务，获取不同的客户，比如免费检测、免费体验、免费打游戏等等，当然可以让这个顾客关注公众账号后再免费，这样不但店面流量大起来了，而且能够获取各种数据，会员体系也就可以逐步建立起来了。

2. 活动

通过活动吸引流量，当时是需要一定成本的，活动形式可以很多，例如开业的表演秀、热卖、游戏比赛、积分活动等。活动需要创意，一个零售店不可能毫无计划地做活动，也不可能没有底线地投入，所以创意是活动的根本，一定要清楚自己要什么，不要为了活动而活动。

零售店活动可以跟随社会热点来，比如某一个电影或者电视火了，可以将店面设置为其中的一个景点场景，就能带来一定的粉丝拍照分享，也就是所谓

的蹭热点；各种节假日活动可以预知，提前一个月准备也是必须的，只有充分准备，才能有较好的效果；结束复盘也非常重要，有利于下一次活动办得更好。

3. 优惠券

无论店面是不是有互联网工具，优惠券都是一项很好的工具。优惠券是这几年线上线下都在深度挖掘的一个吸引客流的办法，而且帮助过各种创业公司攻城略地，有所向披靡、战无不胜的味道，比如滴滴打车、网易考拉，都是这方面的高手。

对于有互联网工具的公司，比如会员管理，可以采用不同的组合：新客户关注、节假日活动参与、转发领优惠券等等方式。

对于还没有采用互联网工具的公司，纸质优惠券也可以尝试，虽然不是很灵活，但是依旧有不少的创意可以采用，只不过印刷设计需要一点成本。

无论怎样，优惠券都是一个值得尝试的功能，但是需要说明的是，毫无创意创新的优惠券，是得不到你期望的价值的，做好这项工作的最佳办法就是优化迭代。当然公司内部也需要有一套对内的优惠券财务核算体系，很多较大的传统公司之所以没有采用这个方式不是因为市场部门没有想法，而是财务管理是采用传统的财务模型，他们适应不了这种快速的互联网变化，依旧采用自以为更稳健的财务守则，所以要提醒一下希望做好转型做好线上线下的传统零售企业，务必请一个有经验的互联网财务负责人，这至关重要，这是绝大多数公司的症结，也是绝大多数公司老板觉察不到的一个关键点，因为正常的公司财务总监和老板关系都极为密切，让公司高层很容易忽视财务转型的重要性。

流量思维是店面未来一项长期的工作，没有流量的店面只能等待关门大吉。走在大街上的人、在你店面门口路过的人，都不是你的流量，一个人进店15分钟以上才是你的流量，否者跳出率就太高了，这是流量的考核标准。我们借鉴任何流量入口采用的任何措施，只要是合法的，都可以采用。对于转型中的零售企业，这是一项一直在做，但是做的还不够彻底的思维，所以流量思维对于传统零售企业，还有更多的空间可以挖掘，也还有更多的创新等待着我们去开发。

案例分享

北京乐语 Funtalk 爱琴海店，已经成为零售圈的一种现象级店面，据说日常客流 5000 人以上，周末 20000 ~ 30000 人，节假日更多，这对于零售店而言，已经是一件让人振奋和羡慕的事情了。那么这个店面是如何吸引客流的呢？我们来看看这家零售店的流量思维。

（1）活动

Funtalk 门口就是机器人活动区域，每天不同时段都有机器人表演。在智能机器人成为非常实用的产品之前，对店面更多的作用就是展示。这里有一个科幻般的场景，几个机器人翩翩起舞，总会吸引小朋友、年轻人观看，很多老人也会驻足欣赏几分钟，毕竟一个机器人常见，很多机器人一起表演也只有科幻电影和电视里才有，这就激发了人的好奇心。

在周末和节假日，乐语还会请一些网红和模特来店面，邀请他们参与直播或者热舞，让店面具有热卖的氛围。据了解，其开业当天，公众号就吸引了 550 万的会员关注，这对于一个零售店而言，就是巨大的财富。

（2）免费体验

乐语 Funtalk 店，大约有 8 个体验项目，三个 VR 体验（三星、HTC、大鹏）、唱吧、街机游戏、跳舞机、儿童玩沙子、身体检测。每个区域的体验，都是有明码标价的，但是只要你关注公众账号，就能免费体验一次，据说周末都要发号码牌，避免排队出现的矛盾，这在零售店非常少见。

这些体验项目，在绝大多数店面，都是一种收费项目，也是利润来源，但是在乐语店面，却变成免费项目，这种反差，让顾客也是认为赚了便宜，这对于好奇心比较重又不想花钱的顾客，就是一种巨大的吸引力。这就等同于很多关注公众账号送小礼品一样的道理，只不过这种体验价值感更强，更容易让消费者接受。

这种免费思维，给店面带来了巨大的、稳定的客流量，又不失科技

感，确实是一种不可多得思路和创造力。

(3)参与感

乐语 Funtalk 店面还有一些参与感项目，除去上文说的免费，就是有一些只收取成本费用的项目，比如儿童画。儿童画在很多店面都是一个收费赢利的项目，但是在乐语店面，只收取成本费用，就可以让孩子参与创作，其实那些免费也是参与感极强的项目，参与感能够带来店面的客户的持续的流量。

乐语 Funtalk 是否还有优惠券，不得而知，但是其每个月 5% 的产品更新率，也是一种流量思维的表现，因为流量变现本身，就需要有新鲜感和实际价值，而产品的更新满足了用户持续的变化需求的满足，可以实现持续的粘性和变现，让用户拥有更强的忠诚度和依赖性。

九、大数据思维：未来 30 年必然的方向，会改变一切

什么叫大数据？大数据是这几年非常流行的一个词汇，有各种解释，专业的说是指无法在一定时间范围内用常规软件工具进行捕捉、管理和处理的数据集合，是需要新处理模式才能具有更强的决策力、洞察发现力和流程优化能力的海量、高增长率和多样化的信息资产。但是这样理解有点太书本化了，我们来一些通俗的，对于传统零售企业有用的解释。

其实大数据不仅仅是包含各种数据，还有各种图片、各种现象以及一切可以量化分析的东西，通过无差别地搜集这些信息，然后采用不同创新方式分析、归纳、总结，就能够得出一些平时通过简单算法无法了解的现象，你或许也不能确定现象的原因，但是你能知道规律，对于传统零售企业而言，这就够了。

大数据是是未来 30 年发展的一个非常重要的方向，它会再一次改变世界。现在我们来看看，现在零售店有数据采集吗？

当然是有的，其实绝大多数传统公司都是有的，不过大多数都是 ERP 思维，这些数据已经被关联上更多的因果关系，并且绝大多数都是沉睡数据，所以我们现在的数据采集，并不是互联网思维的大数据思维，有采集没分析，且

采集纬度不够丰富。

在决定公司要使用大数据分析之前，要有一个数据采集源，这就需要有一个专业的数据分析师，这个分析师可不是随便就能找来的，即使有经验，也需要对业务有充分的了解，否则他很难给出一个具体的模型、纬度和采集点，所以这个人需要公司培养很长时间，市面上基本没有请来就可以用的人。

所以有条件的公司，可以和大数据分析公司合作，因为他们拥有更多的数据，有更强的分析经验，当然这里面也是有风险的，就是你的数据可能会泄密，有这种担心是对的，因为在法律层面还有很多不完善的地方，只能在协议中给自己更多的保护了。阿里巴巴和上海百联就有这一块的合作，因为阿里巴巴是一个拥有海量数据的线上公司，百联也是拥有海量数据的线下公司，他们的合作其实对于双方都有利，各取所需、优势共享，才是正确的趋势。

大数据是每个公司都逃不掉的，这对于小公司来说有点残忍，但是也不用那么紧张。如果是夫妻店，没有机会和大公司合作，也没有能力投入，最好找一家靠谱的上游供应商，因为未来一定会有这样的供应商出现，他们给你供货的同时，也会提供一套大数据分析，这是未来分销型公司不得不提供的一套服务，因为如果不提供就有别的人提供，他就会失去竞争力。只有小的零售企业都能存活下去，大的分销公司才能继续下来，这是共存共荣的关系，一条绳子上的蚂蚱，谁也离不开谁，所以分销公司或者平台本身也会成为大数据公司，这类公司的好处是基本上不会抢线下的生意。

当然这类公司可能不是现在普遍存在的传统分销公司，他们也是一家拥有互联网思维的分销公司，需要传统零售企业配合的会比较多，比如店面流量计数器、产品射频编码、店面进销存管理系统、统一的会员系统等，你不分享他就没有数据，只有大量的中小零售企业分享给某一个平台，反过来这个平台才能给他们各自精准的指导。这是一个巨大的风口，也需要大量的专业人才，谁主沉浮，还不得而知，但已经有众多企业介入，我们也需要留意观察，择机切入，切不可掉以轻心。

案例分享

前一段时间腾讯云 0.01 元中标厦门市政务外网云服务，成为街头巷尾热议的一个话题，当然这里有和阿里云竞争的意思，但是更重要的是为了大数据。

腾讯云这几年发展不及阿里巴巴，只在一小部分企业级和政府有采用，而他的竞争对手阿里巴巴已经是国内最大的云计算平台。阿里拥有海量的数据来源，其实阿里在这个过程中也采用过类似的合作方式，比如 2015 年 1 月阿里云就无偿帮助铁道总公司，完善 12306 订票系统，让饱受诟病的 12306 订票平台逐步解决了不稳定、异常、宕机等问题，这一方面是阿里有相关的一流的技术，一方面也是自身数据完善的过程，毕竟 12306 拥有中国最真实的个人数据，如果阿里有这个数据再加上自身平台的积累，这种海量数据本身就是无价之宝（这是一种猜测，即使阿里使用了 12306 的数据源，也是和铁路总公司有协议的，不会无故窃取）。

前一段时间，阿里又和上海百联合作，协助百联做好云计算、大数据分析，在上海拥有 1800 多家网点的百联集团，也是拥有大量线下数据的公司，加上阿里的技术，一定能够实现更有价值的商业提供，这是大数据的魅力。

所以以此分析来看，腾讯云在厦门市政务外网的中标，也是情理之中，因为腾讯要想获得更多的数据来源，就必须和更多的拥有数据的公司合作，集成更多的海量数据才是他们的需求。亚马逊当年刚开始做 AWS 的时候，也有过类似的行为，所以这样看也就不足为奇了。

预计未来大数据的公司，还会有可能采用付费的方式来获取这种资源，实现数据共享分析，成就大数据经济的未来。

十、景点思维：社交属性最佳应用

这是一个比较有意思的思维，人们去逛公园、去度假都喜欢拍照留恋，为什么拍照呢？首先是风景好，只有美好的风景才是我们拍照的动力；其次是有一些非常知名的景点的名字，比如天涯海角、日月潭、不到长城非好汉等等，这些字也都是成了景点。

零售店要成为一个区域、一个商场、一个社区的景点，要精心打磨，你用心之处别人也会有体会，让零售店面成为一个高颜值的景点，吸引顾客去分享。

为什么要变成景点让被人去分享呢？一个零售店面，以前都是禁止别人拍照的，怕同行来模仿拷贝，有这种想法其实很正常，这种事情确实经常发生；但是这也阻止了很多顾客的无意识分享，要知道，顾客的分享其实就是一种社交分享，这种分享就是一种信用背书，如果我们能够将店面变为一大群顾客分享、直播的场所，是不是也成功地利用了现在的社交媒体呢？

所以，景点思维本质上就是一种社交思维，在移动互联网高度发达的今天，我们一定要具有开放的心态，要善于利用社会的热点，也要把一些更古不变的东西引用到店面之中，让零售大放异彩，这才是景点的思维目的，那么如何设置景点。

1. 橱窗

橱窗是一个店面的眼睛，不仅仅要看着世界，也要把自己的魅力通过橱窗散发出来，优秀的品牌都善于布置橱窗，现在已经有很多零售店，开始设计橱窗，其实为了更好地利用店面面积，可以采用双面窗的设计，对外是一种展示，对内是一种体验，可以较好地表达店面要传递的产品和价值。

2. 大门

店面大门，绝大多数都是中规中矩的模样，其实大门有各种设计风格，澳门的赌场不是鸟笼就是兽头，我们虽然不需要这样的设计，但可以有更新鲜的设计，比如一个音箱、一个耳机、一座城堡等等。大门可以是丰富多彩的，也容易成为景点。

3. 分区场景化

分区场景化不仅仅利于搜索，也有利于成为店面的一个景点，让店面移步换景，步步皆景，苏州的园林就是如此，虽然每个面积都不是很大，但是却能够成为一个长盛不衰的景点。所以店面不在于面积，而在于规划和细节的设定。

4. 镇店之宝

这大概是一种最为通俗的办法了，店面的镇店之宝，可以多种多样，可以是限量的产品、历史的文化，也可以是私家珍藏，不一定很贵，但是要独一无二，如果店面不同时期能够围绕不同主题去做，就更能吸引顾客的前往了。

总之，景点思维是一个开放的思维，更是一种互联网的思维，不仅仅要重视，还需要大胆地尝试和探索，这种方式一定会给你带来惊喜！

案例分享

年初，《三生三世十里桃花》热映期间，Brookstone 水游城店把店面调整为十里桃园的风格，布置了各种桃花，并且邀请大家来店面直播，鼓励消费者分享到朋友圈。因为桃花场景的店面比较少见，周末人流涌动，让店面一度人流量暴增，成为南京当时的一个大热点。

Brookstone 三生三世十里桃花店面场景

其实水游城及其连锁店面本身的设计，就具有很多的景点思维场景。

1. 夸张的猫耳耳机

店内设计成为巨大的猫耳耳机拱形门，将耳机夸张化，吸引更多消费者的热情。有的店面还将入口大门设计为耳机形状，以此变成一个景点。

2. 巨型醒酒器

红酒快速醒酒器是 Brookstone 的一个爆款，所以所有店面都有一个巨型醒酒器的装饰画或者模型，让店面具有艺术性。

3. 科幻的机器人区域

店面机器人区域，都是科幻大片中的装饰，机器人展示在这样的区域，并且成群结队地演示，这样的区域也是一种科幻景点的方式，也是消费者拍照的重要景点。

4. 床上用品区域

Brookstone 内的床上用品，在开业、节假日期间，贴墙的设计为床的样式，请来帅哥美女展示，给人一种大吃一惊的污污的惊喜，这也是一种另类的景点思维。

虽然每家店面景点设置都略有不同，但是 Brookstone 的店面各种创意景点，依旧是线下零售业的一个标杆，相对于很多店面拒绝拍照的思维，这已经是一种巨大的进步，值得我们所有线下零售业的反思和学习。

十一、平台思维：利益最大化的一个利器

平台化思维是互联网发展的一个重要思维，这种开放、共享、共赢的思维，帮助大量互联网公司获得成功，其中最著名的就是阿里巴巴。

但是这里要说的平台，并不是将店面马上改造成为一个如此开放的平台，而是将零售店面打造为一个社交、社区、社群的线下平台，因为有实体的店面，可以按照物以类聚、人以群分方式，通过店面实现人的社会性。

也许你会说，我们不就是一个店面，有那么大的影响力吗？如果说难度，肯定是有的，但也不是不可以尝试，而是必须去尝试，只有如此，才能增加店面的粘性。

如何打造平台化？可以从一个点开始，比如根据店面销售的属性，成立一个俱乐部，目前做得最好的店面是大疆无人机，基本上每个优秀的店面都有自己的区域飞行俱乐部，这种俱乐部可以聚集更多的有相同爱好的人进来，形成一个群体，大家因为店面相聚，又因为相聚促进了店面的长期持续销售。

这样的俱乐部还可以有很多，比如机器人、电玩、数字编程等等，只要我们将顾客分类，就能有更多的启发，因为人本身并不是一个穴居动物，而是一个具有活动性社会性的动物，即使是宅男宅女，也会因为相同的爱好相聚，否则

上海 ChinaJoy 每年也不可能有那么多的水泄不通的参观者，这就是店面社区、社群的力量。

想要做好这一块，需要有非常多的创意，而不是说简单地策划一下，平台是需要规划的，也需要我们有坚强的耐心，因为任何的社交、社区、社群都不是一日建成的。

平台思维，是传统零售企业的一个弱项，又是一个强项，说弱项是因为我们没有强大的互联网工具；说强项是因为拥有实体的店面，这个店面就是强项。所以传统零售企业要发挥优势，从建立自己的小社区、小社群开始，你就能发现其中的无数价值和惊喜。

案例分享

必酷赛博（Big Cyber），是一个主打智能科技与生活的互动体验空间，由赛博数码投资，目前在上海、北京均有店面，是一个为所有热爱智能科技、欣赏创意设计、喜好手工体验、重视生活质感的家庭提供一个好商品、新概念的体验平台。

Big Cyber 店面有一个非常特别的特色，就是提供分门别类的培训服务。2016 年中的时候在上海店面就有 8 名培训师，培训机器人、无人机等项目，并且分不同的年龄、不同的爱好开展针对性的培训服务，周末店面一般都是人满为患，因为有公开课，日常 8 名培训师就到城市不同点，集中开展培训，比如少年宫、学校的科技课、社区等，他们有专业的培训规划和方案，能够提供数十种的计划，并且还会随着科技发展，更新教材和用具。

这个店面虽然开在商场，零售也是其一个重要的部分，但是更重要的是这是一个大的平台，通过这个平台，实现了顾客的细分，并针对细分，提供不同标准的服务，通过服务又带动了店面的消费，与被服务者之间也建立了一定的关联，所以就这些用户和这个店面关系而言，就是一种强关联，是一种典型的平台思维，店面即平台，平台又给各方带来了强关联和强价值。

十二、合伙人思维：未来企业的必然选择

合伙人制度，近几年比较流行，特别是阿里巴巴为此还放弃了在香港上市，转而去能接受合伙人制度的美国，这是一个艰难而曲折的过程，并非一帆风顺。

所谓合作人制度，复杂一些说是指由两个或两个以上合伙人拥有公司并分享公司利润的企业，简单一些说就是"一群人在一起合伙干事情"，但是无论哪种，共同点是大家都有股份、有分红权、有限售规则，这才是真正的合作人，有利同享、有难同当，合在一起打天下。

传统零售企业基本上都是老板全资或者绝对的大股东，员工极少有什么股份，只是打工的而已（即使持有股份的，也只是管理层持股的方式，而不是合伙人制度），所以公司都是上下级关系，员工都是单纯的劳动力出卖者，这样的情况下员工非常容易出现消极的情绪。而合伙人制度，让员工成为公司的主人，由于角色的转变，员工更愿意付出，因为这种付出和自己的收益有积极的正向关系，这样就能改变劳动力的价值，让企业效益、效率走向一个新台阶。

合伙人制度有多重的方式，以谷歌为例，谷歌在 2004 年上市，上市前引入 AB 股制度，分为 A、B 两类同价股票，两位企业创始人获分配 B 股，其他公众股东则获分配 A 股，在 AB 股双股并行的制度下，A 股对应每股只有 1 票投票权，B 股不能公开交易，B 股的每股投票权为 A 股的 10 倍。谷歌创始人及行政总裁持有几乎全部 B 股，实际共持有 70% 以上投票权，确保了两位创始人能以较少的持股拥有过半的投票权，从而控制大局。目前 Facebook、阿里巴巴、京东都是采用 AB 股模式，确保公司的创始人和高管通过拥有更高的投票权对股东大会的决策产生决定性的影响，从而确保对公司的控制权。（目前 Facebook 计划推出 C 股，即没有投票权，这种方式还在争议之中。）

合伙人制度是一项非常重要的制度创新，需要有专业人士给予指导，所以传统零售企业采用合伙人制度时，需要有一个系统的规范，避免股权分配不当或者法律漏洞给自己带来重大的损失。但这是一个重要的，有利于公司改革

创新的制度，也是符合未来发展趋势的制度，所以在合适的时候推出，对于公司的长久发展一定会有重要的意义。

案例分享

阿里的合伙人制度又称为湖畔合伙人制度（英文翻译为“Lakeside Partners”），该名称源自15年前马云等创始人创建阿里的地点——湖畔花园。阿里的创始人自1999年起便以合伙人原则管理运营阿里，并于2010年正式确立合伙人制度，取名湖畔合伙人。

1. 合伙人的资格要求

（1）合伙人必须在阿里服务满5年

（2）合伙人必须持有公司股份，且有限售要求

（3）由在任合伙人向合伙人委员会提名推荐，并由合伙人委员会审核同意其参加选举

（4）在一人一票的基础上，超过75%的合伙人投票同意其加入，合伙人的选举和罢免无需经过股东大会审议或通过。

此外，成为合伙人还要符合两个弹性标准：对公司发展有积极贡献；高度认同公司文化，愿意为公司使命、愿景和价值观竭尽全力。

2. 合伙人的提名权和任命权

（1）合伙人拥有提名董事的权利；

（2）合伙人提名的董事票数占董事会人数一半以上，因任何原因董事会成员中由合伙人提名或任命的董事票数不足半数时，合伙人有权任命额外的董事以确保其半数以上董事控制权；

（3）如果股东不同意选举合伙人提名的董事，合伙人可以任命新的临时董事，直至下一年度股东大会；

（4）如果董事因任何原因离职，合伙人有权任命临时董事以填补空缺，直至下一年度股东大会。

阿里合伙人的提名权和任命权可视作阿里创始人及管理层与大股东协商

的结果，通过这一机制的设定，阿里合伙人拥有了超越其他股东的董事提名权和任免权，控制了董事人选，进而决定了公司的经营运作。

3. 合伙人的奖金分配权

阿里每年会向包括公司合伙人在内的公司管理层发放奖金，阿里在招股书中强调，该奖金属于税前列支事项。这意味着合伙人的奖金分配权将区别于股东分红权，股东分红是从税后利润中予以分配，而合伙人的奖金分配将作为管理费用处理。

4. 合伙人委员会的构成和职权

合伙人委员会共 5 名委员，负责

（1）审核新合伙人的提名并安排其选举事宜

（2）推荐并提名董事人选

（3）将薪酬委员会分配给合伙人的年度现金红利分配给非执行职务的合伙人，委员会委员实施差额选举，任期 3 年，可连选连任。

合伙人委员会是阿里合伙人架构中最核心的部门，把握着合伙人的审核及选举事宜。

以上只是阿里合作人制度条款的一部分，详细的资料可以查看阿里巴巴上市时后的招股书，相信你一定会有更多的发现和收获。

这十二条传统零售企业的互联网思维，在“新零售”成为风口的今天，具有重要的意义。随着新零售的发展，各种科技、大数据的介入，门店零售还会面临众多的挑战和变革，不同类型的门店，比如专卖店、潮品店、跨界店都有不同的基因，也会有不同的走向，因此不同的店面需要有不同的策略。

1. 专卖店

专卖店在未来 3~5 年，依旧是品牌厂商销售的主力战场，所以专卖店主力方向依旧是走专业化路线。随着竞争的加剧，专卖店会走生态化路线，即店面主力区域和产品是专卖品牌产品，除此之外，还会引进没有冲突的第三方产品和品牌，增强店面的竞争力。

同时专卖店还要做好服务化和社区化，服务化不仅仅是一种人工服务，还

会有机器人服务的引入，提升店面服务化的专业属性；社区化是为了打造一种去销售化的环境，让店面更加适合消费者的活动需要，让消费者更愿意把店面当作是一种无压力的空间。

线下线上也是专卖店的必然选择，店面网络化是一个趋势，至于专卖店如何做好网络化，还是一个漫长的探索过程。未来线下零售全国连锁和区域诸侯是一种大趋势，所以如果能够形成这样的格局，网络化会相对比较容易建设，并且会出现一大批专业 BTB 公司帮助零售商做好网络化的工作。

需要说明的是，夫妻店未来依旧是社会一个重要现象，为自己打工的生存模式在全世界都具有极强的生命力，只不过人、财、物都集于一身的夫妻店也需要标准化、专业化，只要不贪大求全，夫妻店是打不败的，也没有必要把他们打败。

2. 潮品店

潮品店（以前也称之为生活馆、品类店、集合店）是未来 3~5 年社会的一种潮流，也是线下零售商转型的一个非常重要的方向，2016 年底全国潮品店数量超过 200 家（不含品牌潮品店加盟模式），预计 2017 年将新增 1500 家左右，2018 年将会增加 4000 家，绝对数量虽然不多，但是将会影响全国消费类电子的商业结构和商圈的店面选择。

潮品店和专卖店的模式是不一样的，专卖店是品牌厂商的需求，某种意义上用户中厂商占的比重更大；潮品店大多数是没有品牌方支持的，即使有也是很小的一部分，所以他的用户定位就非常清晰，就是顾客。这其实没有孰对孰错，生意模型决定用户的划分。

潮品店还没有一个成熟的模版，所以上文提及的十二条思维就显得更加重要。这需要摸着石头过河，每个店面的位置、定位、风格不同，产品不同，服务模式也不同，未来会形成符合市场需求的连锁品牌，有的偏重于中高端产品，有的侧重低端快消品，但是无论哪种，都不能够再沿用传统的思维模式，而且必须持续地创新、不间断地学习。潮品店的机会才刚刚开始，未来的路还很长，这是一座金矿，刚发现价值，开采还需要时间和技术，但是绝不能再等待，因为淘金人已经赶来，一场大规模的变革已经开始。

3. 跨界店

跨界店，在我们的生活中已经陆续有成型的店开出来，但是绝大多数都是一种试点的形式，比如方所，开在高大上的太古里，可以说目前这还是有钱人的游戏，这个方向应该说还没有像潮品店一样进入爆发式增长阶段，现在只是一种探索期。

因为跨界就意味着涉及多个行业，这不仅仅需要大量的资金支持，还需要相当的专业度，但是目前国内零售人才匮乏，这种前沿的跨界店面，在管理上就会显得捉襟见肘。

同时目前一、二线等比较发达的城市，中产相对比较集中，这些地方跨界店面成功的概率会比较高，其余的城市还需要一些培养时间，预计跨界店在3年后才会出现新一轮增长的高潮。

最有可能把跨界店面做好的可能不是消费类电子行业的零售商，最有机会的是连锁时尚书店、连锁精品超市和电商，当然也包含其他行业的大佬，其实方所就是例外的老板。跨界店面需要有一种浓厚的文化引导氛围，这种文化标准的设定，已经不仅仅是一个店面的经营者简单的设定，而是需要更为广泛的哲学思考了。

这里不是说跨界店这几年不会有新开店面，线下依旧会有各种尝试，如果你有足够的时间、精力和魄力，有充足的资金在一个合适的地点尝试，也许就会成为先行者，先入为主的试验，可能会成为先烈，但也可能会成为先驱，伟大的成就者往往就是那个勇于第一个吃螃蟹的人。

无论什么类型的店面，线上线下这个方向是不会改变的，也就是传统零售企业一定要有一个适合自己的线上互联网平台，因为店面未来都不会是单纯的店面，线上也不再是纯粹的线上。那么传统零售企业需要怎样的平台呢，是自己做还是合作呢？

要回答的第一个问题就是传统零售商需要一个怎样的平台。互联网就是一个工具，和蒸汽机和电是一样类型的东西，蒸汽机带来了第一次工业革命，

电力将经济带入电器时代引发了第二次工业革命，那么互联网将会引发新一轮的革命。对于线下传统零售业效率较低的特点，互联网这个工具的加入，将会给我们带来新一轮效率的提升，这就是线下线上相结合的新零售，所以这个工具是互联网，电商功能只是其中的一部分。以上提及的十二种思维，都是可以通过互联网实现的，其实都是解决效率的功能应用，都不是直接卖东西。那么这个线上，是自己做还是找人合作？

（1）自己开发一个线上线下平台

如果我们财大气粗，就可以自己开发，毕竟市面上并没有一个完全适合你的平台。但现在做这样的开发，需要巨大的财力，如果完全是自有资金，只能做一些简单的开发，会很快遇到发展的瓶颈；加上现代的互联网人力资源非常昂贵，并不是一般企业能够负担的，所以不建议中小企业自己投入。

如果你有较强的资本行业背景，又有创业的心态，自己开发最好是引进资本的投入，因为这本身也确实是一个巨大的行业机会，真的静下心来去做专业的事情，还会有更好的空间，也能够开发出一些务实的功能。

（2）和大的电商合作

现在阿里巴巴、京东、腾讯都在设计线下零售业的合作，阿里有 BTB、京东有新通路、腾讯也在开发企业级市场。这些企业拥有海量的大数据资源，其中阿里、京东的物流覆盖能力也是日益完善，和这些大电商合作的好处，就是能够快速获得大数据等成熟的技术支持。

然而坏处也是显而易见的，中小零售企业可能根本就没有机会合作，即使有机会，也具有潜在的合作风险，这些企业一旦不需要你的时候，你就不复存在了，所以要注意合同的条款。

（3）和专业的 BTB 公司合作

目前国内 BTB 公司正在快速兴起，应该说是未来 3~5 年的一个巨大的风口，因为 BTB 本身具有较强的客户粘性，一旦在行业中获得先机，就能够脱颖而出，现在是出于教育用户阶段，群雄割据的局面都还没有出现，应该说是战国时代吧。

未来可能出现一个或者几个拥有极强整合能力、以零售型客户为用户、跟上时代发展的互联网技术、拥有大数据整合分析能力的公司，这种公司将会成为中小零售企业，甚至大型零售企业的战略合作伙伴，它不仅仅能够提供成熟的互联网技术，还能够整合更多的社会资源，也许新一轮的电商巨头就会出现在这其中，这是需要时间去检验的。

(4)和专业的第三方平台合作

目前市面上已经有一些专业的技术公司，比如有赞、微店等第三方平台，以微信为切入口，帮助中小企业建立自己的网上电商平台，这些平台从技术角度看已经比较成熟，对于大部分中小企业的简单需求是可以满足的。但是缺点是，他们对于未来新零售的研究还是偏于表面化，很多趋势的研究不够深入，前瞻性的不足带来的潜在隐患，就是只能做一些当下的工作，解决不了传统零售企业根上的核心问题，所以并不能算是新零售的改革者，只能是传统零售的改良优化者，当然如果你现在什么都没有做，这些应用工具还是非常值得尝试的。

如果说新零售就是传统企业的未来，那么这个未来将会包含很多，不仅仅是线上线下，也不仅仅是大数据、现代物流和混合业态，而是更多在摸索的东西，比如众筹，其实长远看，就是 CTB 的前生。如果我们不跟进、不改变，还是采用原来的零售模式，效率并没有获得提升，那么新零售和传统企业将会毫无关系，因为我们并没有真正理解什么是互联网思维。

面对这一轮新零售，发起者正是互联网电商公司，因为他们传统电商的销售额只是占据社会总零售量的 10%，往上成长的空间已经较小，已经触碰到市场的天花板。现在传统电商的获客成本已经和线下零售企业相差无几，所以他们说流量已死，这里的“死”的含义只是说增长乏力而已。所以为了更大规模的增长，他们将触角放到了线下，要用互联网的工具和思维来改造线下零售业。原来传统零售业和电商的竞争，还只是线下和线上的竞争，未来将是传统零售业态和电商的线下零售业态竞争，这将是最直面的竞争，是家门口的战争。所以“新零售”是电商公司的新零售，如果传统企业不改变，那将不会带来

任何的利益和帮助，相反，有可能会成为重大失误，甚至成为传统电商的巨大压力。

传统零售企业其实也有自己的众多优势，特别是在管理经验、人才积累、资源整合能力等方面，都拥有自己的价值，很多方式方法依然会有效，这些积累不是一个新企业能够马上拥有的，特别是在零售人才比较匮乏的大环境下，我们要认清自己的的优势和不足，这才是客观的认知。

现在传统零售企业都正在经历一场选择和变革，这场变革将会影响到中国零售业未来20年的格局，希望这十二条思维的解读，能够帮助传统零售企业痛下决心、披荆斩棘、勇往直前，利用好自己的优势，弥补自己的不足。因为如果你不去改变，便仍旧只是一家传统的零售企业，“新零售”的风口和你基本没有关系。即使你去尝试转型，也会遇到各种困难，因为任何的改革，都不会是那么顺利的，改革的过程之中，还会出现更多的思路、更新的思维，大到连锁的管理、互联网技术的应用、人工智能的介入、虚拟商店的推出、区块链下的新物流体系，小到促销的创新、潮流的跟进、产品的引入等等。我们唯一能够做的，就是跟上变化、顺势而为，用未来定义现在，才能横刀立马、勇立潮头，将传统零售企业转型为传统+互联网的“新零售”企业，这才是我们真正的目标。

这个时代，唯有变化，才是永恒！

第二章

线下零售业的未来（1）—— 实体零售店的发展趋势

（注：这是一篇培训整理稿，主要是讲述零售未来的趋势和机会，缘起于很多人说零售店面为什么没有顾客了，那是因为零售店的类型没有跟上趋势，开设的位置没有跟上趋势，产品的选择没有跟上趋势，服务的方式没有跟上趋势，内部管理没有跟上趋势。）

中国人喜欢做计划，先看看自己有什么资源，通过罗列排序，然后确定在未来的3年、5年、10年应该做到怎样的结果，这是一种从现在往后思考的方式，更看中因果关系。欧美一些发达国家也做计划，他们做计划的方式和我们有很大的差异性。他们通常是先考虑未来5~10年以后市场会变成什么样，商场是什么样，经过研究，对未来进行假设，再倒推到现在应该怎么做，这是一种从未来倒推到现在，更看重整合资源的方式，是一种从未来到现在的思考方式。这两种方式的本质差异就是，一种有因才有果，一种是有果寻找因。他们用趋势来指导现实，所以科幻片还是美国的更精彩一些，其中有很多科幻设计现在就成了现实。

那么很多经销商问为什么我们店没有顾客了？那就要思考我们是不是跟不上未来的趋势了，是不是零售店的类型没有跟上趋势，是不是开设的位置没有跟上趋势，是不是产品的选择没有跟上趋势，是不是服务的方式没有跟上趋势，是不是内部管理没有跟上趋势？

首先要知道顾客是被发展趋势所推动的，趋势往哪走，顾客就往哪走。但零售店没有跟上趋势，所以这是顾客不来了的原因。

那么回顾一下零售发展趋势，最先开始是以物易物，再是摆摊设点，接下来是专柜和专区，然后是专卖店，再后来是品类店（现在称为潮品店）。其中专卖店、专柜其实是把厂商当做用户了，品类店是将消费者当成用户了，这是一

个明显的区别。

那么品类店往下发展是什么呢？2017 年全国都流行数码潮品店，那么发展之后是什么呢？其实向后发展我把他叫做“跨界店”，跨界店提供的主要就是一种生活方式。

品类店和跨界店，都是一种互联网思维，互联网思维就是用户思维，一切回到用户的原点，一定要理解这一点才能把品类店开好。比如书店 + 咖啡店 + 数码店，就是跨界店，但是如果仅仅是简单的产品的拼凑，是没有什么增值的，甚至可能会不伦不类。

安徽芜湖 A + 智生活曾经的街区店咖啡制作区域

店面的发展为什么会呈这样的发展趋势？其实店面的发展是社会变迁的缩影，这是个大的课题。在了解这个大课题之前，我们先要想清楚的是店为谁服务，就是专卖店主要是为厂商服务，品类店主要是为用户服务。

那线下零售店的用户是谁？我觉得未来趋势的相当一部分消费类电子零售店，都是为中产阶级服务。什么叫中产阶级呢？

百度是这么解释的：中产阶级（或中产阶层，“中产阶级”这个词在我国官方叫：中等收入群体），是指人们低层次的“生理需求和安全需求”得到满足，且中等层次的“感情需求和尊重需求”也得到了较好满足，但达不到追求高层次的“自我实现需求”的阶级（或阶层）；由于家庭是社会的细胞，且大部分人的财富是以家庭为单元拥有的，所以中产阶级主要由“中产家庭”组成。这其实就是以马斯洛需求理论为基础的分析。

国家统计局曾经公布过一份调查结论：“6 万元 ~50 万元，这是界定我国城市中等收入群体家庭收入（以家庭平均人口三人计算）的标准。”在我国，“中产”首次得到了这样清晰的数字化界定，这可不是随意去界定的，世界银行公布过全球中等收入阶层的人均 GDP 起点 (3470 美元) 和上限 (8000 美元)，要将这两个数据相应转换为中国的中等收入群体指标，牵涉到三重换算：人均 GDP 和人均收入之间的换算，美元和人民币之间的汇率换算，购买力评价标准换算。但对于购买力评价标准这个最重要的指标“在我国是保密的，不能公布”。根据三重换算而来的收入参考标准，家庭年均收入下限 6.5 万元，上限是 18 万元左右，同时考虑到我国地区间居民家庭收入差距较大，最终被界定出来的标准是 6 万元 ~ 50 万元。按照这个标准推算，到 2020 年，中等收入群体的规模将由现在的 5.04% 扩大到 45%。

家庭年均收入 6 万元 ~50 万元，也就是家庭月均收入 5000 元到 41667 元，如果再换成一家 2 个人有工资（这个标准是按照城市人口核算的），其实也不是很高，应该很多人都是中产了。所以我们进入中产社会了这个论断也就非常正确了。但是假如这些中产都买了房子呢，他们一个月还有多少钱可以供支配的？这个数学题不难，大家可以自己去核算。

美国底特律的中产标准是 3 个人的家庭，年收入 10 万美元是中产的起步。目前有两个标准说法，一种是年均收入在 3 万美元至 10 万美元的人群都属于中产阶级，以此标准衡量，美国 95% 以上的人都应该属于中产阶级。另一些人则认为，美国中产阶级的人年均收入标准应该在 4 万美元至 25 万美元，凡人年均收入在此区间的，都可以算是中产阶级。以此标准而论，美国中产阶级大约占总人口的 80%。但是无论怎样核算，美国都是橄榄球模式，中产是他们的社会主力，美国的标准是人年内消费 2 万美金，当然这个是一个美国的标准，对我国并不适用，因为美国没有计算房地产消费，我国是要计算房地产消费的。

中国中产阶级有四个特点：1. 特别忙；2. 收入稳定；3. 比上不足比下有余；4. 追求时尚。所以中产阶级的购物习惯是什么呢？我们通常叫做小资购物习惯。

我们将消费者大体分为四类人群：低收入阶级、中低收入阶级、中产阶级、富豪阶级。

粗略地分析一下，低收入阶级主要还是停留在自给自足上，也是中国人口比重比较大的一部分人群。中低收入阶级主要习惯网上购物，因为他们除了温饱也有一部分小钱来提升自己的生活品质，网上的低价产品和高性价比商品能更加丰富他们的物质生活。中产阶级偏向于喜欢线下购物，物质生活达标的他们需要更多精神上的需要，线上购物满足不了其小资生活的习惯。而富豪阶级偏向于国外购物。

什么叫小资的购物习惯呢，比如夫妻俩平时工作比较忙，收入还不错，到了周末也不能去太远的地方，但也不能窝在家里，于是就一家人在一个商场购购物，吃吃饭，晚上找个地方喝喝咖啡看看电影，或者朋友聚会喝点酒聊聊天，花一天时间在一个商圈里呆着，这种休闲的方式，我称之为小资的习惯。

那中产阶级去什么地方小资呢？去的地方又有什么变迁呢？

以百货商场为例，未来百货商场是什么样子呢？中国以前的单纯百货商场会退出历史舞台。比如上海静安寺曾经有一个消费档次非常高的商场，但是现在这么多年，没有任何变化，还出现过晚上大妈们去跳广场舞的情况。百货商场的管理者也不维护商场的高档氛围，保安不对这种行为做阻止。商场里的商品陈列和百货装修也没有明显的变化，这种就是没有跟上趋势。

大家知道，百货商场和专卖店一样，是以上游厂商为主的一种商品短缺时代的产物。所以原来老的百货商场如果不进行改革，就一定会被淘汰掉。那么改革要改成什么样子呢？

1.SHOPPING MALL

SHOPPING MALL 里吃喝玩乐应有尽有，老少皆宜，现在基本三线以上城市都在加速发展，2016 年底中国拥有 6000 家，每年还在以 400 家左右的速度递增。

这种地方，一家人或者一帮朋友可以在里面玩一天。当然 SHOPPING MALL 现在也在向一些不同消费者提供不同的定位，比如 K11 和北京芳草地走的是艺术路线，大悦城走的是大众时尚化，太古走的是高端时尚路线，恒隆走高端奢侈方向等等。

2. 奥特莱斯

虽然中国有很多假奥特莱斯，但是真正的奥特莱斯一定会在中国兴起。奥特莱斯和 SHOPPING MALL 比较类似，但是它的商品以品牌折扣商品为主，店铺以折扣店为主。位置一般在主城区附近，大概距离主城区 40 分钟车程。一些名品店的折扣店，也是吃喝玩乐俱全，甚至可以成为景点，比如天津一个奥特莱斯比较出名，叫做佛罗伦萨小镇，在京津冀地区名气很大，大家把他当作个旅游景点。所以好的、高品质的奥特莱斯也是个不可逆转的趋势。

3. 精品街区

精品街区也是个趋势，一条街上都是精品店的情况在一二线城市，甚至一部分三线城市存在，上海的淮海路就是一个典型的例子。淮海路是上海最繁华的商业街之一，它与南京路齐名，如果说南京路是上海商业的象征，那么淮海路则更多得表现为一种品位、一种风格。它是全上海公认的最美丽、最摩登、最有“腔调”和情调的一条街；欧式和现代化建筑林立，时尚名品荟萃，紧随世界潮流；温馨典雅的购物环境、众多餐饮娱乐名店以及优越的酒店服务，为淮海中路商圈增色不少；以高雅浪漫著称的百年淮海路，是一个众人眼中华贵雍容的购物天堂。这种街区国内已经越来越多，比如杭州的湖滨国际名品街、南京的中山路国际名品街区等等。

4. 社区店

社区店是社区内的小型 SHOPPING MALL，特别是在超大型社区里面，开发商会配套开发社区店；这在美国是一个普遍的商业模式，但是因为国内之前的社区都是封闭围墙的，社区较小，发展不是很普遍。随着国家街区制度的推行和一些超大社区的发展，社区店越来越成为一种新的模式，比如上海的金桥社区、广州的祈福社区、苏州工业园区的邻里中心等。

所以我们在各地开店，要回避老旧的百货商场，寻找优质的 SHOPPING MALL、正品的奥特莱斯、尖端的精品街区、超大规划的社区，这种地方才是开店的位置的趋势店。我们要在方向性的 SHOPPING MALL 里开趋势性的品类店或跨界店。但在奥特莱斯里开什么店？如果开专卖店或者品类店，对于数码

产品来讲，基本是不太可能盈利的。我们应该去做一个相对中低端的品牌店，或者品牌的集合店，还需要有一定的折扣力度。在精品街区，有厂商支持的情况下，可以开专卖店，因为这种地方本身就是一种广告效应。专卖店未来一定会继续存在，因为厂商需要在各地有一些专卖店来稳定当地的市场，替厂商宣传品牌。作为经销商，如果厂商给了合理的支持，我们就可以开。社区店就需要一些快速的消费品并提供更好的服务，比如说送货上门、服务维修等服务工作。

其实，现在越先进的事物，越是容易变成未来的累赘，这是一个社会更迭的过程。像在 2006 ~ 2008 年，北京的商业氛围是远远比上海好的，但现在上海的商业发展速度和商场面貌又超越了北京。这是一二线城市会出现的现象，领先 10 年又落后 10 年。但在一部分的二线城市甚至三四线城市，因为原来商业不够发达，有很多可拆迁、可以重修的地方，比较容易迅速地更迭出更好的 SHOPPING MALL 和奥特莱斯。现在成都、重庆、沈阳等二线城市越来越时尚化，现代化程度越来越高，但是像南京这样的城市，就相对比较困难，因为市中心实在是没有地方可以新建超大型的 SHOPPING MALL 了。

最后，我们把这三点联合起来看，未来的店是品类店和跨界店，我们的服务对象又是中产阶级，中产阶级喜欢去的地方，这样对于未来开店的思路就非常清晰了。对做 PC、数码、通讯行业的，这三块统统适用。

但是要提醒的是，一二线城市适合开品类店，三四线城市适合开品牌店，五、六线城市适合开专卖店，或者大品牌的集合店。也就是所谓的潮品店适合一二线城市或者部分三线城市，三四线城市适合开一些品牌店或者品牌的集合店。比如在某一个小城市，苹果、华为、三星合在一起开一个集合店，来降低开店成本。

到了最后，要和大家分享三个思考，这三个问题对于做线下零售的我们应该无时不刻的思考：

我们未来店是什么？

我们店是服务谁？

我们要在什么位置开店？

其实上面讲的已经给出清晰答案了，只要认真地理解，就能体会的更多的。

线下零售业的未来(2)——体验3.0时代

店面如何陈列，是一个非常系统也非常复杂的学问，这里给大家一个架构，让陈列能够更加立体化。

什么是体验式营销？美国伯德·施密特博士（Bernd H.Schmitt）在他所写的《体验式营销》（Experiential Marketing）一书中指出：体验式营销是站在消费者的感官、情感、思考、行动、关联五个方面，重新定义设计营销的思考方式。这种思考方式突破传统上理性消费者的假设，认为消费者消费时是理想与感性兼具的，消费者在消费前、消费中、消费后的全过程体验才是研究消费者行为与企业品牌经营的关键。

在这个基础上，未来的店面陈列会向什么方向发展呢？

一、从销售的商品本身的层面，分为以下四个方向

1.店员会说话

一线销售店员非常辛苦，因为介绍同样一个产品，来一百个顾客，同样的话就要说100次。这就对店员的素质要求就非常高，要有凌厉的洞察力、较强的亲和力、耐心的讲解、对产品知识了如指掌等等。但实际上在海量的店员当中很少有如此高素质的销售员；而且仅具备这种能力还是不够的，还需要有强大的体力和坚韧性，这些能力都具备的人少之又少，真的具备了，也就不会再做店员了。

2.商品会说话

百思买虽然因为投资和管理问题已经离开了中国，但其店面陈列风格非常值得我们学习。百思买每年花5亿美金专门研究店面陈设的问题，他认为

产品的价格标签、屏幕、海报等等都是会说话的。百思买提出了“商品会说话”的思路，这时候店员就成为顾问的角色。我们都有切实的感受，就是在购物过程中有导购员跟着自己就会不太自然，销售员还没开口就已经有了抗拒情绪。所以如果以这个商品的一切来引导让消费者先感兴趣，最后销售员需要做的事情只是临门一脚，训练临门一脚这种技能，还是相对比较容易的。

其实，我们往往会高估消费者的认知能力。比如一个车载充电器孤零零地陈列，顾客可能都不知道这是什么；画一张图，来解释车载充电器怎么使用，就自然会使有车的消费者感兴趣。所以如果能让商品自己说话，店员就会轻松很多，购买力也会提升。其实在消费者闲逛的时候，大多数大脑属于混沌的状态，一眼扫过去，大脑无法认知的东西是没有办法引起注意力的。我们可以尝试找一些朋友，来商店看看，肯定有好多看一眼不知道是干什么的商品。这样的商品陈列方式就需要调整了，否则大部分消费者感觉都是一样的，他们不了解就不会有兴趣。其实很多销售店面，都有很不错的产品，但是产品就是默默地呆在那里，藏在深山无人识，最后就被无情地抛弃了。

3. 让情景说话

比如在店里摆个床、沙发、电视、家庭影院，让空间激发潜在的需求，这样的场景就不仅仅是一个单一商品的销售了。比如在红酒的销售区同时摆放瓶塞、醒酒器、开酒器、酒杯，有这么一个场景，视觉激发效果将大大高于语言激发，这是销售员达不到的效果。所以在店面里，让情景说话非常非常重要，也是我们要发挥想象力的地方。

比如我有一个朋友是做家庭影院的，他通过自己装修的一个私人家庭影院体验室，一年能销售上百套 50 万起步的家庭影院，因为有别墅豪宅的人体验过都会觉得太震撼了，就会产生我也要装修一套的心声，而且交钥匙工程不需要自己费心。因为家庭影院这种产品本身就是针对富人的，而且如果自己单一去采购会非常麻烦，有这么一个实体的场景，又有一套解决方案，消费自然就被激发了。

4. 让空间说话

百思买曾经在上海的店里做过这样的实验：以店中店的形式，把其中一个空间做成大约 100 多平方米的厨房，比正常厨房大十多倍，把任何放进去的商品特点都放大了。当年这在百思买是销售非常好的区域，而且这个空间是没有店员的。其实这也是未来零售店的趋势，就是一定要去店员化；当然去店员化并不是没有店员，而是店员的性质改变了，甚至还会出现机器人店员和虚拟店员，以便于激发消费者更多的兴趣。

二、从消费者来层面，将体验分为以下四类

1. 直觉体验

直觉体验可以摸，可以听。比如最初其他商品还在柜子里的时候，iPod 就放在店面可以操作、可以试听，这就是最基本地满足视觉、听觉和触觉的体验。

2. 感觉体验

感觉体验适用于面积比较大、商品类别比较齐全的店面，比如直营店、苹果授权店 APR 店就是代表，人们去了店面会感觉宽敞明亮、整齐划一，会有非常愉悦的体验感觉。这种店的利润主要来源于厂商补贴、特价审批、特价采购、粉丝购买等，特别是新品上市初期比普通授权有优先供货权，但是这种店面对于产品品牌本身的点名率要求非常高，这一定要注意。

3. 舒适体验

比如一般我们认为家庭最舒适，店面陈列就采用居家的设计。即使是数码店，如果采用家庭设计，顾客也可能更愿意多呆一会儿。淡化销售的感觉，让商品自身来说话，这样店的盈利来源于周边商品、组合销售、定制销售等等方面，销售机会大于一般的体验陈列。

4. 情景体验（沉浸式体验）

情景体验带来的冲动性购买的欲望是非常强烈的，有一个典型的例子：迪士尼游乐园。迪士尼能带来的不仅是那种无忧无虑的儿童般的快乐，比如美好爱情生活中白马王子和公主的纯洁的爱情故事，而且这种快乐又是正常生

活中无法给予的，现在流行的说法说这是虚拟空间，迪士尼无非把内心虚拟空间实体展示出来了。

当然如果店面能够做场景的陈列，要想让情景体验效果达到更好，就需要适当的夸张。当然这种夸张不是弄虚作假，而是为了更好地展示效果，比如把场景的比例适当做得比现实生活更大一些，效果会更好。

中产阶级实际是最难服务的阶层，为了服务好顾客，伴随着零售的整体转型，我们最基本要做到的就是尽快进入情景销售模式，甚至是虚拟空间销售模式，起码一二线城市可以先做起来。但现在大多店面依然是品牌的拼凑，还没有用户定位，更谈不上了解陈列的意义，在这个层面，还是有太多需要努力的空间。

三、从陈列风格来分类

1. 平面式的陈列

平面式的陈列，也是苹果一直比较推崇的陈列，这种就是体验式陈列 2.0 版本，适合科技含量高、相对比较复杂、需要深度体验的产品。如果说这种陈列还有升级空间，就是有些陈列桌边增加了更多舒适的座椅，这是为了更复杂的产品体验而设置，比如高端的虚拟现实产品。当然苹果也在升级环境，现在新开设的的 Apple Store 已经没有“Store”这个词了，预示着苹果已经不想将之称为“店”，而是社区或者其他某种更符合消费者需求的舒适的生活方式空间。

Apple Store 典型的平面式陈列

2. 散文式的陈列

立体式的陈列，适合科技含量比较低的产品，可以增加空间感，也能够增加空间的美感。现在很多品类店面都会采用这种方式，将 100 多平方米的店面设计得曲径通幽、美轮美奂，满足现代消费者的各种个性化需求。

这种陈列在未来会是一种趋势，因为随着商业社会的发展，租金成本会越来越高，对于个体创业者，这种陈列是一种比较经济也比较容易出创意的选择，当然这种方式对于美学有比较高的要求，否则会不伦不类，所以如果条件容许，这种陈列一定要专业设计师去设计才有更大的成功概率。

如果店面比较大，可以采用以上两种陈列同时并存的方式。

陈列还需要考虑空间结构，比如吊顶，是店面最大的展示屏幕，但是很多店面的吊顶都没有做充分利用，这就说明我们没有充分利用这个陈列空间，造成了非常遗憾的浪费。

四、根据产品不同采用风格不同的陈列

简单说几点色彩的应用。色彩在店面的运用是非常专业的工作，如果不擅长应该尽量简洁。在成都见过一个色彩运用很好的店，使用了“彩虹原理”。这个原理从服装、箱包类产品借鉴过来。当前全球经济形势不好，人们更愿意选择色彩丰富的产品。特别是现代人对时尚、个性化的生活追求越来越高，所以在 3.0 时代色彩应用非常重要。

五、店面陈设关键点

1. 干净整洁

店面做到干净整洁说起来非常简单，执行起来却很困难，我参观过的店面中，能做到卫生无死角的寥寥无几，所以一般我讲零售课程，讲到店面陈列的第一条就是讲卫生。卫生因为简单、也因为太简单便做不到了或者忽视了，所以卫生应该成为所有店面开早会后的第一要务，养成习惯，保持整洁。

2. 店员服装

店员的服装要与店面风格相配套，要有统一的风格，既然店面花了那么多钱装修，为什么不花一点小钱，装饰一下自己的员工呢？毕竟“人”才是这个店面最值得瞩目的流动的风景线。

3. 及时的整理

所有货架需要每时每刻整理，顾客过来之后可能会将店面的产品拿得有些凌乱，这就需要店员及时去整理。也可以学习苹果增加一些技术方法，让整理更佳容易，比如展架后面的磁铁挡板，就很容易将陈列整理为一条笔直的线，让人看起来觉得更舒适。

4. 有自己的“标签”，形成标签效应

顾客有需求的时候为什么会首先想到我们的店？如果我是消费者，逛了一圈这个店，我会记住什么？比如我买水一定会去便利店，这就是消费者定位后，我们需要给消费者留下怎样的强烈的印象。

所以店面一定要有强展示的品类专区，比如健康类专区、影音类专区、礼品专区等，这种强展示专区一定要有专业性，常变常新，具有极好的体验效果，但是主题不能变、主力品牌不能变（除非品牌本身有问题），这种强展示逐步就会给消费者留下强烈印象的标签，下次再有需求的时候，他就会第一个想起我们的店面，这种标签效应就会给我们带来更多的忠诚的顾客群体了。

5. 区域划分

（1）新奇特产品区域

这个区域主要为吸引客流，这部分不一定能够带来大规模的销售利益，但是可以吸引客流量，一般为店面引流区域，现代店面也尽可能让这部分具有科技感，实现一些意外销售。

（2）儿童的区域

基本上所有大人的科技产品店面，都会考虑儿童的需求，特别是我国放开二胎生育计划之后，对于本身就重视儿童教育的中国人来说，孩子愿意多呆半小时，家长一定会多呆半小时。这种区域需要足够的安全性、互动性和具有益智性，这样孩子愿意呆家长也乐见其成。

（3）主机产品区域

并非说我国现代已经完全进入智能产品需求社会了，各类主机依旧是绝大部分消费者的刚性需求，所以店面如果开设在二线以下城市，主机产品应该根据城市状况，占据一定的面积甚至是主要面积，因为只有主机才能满足顾客的常规消费，这部分会是利润的主要来源，也是客流量的主要保障。

（4）主力产品推荐区域

这一区域是店面利润的主要来源，是顾客提升生活品质和个性化的区域。这部分区域产品特点是既不能太新奇特，又不能太务虚不实用，能够成为这样区域产品的要具备类主机的特点，又需要具备智能趋势，比如影音类、健康类产品都具有这样的特质。

（5）常规配件区域

这一区域中陈列满足顾客日常需求的产品。在高大上的店面里，也需要有日常的常规产品，即使这部分已经烂大街，也需要拿出一定的面积出来陈列，可以小一些，但是不能没有，当然在产品选择上，需要符合店面的人群定位。

（6）休息和服务区域

如果有足够的店面面积，还可以有休息和服务区域，这两个区域也可以合并为一个区域。这样的区域绝对不是浪费空间，而是为了给顾客一个放松的心理空间。如果店面足够大，也可以尝试一些咖啡、茶、美食等，这就是跨界了，需要相当的功力，可以采用加盟的方式，不过一般不建议普通零售商去尝试，除非你已经做好充足的准备。

线下零售业的未来（3）——用互联网进行有效的员工管理

前言：内部员工管理，是当前所有零售老板一件很苦恼的事情。

若是想做好线下零售，管理自己的雇员一定是重中之重的必修课。老板需要的是一个能为自己店面盈利的人民币收割机，而不是一群趾高气昂还吊儿郎当的摆设。如何管理员工，让团队实现质的飞跃，这是我们必须要深思的问题。

首先按入职时间将员工做个分类。

老员工，一个既爱又恨的人群，因为时间越长，创始人就会发现一个问题：这些老员工失职的时候，既不能说太多，又不能管太多，更不能把他开除。为什么？因为老员工与大家曾经同风雨共患难，走过了公司最艰难的时刻，他们都是“开国元勋”。想想多年前大家都还是毛头小伙子，现在公司一路发展都成家立业了；曾经他们是公司的支柱，现在他们是家庭生活的支柱，大家就靠这个成功的公司吃这一口饭。所以面对这样的老员工，管理层不敢说，又不好管，更不能开除，主要是基于道义和感情。所以，他们也是公司时间长了，管理层最没办法管理的一群人，虽然不是所有，但这种现象还是比较普遍。

这里说的企业家还是具有同情心的人，如果是无情的资本家就不会存在这个问题，这里没有歧视的意思，而是一旦做了企业的老板，就需要选择做一个拥有怎样企业家精神的人。

新员工，尤其是90后，招不到，也招不好，招到也不满意。这帮年轻人不是不努力，而是沟通起来不在同一个水平线上，用老办法他们觉得你老土，用新方法你又不会，给奖励人家还爱答不理，所以老板总觉得别人家的员工才是好员工。

但是，当我们作为公司管理者，有如此多困惑和抱怨的时候，如下几个问题是需要思考的。

1. 你了解你的员工吗？

对于老员工，很多老板觉得很了解，因为一起工作多年，对员工的性格非常了解。但是他满不满意现在的工作环境和薪资待遇，你知道吗？他的生活状态、家庭关系如何，你知道吗？他的目标理想，你知道吗？他到底有多热爱这个公司，对公司不离不弃的理由是什么，你知道吗？其实很多老板对老员工的定位是不清晰的，把老员工当家人一样使用，却没有像家人一样对待；更有很多公司的潜规则是同级别新员工工资普遍高于老员工，似乎市场大环境就是如此，其实是忽视了自己的管理漏洞，造成老员工的失落和心态不平衡。

那对于90后呢？60后、70后的老板就更不了解了。80后是压力一族，特别容易妥协；90后是空间一族，需要有自己的空间，是不妥协的一代人。80后的父母大部分是 1955 ~1965 年出生的，这一群父母年轻的时候并没有那么 好的社会环境，那年头罕见的大学生工作都是分配的。而 90 后的上一辈是 1965 ~1975 年出生，年轻时奋斗于国家飞速发展的九十年代，时代创造了大批富豪和中产阶级，所以 90 后的父母当时工作奋斗的社会环境要远远好于 80 后的父母，现在更多是小康、中产家庭。根据著名的心理学家马斯诺提出的人类五大需求可以看得出：物质生活得到保障的 90 后，追求的是尊重的需求，甚至是自我的实现；他们更加独立，也就代表着更加不服从教条式的约束。

2. 你的管理工具是什么？

现在很多公司财务管理工具大多是管家婆、用友、金蝶乃至更好一点的 ERP。70 后擅长用 Word，80 后用 Excel，但 90 后对这几种管理工具都不太灵光。

那 90 后需要什么管理方式呢？因为他们是不妥协的一代人，喜欢标新立异，其实他们是想获得认可（被尊重的需求）。

很多的老板既不真了解老员工，也不了解 90 后，对 80 后的了解也不见得清晰，所以在员工管理上就出现了较大的迷茫和怨气。

现在我们知道，零售业要转型，要紧跟发展趋势，内部人员选择、分工、合作就是个关键问题，所以如何用市场管理工具管理员工，是今天的一个大课题，那么什么叫市场工具？

首先讲互联网思维里面重要的一个观点：用户思维。我们要通过用户思维来管理员工。

现在线下零售的经销商对电商怎么看？迷茫、抱怨、无奈？有的老板，“6.18”骂一通，“双 11”骂一通，觉得电商破坏了线下零售，觉得电商一无是处。真的是这样吗？大家一定要明白一个事情：其实电商冲击的是曾经落后的我们，就像当年我们创业的时候也是用专卖店来冲击当时落后的小商品批发市场一样；还记得电脑城不可一世的时候各地的电脑批发组装市场有多悲凉吗？

其实所有的经销商，对待京东、淘宝、亚马逊、苏宁易购等电商，都应该去学习，把他们的管理思维学习过来，特别是互联网思维的人员管理。伴随着经

销商对线下趋势的了解,我们管人、找人的趋势更应该借鉴这种互联网工具。

在管理员工方面,可以给出一个非常有效果的建议:让用户给员工打分。比如现在的银行,用户可以给工作人员打分"非常满意"、"满意"、"一般"、"不满意",让银行工作人员的态度大为改观。我们也应该有一个互联网的工具来给员工打分。用户接收了员工服务后可以给员工打分,不一定要当场打分,也可以离开店以后打分,甚至消费者打分之后还能有些积分、返利、小礼品等来促使用户评价店员。就像滴滴打车的打分系统,5 分的司机比 4.9 分的司机更容易接大单。所以无论你是怎样的司机,如果不把服务做好,打分就可能会影响你的下一单。

再类比一个职业,我们理发的时候,都喜欢一直找一个自己熟悉的水平不错且服务态度好的理发师;女生 SPA 的时候也喜欢找固定的专业的熟悉自己的按摩师,于是优秀的理发师、按摩师生意越来越好,不好的也就逐步被淘汰了。

所以,员工的收入、排名、去留,全部由用户和市场决定。通过市场化的手段和互联网的思维来解决员工难管理的问题,在公司内部形成真正有效的竞争排名。

这一套手段实际上也能解决招聘的难题,用户的反馈就能够决定留下更好的员工,淘汰不够优秀的员工。拿着这样一种考核机制去校园招聘,就能招到更多的人才。现在的年轻人更愿意去一个公开、公平、公正的环境工作,这样我们就能在当地筛选竞争力更强的队伍,因为物以类聚、人以群分,这个朴素的道理还是值得大家思考的。

线下零售业的未来(4)——互联网化的会员管理和大数据分析

我们做了这么久零售,问问大家:我们的顾客在哪里,我们是如何管理顾客的?

之前有的经销商说想要融资,融个 2000 万、3000 万。那么你有多少顾客呢？2000？20000？你们是怎么管理顾客的？发邮件、发短信、打电话？如果仅仅只是这样是不行的，因为我们没有有效管理我们的顾客。

很多经销商老板开了很多年店，都不知道顾客在哪里，可能认为进了门店就是我的顾客，门口路过的就不是我的顾客；买东西的是顾客，没有买的就不是顾客。打个简单的比方，就是我们有没有为顾客建立一个池子？我们需要知道，进来买东西的，门口路过的，甚至天上飞过的，都是我们的顾客。我们要为顾客建立一个池子，要让他们在我们的池子中都要占一席之地。这就是中国经济管理中非常有名的池子理论，还是非常值得思考借鉴的。

在农村养鱼，需要有不同的几个池塘，不同池塘养不同的鱼，因为有的鱼是会吃小鱼的，所以不能都放在一个池塘里。举这个例子只是为了让大家理解什么叫池子，但是对于经销商而言，也应该把我们的顾客放在池子里，只要把顾客放进去，就能产生一种效应，我们叫它"社群效应"。

社群能给我们带来什么呢？同质客户的细分归类，会给我们零售店带来一些额外的价值，这个价值非常巨大，比如说盈利的问题，店面标签的问题，都可以通过社群来解决。

对于零售来讲，要建立这样的社群有什么作用呢？我讲过一个观点，所有的零售商一定要有个网上的虚拟商店，这种商店不是京东、淘宝这种的，而是自己建立的。我自己也研究了很久，用什么方式来建立社区商店比较合适。后来我发现，微店、微信商城是和我们线下零售契合度最高的。因为我研究发现，微信竟然和零售店有着非常多相同之处：都是处理人的关系问题的，都能够建立社区、社交甚至社群这些功能。

如果我们把微信商城做一些开发，就能实现社群的功能，也就是说把我们的顾客有效组织进来。但我们的管理工具也不能太另类，比如单独开发一个APP，下载使用率非常低，开发和维护费用却很高。这个工具一定是一个高频使用工具，刚好现在微信就必备这样的功能，假如我们建立一个这样的商城，就能建解决很多很多问题。

下面为大家举几个例子。

第一点，举个例子，如果我们店面上午九点钟开门，那么9点~12点半店面的人流量是非常非常低的，这时候老板也是非常苦恼的。不开门是不行的，可如果开门，员工的工资、店面的电费等等都是消耗。假如说是早上九点开门，这三个半小时就浪费了，对我们来说这是不值得的。

如果说我们有这么一个工具让顾客可以提前预约，为顾客提供一对一的服务。跟我们前文说到的经销商内部员工的市场化管理有关系，如果说每个店员都有一个ID，顾客就可以预约某个店员。比如张三，早上9点钟提供一个服务，服务完之后顾客做一个打分。那么这个店员一定会特别努力地服务于预约他的顾客，如果不努力就会被打低分，低分多了就可能被淘汰掉，这就是市场决定人的去留。早上来店面的人其实买不买都不重要，重要的是使店面有人气。只要顾客来店面，只要我们服务得好，只要把上午来的顾客都稳定在店面，这些都将变成我们的人气流量，做好这些工作，生存是没有任何问题的，赚钱只是捎带手的事情了。这是第一点，解决了两个问题，上午没有人的问题和店员评价的问题。

第二点，假如这个事情我们做的不错，还可以设立VIP服务，把会员分类，比如某个顾客购买了10000元的产品成为了黄金会员，那么他可以预约五星店员（这个店员可能对各个产品特别熟悉，可能亲和力特别强，甚至特别漂亮等等），这位五星店员可以在这一个小时内提供一对一的服务，这就和预约SPA、理发店一样，顾客可以直接找有经验的师傅。如果不知道是否有经验，可以看哪个员工分数高，评价越高分数越多就一定是最优的。

这就解决了前文所说的，老员工如何管理、新员工如何管理、怎样运用市场化工具管理。有这两套顾客管理手段，就将内部化管理与外部化管理打通，这就是一种互联网化的管理思维。这也是我们学习京东、阿里的管理方式的一种，但是我们学得更直接更有效，提升了效率和能力。

一个网上虚拟商店可以有这样几个顾客入口：预约维修、预约销售、预约专人服务、召集活动、店员评价、同城三公里快递等。我们完成这些的同时就是实现了OTO，同时还能完成大数据的分析。

在这里面大家要摒弃一种偏见：微信商城都是卖保健品的、卖成人用品的、卖面膜的。大家如果有这种偏见就错了，是因为你没有做过互联网，我们是有线下店面的，是卖货真价实产品的，开通微信商城不是为了卖太多的东西，而是为了提供增值服务、提供一种更高效的体验，一个虚拟的网上商店的诚信度就是一个店面的诚信度，所以要不卖假货，诚信做生意。

同时，微信商城的成本会非常低，假如我们为了管理客户做一个APP，APP的运营管理成本会非常高。所以这样做成本非常低，不需要什么专业技术人员，公司只需要找三个人：市场人员、出纳、商务。每人多给一些奖金，三个人利用业余时间做这个事情，卖出去的产品还有点提成，这样就把内部员工的积极性调动起来了。

第三点，在未来，假如我们上下游沟通好，就真的能实现万物商店这种概念，顾客在店里什么都可以买。像现在一个店里100平方米卖500个SKU，这种情况是没有办法和京东竞争的。未来我们一定有上游供应商，然后做更多产品，分销在微信商城里卖，这就是零售共享平台的概念。

那我们应该选择怎样的平台？现在可以推荐大家去用有赞等微店平台，虽然还不够完善，可以在未来有好的平台时再切换。但我们一定要看好，他们的付款、手续费、保障性，而且要看他的后台有没有针对你的大数据的分析。

那我们为什么讲大数据分析呢？

我们老板凭什么进货呢，我们老板有这么几种绝招，一种拍大腿，一种拍脑袋、一种历史数据我看一眼，历史没有没数据的我们看看市场预测，我们看看同行分析然后得出一个结论。然后一般是两个结论，一个是小步快跑，我们觉得这个产品应该是可以做的，我们拿出现金开始做，为什么叫小步快跑，就是因为你没有相应数据支撑做判断嘛。另一种是我想做但是市场还是没看明白，于是铺货代销，这是很愚钝的一种销售方式，也是我们操盘手最喜欢的一种方式。和老板一汇报：没有风险、还有利润；老板一听：好！其实你忽略了，我们店面是有成本的；你铺的东西，你都不知道能不能卖，你只是避免了库存风险，而忽视了店面需要的是真正的能满足顾客的产品，所以说我们是没有大

数据分析的。

在经销商管理里面，在找这个第三方平台时，一定要有两个功能：一个是互联网化的员工管理，另一个是互联网化的 VIP 管理、用户管理。在这个基础上一定要拥有大数据分析管理，这三点缺一不行。所以在找这样的平台时，得找拥有这样大数据分析能力的平台。

需要提醒的一点是，有的老板个人非常有魄力，开发一套软件自己用，但这个开发成本特别高，现在经济其实是分享经济、共享经济，所以自己开发一套软件自己用不太合适。除非公司的经济实力特别强，而且有非常强大的开发和包容能力。所以我们在自己没这个能力的时候，找第三方平台可能会靠谱一点。

现在基本上又解决了一个问题：通过互联网化的管理手段来解决我们的员工管理和顾客管理，甚至是未来库存管理的问题。这两讲提纲性的东西比较多，也有一些操作方法，真正执行起来是有一定难度的，但是只要你坚持去做，就一定会有更多的收获；如果只是听听看看罢了，可能你的店短期内也没有问题，但会失去一个特别好的机会。

线下零售业的未来(5)——零售店面的标准化管理和复制

对零售店面来说，单店管理相对来说还是比较容易的，我曾经将零售店按照数量分为 1、3、5、10、30、60、100 一共 7 道坎，这中间除去管理问题，最重要的一条就是零售的标准化问题。

大家都知道，零售店面因为开设地点不同，每个店面都需要灵活地根据周边不同的顾客，采用不同的策略，这样是最有效的。但是如果只有灵活，一个公司就不可能实现规范化管理，更谈不上标准化，只有标准化管理和复制，才能让一个企业做强做大。

标准化，就是对于重复性的事务和概念，通过制定、发布、实施标准达到统一，以获得最佳的秩序和社会效益；对于零售企业而言，就是将日常流程和工作事项,尽可能统一标准,这样才能做到快速地复制,为了做到标准化,需要按照以下6个方面去操作。

1. 简化

简化,不是简单的以少替多,而是以少胜多。对于零售企业而言,因为涉及的产品众多,加上又是一个标准的服务型行业,所以很容易造成机构臃肿。好一些的企业都有条条框框,差一些的企业要么众多漏洞,要么条框太多,很难执行。那么如何做到"简化"呢?

(1)学会归纳

我们每天会遇到各种事情,其实中间有很多是有交叉的,如果能够从交叉的点找到合适的规律,我们就能降低工作量,也便于管理。比如说零售店面每天的库存管理是一件非常重要的工作,如果处理不好,就很容易造成货物短缺或者积压,这中间会涉及很多部门,只要节点上有一个部门效率降低,就会影响整体的效率,所有库存管理都是一类的问题,而库管往往又是公司级别不高的同事,很难要求别人去做什么。这里的建议是可以制定一个标准化的流程,甚至设置到不同商品的库存存放位置都是相同的,每天整理,在一个系统上汇报对比,就能节约很多时间,同时也能够有效管理好库存数量,避免突发的缺货送货等问题发生。

(2)学会抓主线

学会抓主线,零售企业的主线其实很容易总结,比如商品管理、绩效管理、服务流程管理等,我们只要抓住这些主线,制定相应的办法,就能够简化一些不必要的或者临时的政策,在根源上就变得简洁简化。

2. 统一化

统一化是指两种以上同类事物的表现形态归并为一种或限定在一定范围内的标准化形式,这个最典型的例子就是度量衡的统一。统一化有利于交流和沟通,效率也会得到提升。

零售企业可以统一化的方面比较多,比如财物付款制度、开票制度、员工考核标准等,都需要有一个统一的标准。

3. 产品系统化

对于零售企业而言，产品线需要系统化分类，比如苹果、华为、无人机等，这些分类管理，有利于上游资源的获取，也有利于公司的管理，否则大锅烩的方式就很容易使资源分散。

产品系统化，目前绝大多数零售公司都做的比较到位，也都是基本采用分类负责统一管理的方式，这里需要说明的是，因为各个厂商风格和要求不同，对于零售企业文化建设就会有一定的影响，容易造成不同部门不同的风格，这种情况下，公司就需要制定一个相对宽泛又能长期执行的企业文化，便于公司整体效率的稳定。

4. 通用化

通用化是指在互相独立的系统中，选择和确定具有功能互换性或尺寸互换性的子系统或功能单元的标准化形式。这里前提是互换性，更多倾向一些硬件的标准，对于零售企业而言，更多的可以应用到装修、固定资产采购部分，比如装修材料的研究和替代，可以降低成本和耐用性等。同样通用化也可以应用到人才的管理，特别是一些店长的管理上，如果能够形成通用性，也同样能够稳定公司的效率。

5. 组合化

组合化，通俗一些可以称为方案化，通过公司内部模块化的组合，提升销量，这些在营销部门会比较通用，比如在店面陈列、产品推荐上，都能够获得比较好的效果，特别对于 SMB（Small and Medium-sized Business）客户，就具有特别的效果，其实组合化在店面营销上还可以是场景化、情景化销售等。

6. 模块化

模块化是我这两年讲的比较多的方面，对于零售商而言如果每开一个店，都需要重新从头开始，成功概率会比较低；但是如果将店面拆分为不同的模块，也可以称之为专区，在开设新店面的时候，进行模块化组合，这种在风格上就很容易统一，也就更容易复制，是一种积木式创新。

零售企业的标准化管理和复制，是企业成长的必经之路，如果条件允许，一定要有一个公司编制的标准化管理手册，这是公司专业化管理的体现，也是零售企业的最大财富之一。

现代的零售企业，为了更好地突出个性化，将灵活性和标准化采用 2/8 原理来区分，即 80% 标准化模板、20% 灵活性处理，但是不能超过公司整体的标准之外。这样对于不同区域不同的店面，就有 20% 发挥空间，能够积极调动店长和店员的工作状态，这也不失为一种好的标准化管理方式，应该是更适合零售连锁企业的采用。

线下零售业的未来（6）——零售店面的品牌化管理和推广

店面品牌化管理是一个系统的工程，也是现代零售企业不得不做的工程，我们可以将品牌化管理和推广分为以下五个部分。

1. 什么叫品牌化？

品牌就是产品的牌子，品牌化就是通过差异化树立自己与众不同的牌子。我国的零售企业在最近几年才开始重视品牌的价值。在很多行业都会有品牌价值排名，这是一种无形资产，对于企业发展来说，也是一种价值。而且是一种更大的价值，如果公司要融资、上市等资本化运作，这些都是必备的资源和条件，比如以前经常评比的国内知名品牌、省级信得过品牌等，都是一种品牌的评价标准。

品牌化，是零售企业必须要走的一条路线，随着我国中产阶级消费群体的兴起，他们更重视服务和口碑，如果我们没有品牌化的建设，就很难获得这部分消费群体的认同。

2. 品牌化的 3 个指标

品牌化，一种有三个指标，分别是知名度、美誉度、忠诚度。

（1）知名度

要让零售在特定的范围内使更多的消费者知晓，这些消费者不仅仅是我们的直接消费者。还有潜在消费者，理论上，知晓的人越多，知名度越高。

(2)美誉度

光有知名度还是不够的，因为这种知名度可能不是一种好的知名度，比如被人投诉在网上掀起热议，知道的人也是很多，但是不是一种好的知名度，这种知名度不是企业需要的。

美誉度，就是一种良好的、正面的口碑，这里面包含好感、信任、接纳程度等，有些企业热衷于慈善事业，就比较容易被社会接受，相反夸大的、无序的慈善也会适得其反。

(3)忠诚度

仅仅有知名度、美誉度还是不够，还需要有顾客忠诚度，对于零售企业而言，结果就是希望顾客保持较高的忠诚度，即使竞争对手采用了一些诱惑措施，顾客依旧会向我们采购或者合作，这里面需要做的更多的是细节和服务的提升。

3. 店面品牌化的含义

店面品牌化，顾名思义，就是需要有一个店的品牌，而不是商品的品牌，因为对于零售企业而言，虽然销售的是一些知名品牌，但是这些品牌不属于我们，我们只是中间的搬运工。如果有一天，上游调整策略使零售企业失去资格，这些品牌也就和我们没有关系，这是零售企业最为担心的。

对于零售企业而言，需要建立自己一个店面品牌，就像“屈臣氏”“百思买”，其本身就是一个注册品牌，不管里面销售什么，消费者都会信赖这个店面，而不仅仅是某一个产品的品牌，这就是店面品牌化。这些有品牌的店为了不砸了自己的招牌，也不敢销售质量差的产品，这是相辅相成的。

对于零售企业而言，首先需要一个或者几个店面注册品牌，请大家一定要记住，一定要去注册，因为有太多的案例，发现自己用了多年的品牌被别人注册了，这时候你去打官司也好、新注册也好，都有很大的机会成本的失去，这是得不偿失的！

所以店面品牌化，先从注册一个自己的店面商标开始，现在就开始，别再拖延。

4. 如何建设店面品牌化

一个店面的品牌化建设，从注册开始，就已经进入品牌化建设阶段，这是一个艰难但是也是充满创意的过程。如何做好这个过程，对于零售企业而言，也是有规律可循的。

（1）系统规划

按照现代品牌理论，一个品牌的形成是有一定的规律可循的，基本就是规划、建设、形成三个步骤。

规划阶段就是寻求品牌的定位，简而言之就是你要为谁服务、提供怎样的服务，是否符合公司的长远发展等。一部分零售企业，一般定位是为当地中产人群服务，当然有些区域这样的人群数量是不足的，是可以有适当的外延人群的。

建设阶段，就是定位好人群之后，需要采用的具体的措施和方案，需要分工协作，高效开展。这阶段切记大冒进，罗马不是一天建成的，提倡高效不代表冒进，因为中间每一个细节都需要反复检验，即使定好的流程，随着社会的发展，都需要不停的优化迭代，没有一成不变的建设。

形成阶段，需要反复巩固自己的成功，这一阶段最容易发生的问题就是认为自己功成名就了，人在巅峰的时候容易迷失自我，企业也是同样的道理。反复锤炼的地基才是牢固的；但有时候又因为太牢固而失去灵活性。品牌建设最怕的就是失去时代感，也是最难保持的持续时代感的东西，所以，形成阶段也是一个新的开始。

（2）细节固定化流程化

品牌化到底是什么，对于零售企业而言，最终就是对于细节的处理。顾客进店时我们说什么、对方在看产品时我们说什么、需问价格怎么回复、成交后应该怎么说、中间何时给对方倒水等等，都是细节，而且都需要流程化管理，否则一个店员一个风格，这个店面其实就是没有风格，靠人的零售店，是最不靠谱的。

细节固定化、流程化，是保证一个店面服务质量的最有效的办法，也是品

牌行程的最为重要的环节，这一部分也是以后零售企业大数据分析的关键，成功的零售型企业，在这一点上的应用都非常娴熟。这里的固定化、流程化并不是教条，而是需要优化迭代、养成习惯、灵活运用。

(3)注重执行效果的检验

店面品牌化的执行效果如何，需要有一个反馈机制，我们不能只看店面的反馈，还需要看顾客的反馈以及大数据分析后的反馈。品牌化建设有三个目标，其中最后一个目标就是忠诚度，这个忠诚度好坏，就是检验店面品牌化推进的标准，因为再有效果的推广，如果并没有形成顾客忠诚度的提升，都说明是有改进空间的。

如何检验呢？大多数公司除去日常数据分析，都习惯采用会员制方式来检验，一种是看新会员的开卡率，一种是看老会员的复购率，这两个指标基本就能反馈品牌建设的效果。

(4)互联网工具的使用

随着互联网的崛起，我国已经成为世界上互联网激活率最高的国家之一，互联网得到了广泛的应用，特别是智能手机的兴起，我国不同级别的城市信息化越来越透明，消费者也越来越习惯互联网这种工具，甚至产生了严重的依赖性，互联网成为人们生活的一部分。

企业的品牌化建设，更应该利用好互联网这个工具，首先是当作提升服务能力的工具使用，比如会员的大数据统计，分析后的个性化服务；其次是传统零售行业需要，需要在传统的基础上增加互联网，最终形成传统零售+互联网；最后是要利用互联网这个工具，做好新媒体的推广，可以快速聚集人气，提升零售企业品牌化的价值积累。

5. 如何推广店面品牌

店面品牌的推广，是一个品牌形成的加速器，“好酒不怕巷子深”的年代已经成为历史了，好酒更需要推广转化为品牌，建立起行业门槛，这样才能有更强的竞争力，所以零售企业的店面品牌化推广，也是一个专业的且需要随着企业同步进行的一项重要的工作。

店面品牌化的推广，可以分为三个步骤。

（1）品牌的定位

品牌定位需要根据公司的定位，制定品牌策略，制定统一的CI，这些都和品牌定位有关。前期的准备工作越充分，后期的工作越简单，因为前期如果有很多不确定，未来修改的成本都非常大，这个阶段看似枯燥无聊，甚至没有太多的成就感，但却是最重要的阶段，万事开头难，作为品牌化第一步，一定要斟酌再斟酌，细节再细节。

（2）品牌的曝光度

品牌的曝光度要按照先点后线再到面的步骤，因为属于执行阶段，执行过程中其实在不停地修订。零售企业一般都是从店面开始，再到路演和广告牌，再到网站等新媒体运作。

品牌的曝光需要先突出品牌的实际价值，就是务实的东西，再到整体价值趋势，再到文化推广，这是一个专业的过程，需要由专职的人来执行。

（3）品牌的提升

品牌的提升一般需要经过一年多的推广，这具体要看零售企业的历史以及品牌的本身的知名度。品牌的提升主要是为了积累更多的美誉度和忠诚度，为了公司新的发展做好准备，当然不同时期的提升是伴随着公司的战略规划的，而不是一个自我推进的过程。

零售型企业的品牌化推进过程，是一个公司能否拥有稳定发展的一个必要的条件，有条件的公司，可以设立品牌战略官（Brand Director Office），一个优秀的品牌战略官，可以决定一个企业未来20年的发展，并且可以将企业价值最大化。

线下零售业的未来（7）——零售店面的产品选择标准

零售店面的产品选择，对于很多企业来说既是一件简单的事情，也是一件复杂的事情。说简单，是因为对于专卖店而言，选择面是固定的，采购围绕主

机开展，比较容易执行；说复杂，是因为现在全国智能产品的高速发展和迭代，加上各种创新企业的出现，想要选择一个合适的品牌，需要花费大量时间去研究，同时也需要大量的谈判时间，对于大型零售企业还有可能去完成，对于小型零售企业而言就是可望而不可及的事情了。

众多的零售企业对于如何选择好产品，有没有一个通用的标准可以执行呢？答案是否定的，任何一个企业标准都不可能完全一致。但是我们可以总结一些通用的共性的标准，用此来指导产品选择，每个企业再去丰富完善，这也是一个比较靠谱的方式。具体共性的标准总结如下。

1. 任何一个零售企业都要研究我们的客户需求

客户需求在本文多次提及，用现在互联网思维来说，就是用户思维，这是零售企业做任何事情都需要以此为根的思维方式，产品采购也不例外，因为最终的产品的是需要销售给最终用户的。

作为公司重要的采购部门，就需要研究用户需求，我们虽然定义店面是服务中产阶级的，但是店面本身也存在滚雪球效应，而且不是每个区域中产人群都是能够完全满足店面生存和发展的，所以我们需要研究的对象可以有 6：3：1 模式：

6 ——指 60% 的中产需求，将他们需求分类列出，并按照需求频次排出级别；

安徽芜湖 A + 智生活曾经店面的立体货架

3 ——指 30% 接近中产人群，其中包含年轻的学生群体或者刚接触社会的上班族；

1 ——指 10% 的富人群体，这部分人的需求，一般能够给店面带来品位的提升。

研究店面需求，不仅仅要看现在，还要看未来。这里有一个小技巧，对于没有专业人员的公司比较实用，就是五、六线城市看二、三线城市；二、三线城市看一线城市，一线城市看国外发达国家，这不是人的虚荣心，而是一种心里预期，就是利用别人已经检验过的人性的发展规律，这将大大缩短我们的分析时间，并增加准确率。

2. 将客户需求分类，按照类别来采购产品

客户需求分析完毕后，我们将所有需求分类，按照预期的销售量，排出采购计划。这里最好是按照类别采购，因为一个店面单一类别产品如果低于 3 个品牌，很难有集中形象展示，更无法突出形象（产品线比较丰富的除外），产品类别一般有 20 个，有以下几点需要注意。

（1）千万别贪大求多

贪求太多是很多采购者或者企业管理者存在的问题，就是“别人有，我也得有，别人没有的，我也需要有”，以显示自己品类丰富，殊不知，一个 100 平方米的品类店，正常的品类也就是 8~10 个类别，再多就会出现品牌冗余，极其容易库存风险和定位不清晰。

（2）千万别铺货代销

铺货代销是现代很多连锁企业喜欢谈的一个普遍条件。表面上看，这是一个对自己非常有优势的条件，其实背后逻辑就是自己可以不负责任，把风险留给上游供应商。但供应商不是傻子，一定会给你加钱或者提供的是一些竞争力不高的品牌。这给零售企业带来的潜在风险就是，店面没有热销的产品或者即使有，也不具有竞争优势，所以，千万不要成为商务条款性的公司。

比较合理的方式，还是建议前期现金提货，这有利于你能够以较好的价格采购到优质的品牌，也有利于店面店员的推广。当达到一定采购规模，可以和上游供应商洽谈一定的账期，这时基本上很少有供应商能够去博弈了，至少，如果还是现款，价格或者其他支持上，可以有一些特殊的支持了。

（3）千万别一采了之

采购只是店面运营的一个部分，绝对不是采购完之后，就一采了之，而是

需要有后续的跟进，比如培训、物料的到位、产品陈列的检查、销售话术的店面跟进以及售后的及时处理等，这些都是采购工作内容之一，只有这样不断地总结和优化，采购才能走向专业化和系统化。

3. 产品要具有强体验属性，更适合店面零售

未来零售店面适合销售怎样的产品？海量流通性产品是店面必要的产品选择之一，但是也需要更多的强体验产品支撑，因为这部分产品是线上电商无法给顾客提供的一种服务。比如按摩设备，线上没有办法让消费者体验是否舒适，而店面是可以的；比如无人机这种目前还是专业的设备，电商也只能给你提供产品，而无法给你提供试飞体验，更不能给你培训和线下活动的组织，这些产品均成为强体验产品。强体验一般具有一下几个特征。

（1）需要体验才能决定是否符合需求

即尚未完全普及或者本身操作比较复杂，新出的高科技、人体检测产品、运动类产品一般具有这种特质。一些国外厨具创意类产品，也具备强体验性，而且还具有冲动消费特征。一般来说，这些产品至少需要具备能够满足消费者 2 个以上痛点的方案。

（2）产品本身具有强服务性质

有些产品，虽然也是标准化制造，但是产品具有较强的服务性质，比如家庭用的无线路由器，对于一些年纪较大的人来说，可能需要上门安装，虽然这对于绝大多数人来说是一件简单的事情，但是对于那些对电子产品认知不多的老年顾客群体，就是具有强服务性质；这类产品还包含音响类产品、儿童教育类产品等。

（3）产品能够给人带来消费愉悦性

人们购物一般都是为了满足自身的需求，但是随着生活水平的提升，人们其实潜在更需要消费愉悦性，即购物后立刻拿到产品，能够给顾客本身来带一定的成就感。这类产品一般都是潜在需求被激发的冲动购物，这种购物后产生的多巴胺，能够维持到顾客下次来购物之前。一般来说这种产品价位段不会很高，但是具有非常明显的痛点解决方案，这类产品的选择，对于采销人员

是一个巨大的考验，也是一种升华。

4. 产品本身要具有稳定的品质保证，更需要具有未来趋势

因为现代社会产品极其丰富，采购就需要给自己制定一个严格的标准，这个标准就是品质和趋势。

（1）品质

一般来说创业 3 年以上公司的产品品质是有保障的，3 年以内就需要看批次。品质是店面的灵魂，零售店应该对 3 年以内的创业品牌预提风险储备金，一般是产品媒体价格的 2~3%，这部分资金作为可能出现的售后问题保证金，可以保证店面产品一旦出现质量问题能够及时处理，消除客户的负面印象。这部分保证金基本上都是自己预提，上游供应商是不会给我们提供的，如果真出了问题，可以和上游沟通解决。

（2）趋势

一定要选择符合趋势的产品，符合趋势不一定非要是智能产品，有很多智能产品可能只是趋势的过度产品，所以对这些产品我们也需要睁大眼睛。趋势产品，就是能够满足未来人们生活的产品，一般来说 3~5 年是比较靠谱的，太过长远的趋势，不是零售企业产品选择的要求。比如说虚拟现实产品，就是符合未来 3~5 年发展的，但是因为都是创业公司产品，我们就需要品质监控，将虚拟现实产品分为 BTB 产品和 BTC 产品，这样就能快速区分两种产品特点，判断如何选择。

5. 产品供应商需要具有零售思维，提供零售相应支持

上游供应商一定要具有零售思维，零售思维就是能够对零售企业的日常经营有比较熟悉的了解，能够提供相应的零售支持，比如说恰当及时的培训、零售物料的支持、零售样机的支持等，如果还能提供产品趋势交流、国内外零售形势的分析，那就是一个值得信赖的供应商了。

6. 产品供应商需要有能力管理好线上线下的价格体系

产品供应商同样要能够管控好线上线下价格。

对于产品供应商的选择，应该更宽容一些，只要对方能够管控好线上价格

体系，就是符合我们标准的供应商，现在能够达到要求的供应商并不是很多，不是供应商没有能力，而是电商太过于强势，而且没有管理规范。

7. 采购人员要了解技术成熟曲线

这是一个自身能力提升的要求，采购人员需要了解对应采购行业的技术发展趋势，因为任何技术，都是有一个技术成熟曲线，这个由两个正反抛物线组成的技术成熟曲线，即任何一个新技术出现后，走向应用市场，都会出现一个向上的抛物线趋势，这个过程基本上都是资本的推动，以创业公司为主导。一般市场达到一定的量级之后，大公司介入进行研究，创业公司出现瓶颈，市场出现一定的下滑，这个过程大公司会不断总结迭代。触底后，行业以平缓的趋势继续上行，新增长曲线形成。这是对一个行业理解的关键，也是采购判断的标准之一。这一点，需要加强采购的理论学习，也是零售型公司采购的标准之一。

线下零售的未来，基本上都是分析未来的趋势，因为只有知道趋势的发展，我们才能更精准地把握未来、预见未来。从一个零售行业的旁观者角度，希望此文能够给您带来更清晰的思路，给众多的零售企业转型提供更好的帮助。

| 第三章 |

面对互联网,传统零售业惧怕什么?

传统零售商转型已经成为一种共识,尤其是新零售成为热点之后,每次和传统零售商朋友聚在一起,都会聊转型的事情,但是转身回去,行动者却是寥寥无几,究其原因,是有以下几方面的担心。

1. 自己不懂

人大多不愿意踏入一个陌生的环境,大家都在使用互联网,但是要是自己真的去干,那就是书本上所学不到的了,你会听到一串根本听不明白的互联网语言,绝大多数传统零售业老板们都会崩溃。所以很多人下了半天决心,然后找专业技术人员沟通后,决定放弃了,一个原因是听不懂,另一个原因觉得自己投资不起,所以羡慕过后鼓鼓掌又退缩了。不懂确实是一个障碍,但也是一个借口,一个逐步牺牲掉自己理想和追求的借口。所以不要因为自己不懂就放弃这个几十年难得一遇的机会,因为互联网就是一个工具,你需要学会使用这个工具。

优秀的潮品店面

2. 习惯和制度的制约

传统企业转型最大的问题是习惯和制度下的利益,因为改变后者是需要成本的、是需要打破利益的,观念的改变没有成本,但是改变习惯和制度有极高的成本,所以,在企业内部,除去老板,基本没有人会愿意出面去改变这些十多年的固有的习惯和制度,或者即使愿意也没有这个权限,所以,传统零售企

业转型，要做好顶层设计。你做好顶层设计，就会发现团队其实适应能力、创新能力超过你的想象力。更贴切一点说，公司考核、ERP 管理、用人习惯都需要去改变，改变这些的只有一个人，就是顶层的老板，否则你改了半天，还是旧的考核，还是看资历，还是用老一套的 ERP 管理思维，你的管理层一个年轻人都没有，这只能把有思想的人逼走。

3. 没有人才

这大概是最能说出口的理由了，因为这就是现实，现在互联网行业人才昂贵，高端人才欠缺，且非知名企业不去，大企业股票、期权加现金有极大吸引力；创业公司期权、股份加分红也有诱惑力；我们只有工资加奖金的传统方式，没有吸引新兴人才的资本。吸引人才的方式只有一种，就是改变我们传统的工资发放方式，引进新的薪酬体制，为了不影响原来的公司体系，也可以独立一个公司。人才是决定我们未来能否成功的关键，不拘一格用人才，用了，你会发现你也是一个年轻人，年轻其实不仅仅可以使用年龄这个指标，更多的是对于新事物的接受能力。

传统零售企业，并非一个被历史淘汰的行业，拥有巨大的自身优势，拥有脚踏实地的能力、拥有多年的务实的经验，所以不要惧怕流言蜚语、不要担心人言可畏、不用恐惧线上冲击，做好自己，沿着趋势，最终，趋势一定会远远的大于优势。

相信自己，在传统 + 互联网的时代我们会走的更远！

| 第四章 |

传统企业的互联网思考

在互联网思维风风火火的这两年，传统企业不停地被批判、被彷徨、被教育，似乎传统企业已经完全拖累了人类的发展。

这是一个经济转型的过程，也是一个时代变迁的过程，所有新事物的出现都会遇到阻力，有举大旗认同的、也有用脚踩你的，但是新的总会取代旧的，即使你不喜欢90后，他也会成为社会的主力。

作为传统企业，我们几乎没有选择，只能拥抱互联网，因为企业的本源是创造价值、获取利润，利润最终还是来源于消费者。消费者越来越年轻、越来越互联网化，你不拥抱他就抛弃你，所以无论你喜欢还是不喜欢，你都没有选择。

韩国 line 店的密集陈列

那么怎么去拥抱互联网呢？去上几节课？去开一个淘宝店？去朋友圈发发信息？这只能叫做触网，互联网的受益者，还不是真正的拥抱，只能说是对着互联网挥挥手，至多握个手而已。要想拥抱，我们就要了解互联网经济的核心是什么，本源是什么。一般认为互联网经济的核心是效率，本源却是人性对于未知事物的恐惧感，当然恐惧感的本源是生存。互联网通过信息无差异分享，提升沟通的效率，加速认知世界，让人活着更舒心安逸，消除恐惧感，也就是没有生存的压力，所以才有更好的机会！

理解互联网经济的本源后，我们可以把互联网经济分为两部分。一部分是对外的，就是现在流行的互联网思维上讲的用户思维、迭代思维、社会化思维等等，这也是最近十多年来一直在发展的，这部分已经有人研究的很细致

了,所以这里也就不再这里叙述更多,可以去看看书、看看案例。

但是有这么多专家学者,为什么那么多传统企业,拥抱互联网都不成功呢?研究发现,这些传统企业,出现困难的根本原因,就是没有理解互联网经济的另外一部分,内部互联网思维管理,而这恰恰是互联网公司很少对外讲的内容。传统企业内部管理,往往都是ERP管理思维,就是管制思维,就像一个高档小区,要拉上电网、还有可能弄一个德国纯种狼狗巡逻,确保内部安全,但是住在这里面的人,他可能照样不认识对门的邻居,晚上突发心绞痛,他只能打120,不知道隔壁邻居家就有速效救心丸。在企业内部表现的特质就是企业有无数部门,表面看起来坚不可摧,实际上却有巨大的资源浪费,各忙各的,每个人年底都做各自的预算,优秀的老板还会认真地协调一番,达到各方满意平衡,然后年复一年,做得好的还能成为现代企业制度的典型,被人参观学习。

内部的互联网思维管理是有相当难度的,因为现在所有的MBA、EMBA教育的都是管控思维管理模式,有人说外企每一个人都是一个螺丝钉,就是这个道理,越完善越难打破,越精细化管理就会越悲惨。那么什么是内部互联网思维管理模式呢?以下做了一个初略研究,权当作抛砖引玉。

1. 只有分工,没有部门

人有分工,每个人专长不一样,可以术有专攻,但是没有界限明确的部门,部门是传统企业明显的特征,当然这需要过程,首先要从精简部门开始。

2. 群组管理模式

每个人可能会在不同群组,扮演不同角色,因为付出不同,所以收入不同。

3. 大数据办公平台

大数据办公平台,即协同数据办公平台,即每个人做出的决策,后台通过数据分析,将结果和预测提交给不同分工的人。

4. 减少层级管理

企业架构将会非常清晰,不再一级压一级,一般企业管理就是三级管理:创始人、管理层、员工。目前还没有办法取消层级管理,狭义的扁平化管理是减少层级,广义的扁平化管理是减少信息差,让信息沟通扁平化。

5. 用户评价体系

用户评价体系将成为员工的主要考核指标，也可以成为唯一考核指标，也是公司用人的基本价值观。

6. 员工持股，共同发展

这在现在企业制度后期已经发展得非常成熟，在互联网经济模式下依然是一种坚挺的模式，有利于企业的长期发展。

7. 自由模式

在上面这些平台基础上，企业实现自由办公、自由休假模式，也是一种结果导向性的转变，当然在某些行业实施起来可能会有一定的难度，创新成本会比较大。

以上是对于传统企业转向互联网的思考，对外其实相对是容易的，但是对内就很难。很多老板虽然知道要内部改革，但是壮士断腕的事情不是每个人都能下得了手，所以传统企业转型成功与否要看顶层设计，也就是一把手工程，这个一把手还需要非常了解互联网，如果确实自己理解不了，就必须找一个能够充分授权的人来组织，这里充分的含义，就是需要 100% 支持 + 资源配置权限，然后打通部门之间的信息沟通和传递，不是仅仅帮助你建立一个网站，这个过程会非常非常难，但是再难也要去尝试！

真心希望所有传统企业都能顺利地利用互联网。如果真的有那一天，就是那些互联网公司备受煎熬的日子，因为他们没有传统企业的根基，也会举步维艰，所以目前互联网企业和传统企业的合作，其中一些还是被看好的，因为只要碰撞，就会有火花；有火花，就能有机会燎原。

|第五章|

微店——线下零售店的最佳 OTO 工具

作为半路出家的所谓零售研究者，我一直希望从理论上弄明白目前国内零售商出现的问题的理论根源，所以，我一直在理论和实践之间摸索，希望找到问题的最有效的解决办法，今天给大家展示的算作是最新的研究成果。

首先说说长尾理论。

茑屋书店

长尾理论，理论上说应该是现在互联网思维的鼻祖，主要讲述了小众产品如何通过网络满足特定客户，从而实现大规模销售，形成长尾曲线。这个理论阐述了线上销售的盈利法则，也指导了众多电商的发展，现在所谓垂直电商，也是长尾的一部分。

长尾理论虽然是讲述存储和流通的问题，但核心依然是以满足客户的需求为预期的，他打破了传统的20/80法则，从另外一个视角观察不同经济形态带来的规律变化！

再说说现在的电商。

国内现在的电商主要分为两种形式，一种是阿里模式的平台商，一种是京东模式的自营商。两种模式发展都比较顺利，不过阿里模式已经实现盈利，京东模式才刚刚开始实现盈利，之前一直巨额亏损。为什么前者早就开始盈利，而后者才刚刚实现盈利呢？我们还是来看看理论分析。

阿里模式其实将20/80法则和长尾理论都运用得比较熟练，使流量产品得到大规模的销售，小众产品通过千万商家也实现了长尾曲线。阿里是收取平台费用的，无论哪种模式，规模越大收益越高，所以天猫建立之后，平台模式最终成型,盈利也是水到渠成的问题。

京东模式表面实现了20/80法则,但是在长尾理论上,却并没有很好地实现,一是因为长尾产品没有很好的线下体验,二是阿里的供应商标准低,吸引了大量小众产品供应商,而京东没有。即使20/80实现了,也是通过价格这种最直接的方式来实现的,获得了规模却损失了利润,所以并没有真正遵守20/80法则。京东在商业理论上与基本的长尾曲线是有矛盾的,但是它已经实现了盈利,主要是规模和寡头的原因。

线下零售商。

线下零售商按照传统的20/80法则发展,理论上只要执行得当,盈利是可以实现的。目前的问题是,20/80法则被电商破坏,造成大众产品没有利润,小众产品因为店面展示问题,无法实现长尾曲线,加之传统线下大部分零售商本身零售能力并没有真正实现市场化,零售人才、零售管理等落后,造成了现在线下零售的困境的出现。

线下零售商也在转型,尝试了很多种模式,比如专业店、品类店、轻奢店等,但是都无法解决长尾问题。相反,部分传统线下零售商通过大规模卖场模式去实现部分长尾,但是因为资金、库存周转、标准化、跨区域等问题,基本没有成功案例,甚至出现了准破产的问题。

OTO,必然的选择。

传统线下零售商面临的是长尾问题;电商面临的问题,京东模式主要是长尾问题,阿里模式主要是假货问题,归根到底也是长尾问题。所以大家本质上面临的问题是一样的,都是如何实现长尾曲线,但解决方式是截然相反的。

电商要解决假货、体验等问题,他需要实现OTO,即线上到线下的方式,线上他们已经有比较成熟的方案了,线下就是开店,所以未来3年内将是电商大规模开设或者收购体验店面的时期。因为这种体验,完全靠社会自行去解决已经不可能实现或者说速度太慢了;加上传统线下零售商自身的问题,业绩被线上不规范20/80法则的冲击,也不可能有太快的转型;而且电商也不可能完全遵循20/80销售发展,提升大众产品毛利,因为靠低价吸引来的客户本身就

没有太多的忠诚度，电商在没有实现成熟的长尾曲线之前，不可能去改变低价行为，除非政府加强倾销处罚力度。

传统线下零售商也需要发展 OTO 来实现长尾曲线，否则无法走出困境，所以这种 OTO 是线下到线上，有别于电商的 OTO，各自利用的优势是不同的。

微店 ——零售店的最佳 OTO 工具。

微店是基于移动互联发展起来的，现在更多是基于微信开发的一种工具，只是发展初期不被正规渠道所利用，比如被一些卖面膜、玉石、保健品等不良商贩利用，口碑上似乎和电视购物差不多，但实质上还是和电视购物有本质差别的，电视购物不是基于熟人圈子交易的工具，而基于微信的微店可以实现熟人或者准熟人的圈子销售。

书店一角

之所以说微店是零售店的最佳 OTO 工具，是因为以下 3 个原因。

1. 微店符合长尾

首先它是可以实现长尾曲线的，具有互联网的所有特质，并且超越了桌面互联时代，理论上微店可以和现在电商一样，实现大规模小众产品的销售，从而摆脱传统线下零售店面展示不足的问题。

2. 微店开发成本极低，解决了传统零售商人才和投入问题

微店操作简单，不需要代码写入，所以不需要专业的计算机人才，只需要一定的运营维护，目前大部分传统零售商市场人员即可完成操作，这一点解决了互联网的专业投入问题，降低了移动互联网准入门槛，理论上所有传统零售商均可以操作，并且不需要做大的组织架构调整。

3. 微店解决了区域社群化问题

传统零售商实际上一直扮演一个社区服务者的角色，特别是电脑城、批发市场这种半计划半市场的产物退出历史舞台之后，专卖或者潮品店面依旧无

法实现高效的分享和信息传递，而微店恰恰可以作为一种有效的补充，店面为本、微店为势，解决了传统零售商顾客群的网络交流问题，这种交流比电商的低价更加有效和有忠诚度，并且未来有机会实现分享经济模式，彻底解决店面销售推广问题。

微店作为一种低成本的传统零售商工具，彻底解决了传统零售商OTO问题，并且传统零售可以在此基础上大规模创新，不仅仅可以做销售还可以做更多的增值服务，也许增值的创新还会更有价值。当然随着微店的发展，上游供应商也必须做出巨大的商业模式调整，否则也将面临被互联网淘汰。

当然，微店不仅仅是一种微商，我们也不要害怕所谓的微商不靠谱，其实微商分为两类，一种是利用微店工具销售假冒伪劣产品，一种是卖正品行货的去中心化行为，微店只是基于社交网络的一种工具，把这种工具用好，我们就能在线下线上这个方向上有更多的收获。

| 第六章 |

传统零售企业转型的七大壁垒

传统零售企业的转型，已经不是什么新鲜的话题。怎么转型似乎也说得很清晰，没有什么大的争议了。但是纵观全国的实际情况，截至 2016 年底，消费类的电子产品的品类店（潮品店）也只有不到 200 家，做网上虚拟商城的更是寥寥无几；预计 2017 年，全国电子产品的相关的品类店会有 1500 ~ 1800 家左右，看似增长幅度很大，但是绝对数量依旧不高，并不能称为爆发式增长；2018 年整体数量预计会增加到 4500 家，与全国百万家级别数量的电子产品店面相比较，依旧是一个很小的数字。

最美书店钟书阁杭州店儿童区

为什么传统零售企业这么羞涩于转型呢？难道传统零售企业日子很好过？其实不尽然，据调查显示，国内传统消费电子专卖店，平均利润 2016 年较上年同期下降 15%，相对于 2012 年鼎盛时期下降 40% 左右；单店 100 平方米的专卖店，鼎盛时期平均月净利过 10 万元的占比还是很大的，预计 20% 以上店面有此能力，现在已经鲜闻哪一家单个专卖店能月净利过 10 万了；通讯行业中虽然运营商店补通过各种方式还在，但是明显争取难度增加了许多，并且有逐步萎缩的潜在风险；另外部分不再强势品牌，授权专卖店面关店数量也在持续增加，各地电脑城衰落，这些都是风光不再的例证。

既然如此，传统零售商还有什么理由不去转型呢？这里总结了七大壁垒，虽然不能涵盖所有的问题，但是对于零售商的老板来说，这些都是心里障碍，只要去克服或者去详细了解，还是有很大机会去改变的。在现代社会，你只要走的比大多数人早一步，就有机会登上高速列车，获得一个全新的机会。

1. 恐惧问题

面对未知新事物，你会感到恐惧吗？大多数人肯定会说不会，因为没有人真的会愿意承认自己内心的恐惧。其实对于新的东西，有一个递进的思维：不知道、知道、了解、接受、尝试，在这个过程中，恐惧是递减的，但是前4个阶段，都是在内心自我控制范围内，但从接受到尝试，是一个跨越，很多人都在这个过程跌落。

究其原因，就是你无法预知尝试的结果，特别是现在本身也没有到全面亏损的地步，而只要去尝试，亏损的潜在风险就会很大，这时就会产生犹豫，这是正常的心理现象。如果你调研后，又发现很多负面的亏损的案例，那么当你在拿不拿真金白银的抉择时，就会有对于未知的恐惧，这也是正常的心理现象。有很多企业，投资了开头终止于过程，就是先拿出一点钱去改革，等到发现这点钱亏损掉了，就不敢再往里面投钱了，这是传统企业转型的一个普遍的心理活动过程。

如何面对这种现象呢？有一个可以缓解这种情况的办法，就是当你决定转型时，一定要有预算，预算一定要有行业内的专业人士作为顾问，这样预算才能靠谱，在相对靠谱的预算下，恐惧感是可以控制的，这种感觉就会缓解甚至消失。

2. 学习问题

人随着年龄的上升，自我学习的能力就会逐步退化，这种退化其实更多的不是因为生理退化，而是自我催眠造成的，在现在这个浮躁、碎片化的信息的社会，我们自己催眠自己，就是认为自己不想学习了或者学不了了，其实真实情况不是如此，有很多60岁开始学习英语的企业家，两年后都能流利地和外国人交流了，其实还是一个自我信心的问题。

那么转型企业要学习什么呢？一般来说需要坚持学习5个方面：零售店面的发展趋势学习、智能产品的发展趋势分析、顾客的发展成长趋势分析、店员的成长发展趋势分析以及互联网的发展趋势分析，作为传统零售企业，要想

把转型做好，要想做到传统+，这5条是必须学习的，而且没有捷径，当然国内研究这5个方面的人不是很多，需要注意筛选总结。

如果以上5个方面，你真的坚持去学习了，转型面临的很多实际问题就会迎刃而解。现在很多老板依旧深陷具体业务工作，还在把绝大多数精力放在请厂商、物业吃吃喝喝，这样就觉得自己没有时间学习了，其实学习只要你想去做，就一定会有时间，不是厂商不重要，而是转型更重要，你要记住：只有自己跟上趋势了，厂商才不会抛弃你；否则再好的关系，你如果自己不能跟上时代，最终也会被厂商抛弃，因为每个厂商，都要艰难地活在这个充满竞争的市场中，逆水行舟、不进则退。

3. 模仿问题

据说米兰展的时装，中国只要1周就能上市，即使是家具也就是2周时间。中国人善于模仿，这本身没有什么错，很多发达国家都是先模仿，然后消化吸收改进创新，这也是一种学习之道，日本的战后发展也是如此的历程，也无可厚非。但是传统的零售企业，要模仿谁呢？

放眼望去，我们似乎没有什么特别的的模仿对象，周边的零售企业也不见得做的比我们好多少，模式类似、店面形象类似、产品差异也不是很大。这些看到的都没错，但都是表象，都是思维的局限性。有3类企业可以模仿和学习。

（1）走在改革潮头的同行

这一点非常容易理解，同行业的全国各地的零售商，总有一部分是走在改革创新前列的，有的可能已经改革失败不存在了、有的还在坚持、有的已经取得了一些成就；无论哪一种都是值得学习的，毕竟别人用勇气、时间、潜在风险去检验一条正确或者不正确的路，你只要隔岸观火，就能窥知一二，你应该心存感激。

目前国内零售转型比较成功的企业并不是很多，本书将分析18家，每家各有特色，有的已经赚钱了，有的还在挣扎，但是每一家的每一个创意和尝试，都需要我们仔细琢磨，深入理解，这样你才能站在巨人的肩膀上。

（2）淘宝和京东

向淘宝和京东学习？这些电商不是抢了我们的饭碗的吗？有什么好学习的呢？不是“有天猫就购了”吗？这么反感传统零售企业的公司有我们值得学习的元素吗？

毋庸置疑，电商的崛起，对于传统零售业确实是一个严重的打击，但是我们也要思考，这些电商为什么会崛起呢？我们自身有哪些问题呢？电商哪些方面超越了我们呢？

其实电商的崛起，恰恰就是抓住了传统零售企业的不足，比如：传统零售业曾经服务态度一般、个别企业坑蒙拐骗、产品数量有限、店面形象不佳等；电商通过网站的建设，改善了其中最重要的几个方面：产品数量海量化、价格公开化、评价公开化、支付保障化等。仔细研究，电商使用的大招也不是很多，那么这些借助了互联网工具的招数，是不是值得学习呢？答案显然是肯定的。

不要去抱怨，因为无论你如何怨气，都改变不了趋势，唯有学习人家先进之处，拿人之所长，补已之所短，借助更为先进的工具，才能走得更远。

（3）传统企业成功的转型的所有案例

别的行业有值得学习的对象吗？当然也有，其中每一家传统企业，如果借助了更为先进的工具，都有可能创造奇迹，比如任天堂的口袋妖怪借助了 VR 技术、首汽约车的快速布局借助了 APP 的使用、江小白的红火借助了新媒体的推广等等，他们都是使用了恰当的互联网工具。

那么传统零售业能够有这样的机会吗？当然有，我们也可以借助互联网工具，让互联网帮助店面的发展，比如：客户管理、预定众筹、员工评价等等都可以，特别是一些传统企业逆袭成功的机会，一定更值得我们去研究探索。

4. 用人问题

很多传统企业老板在用人问题上一直比较纠结：转型用什么样的人？基本上可以分为自己的值得信赖的老员工、外聘有经验的职业经理人、招一批年轻人来做。但是无论哪种，平衡起来就不是一件容易的事情，应该建立一个混合的、各有所长的专属团队甚至是独立的公司来操作。

一般这个专属团队，需要一名有激情的人来操盘，这个人无论是外聘还是

原有员工，都需要有极强的学习能力和对于新事物的新鲜感，同时具有追求成功的决心；无论是哪一种，一定要差异化配备团队成员，所谓老中青、里应外合等，但是要求是一样的，就是极其愿意做这样的工作，而不是被强迫安排。有一点点例外，就是完全没有经验的刚毕业的学生还是要慎重选择，毕竟零售还是一个社会化高度集成的工作，没有学校那么单纯；通俗一点就是说新人做旧事，老人做新事。

但是转型就意味着风险，风险就意味着收入的不稳定，所以在用人考核上，要有别于一般的传统方式，需要有一定的保障体系，同时也需要有做成功后的利益分享机制，虽然事业成功是一种荣誉感，但是体面的生活会让这种荣誉感带来更多的价值。中国人羞涩于谈钱，结果往往造成离职的一个重要的因素：心伤了或者钱给少了。

5. 趋势问题

上文提及有 5 大趋势，才能让我们更好地转型，为什么要研究趋势问题，因为一句话的总结：趋势大于优势。这是中欧商学院院长朱晓明的论述，也是一句极为高深的话。

"未来数字化时代趋势将大于优势，在一个时段一个地区，也许所处产业拥有不可替代的优势，但是数字化年代，每天都会刷新记录。因而这个问题让很多已经有成就的企业家必须要深思，想要保持优势，就必须密切注视趋势，要赶上趋势，甚至于创造趋势。"朱晓明认为在数字时代，维度降低、信息对称化、资源共享、成本降低、数据挖掘，是一种大趋势，这种大趋势有利于我们的社会整体发展。

回到传统零售企业，我们需要抓住这些趋势，降低和顾客的沟通成本、增加沟通频道；一心为客户服务，用优质服务赚取利润，而不仅仅是产品；让店面不再是店面，而是一个社区，实现资源共享；降低店面传统成本，店面可以开到写字楼，也可以通过科技减少店员数量；互联网化工具的应用，挖掘客户数据，实现精准服务；这些都是我们需要认真研究的话题，因为没有方向性的理解，就很容易走错路、走岔路。

6. 亏损问题

我们曾经调研过几十家品类店，其中最快的 2 年盈利，一般都是 3 年才实现稳定的赢利模型。这说明新的模式有相当大的风险，这种风险一方面是源于我们对于该模式还没有深入理解，另一方面是消费能力还没有达到，更重要的原因是前者。因为零售企业转型，属于模式创新，不属于技术创新，所以模式问题更重要。

转型的零售企业，一般都是这么发展的：第一年老板认为既然是转型，可以接受一年的亏损，所以赚钱的可能性就很小；第二年经过努力略有盈利，结果年底盘库，库存亏损太大，结果整体上没赚钱；第三年，积极消化上一年的库存，大半年才把库存消化完，结果也失去了半年赚钱的机会，第三年也没能扭亏。当然这是常见的思路，这种思路一开始就定义错了，我们不是风投的企业，而是实实在在的实体企业，务必要压缩亏损时间。只有把自己做得再完美一些，对客户再好一些，我们才能收获一些意外的惊喜，当然首先是给客户一个意外的惊喜。

亏损是一个严肃的话题，我们之前专卖店体系利润来源于：厂商补贴、洗票出货、产品利润、运营商补贴等。现在要想盈利，需要通过的方式是：服务增值、产品利润、组合销售、会员挖掘等。可见赢利点已经不再一样了，所以思考问题的方式也需要调整，这种调整是需要一点点钻研精神的，否则说赚钱就是空谈。

7. 回扣问题

这本来就是一个敏感的话题，也是一层窗户纸，因为在一些个别的企业内，这种情况还是比较普遍的，有时候老板也是略知一二却假装没看见，因为有一个哲学叫“水至清则无鱼”，这是一种厚黑学的理论。

认同这种理论的公司要么是监管本来就有问题，要么就是惩罚机制不够严格，要么就是公司底薪比较低。前两者是管理手段，企业存在管理漏洞；后者是企业问题，一般来说如果公司薪资低于市场中等水平，这种事情机率就会增加；如果高于市场中等以上水平，机率就会下降，因为犯错成本增加。

一般来说，传统零售企业，因为以主机销售为主，有些企业主机一般占公司 90% 以上的销售额，老板或者重要的管理层主要的精力都在主机上，而在智能产品的采购上无暇顾及，这样任务就分到了一些操盘手身上，他们往往会在公司的标准上提高要求，就会出现帐期要求、退换货要求、不含税要求、甚至铺货代销等问题。这样符合标准的产品，基本上就不会是畅销品牌，一般引进的就是三四线品牌，即使有一线品牌，提货价格也会比较高而且不是一手货源；这种品牌销售状态就可想而知了。

同时采购的产品因为毛利率相对较高，加上国内有太多个人的比较灵活的二三级批发公司，极个别企业中间的“威逼利诱”就比较多了。我们不能否认这种情况的存在，所以公司需要转变思想，首先要检讨自己的行为，因为这种情况的出现，往往都是公司自己造成的，所以先要改革自己才能调整下一步，否则单纯地去处理操盘手，没有系统性解决问题，在根本上，你没有变化，就解决不了这个问题。

回扣映射的其实是企业的管理系统性障碍，也是对于未来不清晰造成的，所以我们依旧需要解决以上七大壁垒，才有助于这个问题的解决。不解决这个问题，就会产生劣币驱除良币的问题，一旦公司是这样的风气，行走的路径就一样了。

衷心地希望，传统的零售企业能够快速度过这七大壁垒，通过自身的努力和敦化，借助外来的学习和进步，实现凤凰涅槃，重新遨游在这个充满生机的市场之上，在未来会有更多的拥有优秀基因的传统零售企业，都能顺利走向新的征程，抓住“新零售”的机会！

| 第七章 |

潮品店来袭,2017 年能开出 1500 家吗?

到 2017 年 4 月为止，国内多家连锁零售企业纷纷开出潮品店，很多潮品店空白城市也已经逐步被覆盖，比如成都的上易时代、济南的 A+ 智生活、沈阳的论潮生活馆等,其中宏图 Brookstone4 月开出了 7 家店面，保守估计，1~4 月份国内有 100 家左右的自营消费类电子品类店开业(不含加盟店,以下均不含),这是一个巨大的数字,因为 2016 年底国内潮品店不超过 200 家。

长沙微缤店全貌

但是这个数据离去年底预测的 1500 家还有不小的差距，如果照此速度，今年新开业也就是 500 家左右了,真的就只能如此吗? 开店还会加速吗?

潮品店现在成了品类店的代名词，因为更形象易懂、也更加直观，同时也更符合现代年轻人的心理诉求：希望紧随潮流,不落后于时代。所以凡有优秀潮品店开业的日子，都是所在区域年轻人最多聚会的日子。同时还有一个有趣的现象，就是中老年人和小孩也是潮品店的主力客流，一方面是自己不想落后于时代,一方面是不想让自己的下一代落后于时代。

另外一个数据显示，现在女性消费群体。在潮品店的消费也在持续增加，尤其是年轻的女性群体，有的店面女性消费已经能够占到 50% 以上。一方面说明女性群体在消费类电子上已经不再是被动消费者，也更加愿意接受新鲜事物，特别是影音类产品；一方面也说明女性财务自主权也在扩大，收入的增加让她们有更多的选择。这个趋势其实也在提醒我们零售企业，要更多地关

注女性消费群体,美容健康类产品在不经意间就会成为一个新的主流品类。

当然潮品不是暴利的代名词，潮品店也一定不能做成单品暴利店面。中产人群度过心理膨胀期以后，就会越发理性，出现消费降级，这个消费降级不是降低标准,而是性价比代替攀比心态了。

既然消费群体热衷于潮品店，潮品店应该呈现爆发式增长，为什么数量还是百位数?其实道理很简单,潮品店出现的时间不长,大家都在摸索前进,并没有一套标准的流程，无论是大企业还是小公司，进入这个圈子时间都不长，所以都在积聚力量，比如乐语 Funtalk，第一家店面其实就是在不停地调整与总结，还没有开始全国的扩张。这样的企业还是很多的，但是一旦爆发，数量就会急速地上升。

潮品店已经成为一个趋势,这是一个以消费者需求为方向的趋势,未来会有四种类型的企业加速这个趋势。

1. 传统连锁企业

传统连锁企业转型已经成为一个趋势，以宏图三胞为代表，现在宏图 Brookstone 已经成为一个标杆，加上今年的快速扩张，必将引领整个连锁企业的反弹，但是毕竟他们积累了近一年的经验，这种潮品店的经验，目前是最难得的,站在门外是无法领会的。

同为宏图系得的乐语,尝试了爱琴海之后的 Funtalk,经过一段时间的调整之后,必将开始全国的扩张攻势,因为其原有 2500 多家门店,所以储备资源比较多,一旦加速,将会令人侧目。

整个传统连锁企业，今年大部分都会进入潮品店这个新兴的方向，有的还处于起步阶段,有的已经开始起跑,今年将是整体转型加速的一年。

2. 中小数码渠道

船小好调头，拥有数量不多的中小数码渠道的经销商，在发现潮品店是一个趋势之后，不需要经过复杂的论证，有魄力的老板会快速地决策，即使全盘来看他们不一定具备管理潮品店的能力，但是任何事情都是先尝试再迭代的，理论的分析往往会失去更多的勇气。

我国拥有大量的中小数码渠道，他们有着极强的生命力，因为他们的生意并不是简单的依靠店面客流，还依靠更多复杂的邻里关系、朋友关系和中小行业客户，这种零售型企业的优势就是灵活，具有区域关系，他们也会成为潮品店的一个主要贡献力量。

3. 个人创业企业

大众创新、万众创业，成为我们的一个国策，但是并不是所有人都有能力开创互联网企业或者去搞共享单车的，大部分人还是简单的自给自足的创业模式。

潮品店刚好符合一部分年轻人的诉求，时尚、潮流、科技感，加上这种创业起步门槛并不是很高，可以自己做，也可以加盟，目前实际情况看，全国有一批这样的有为青年已经开始悄悄萌芽，未来的潜力不可忽视。

4. 三四线通讯企业

三四线通讯企业，基本上属于区域垄断的状态，一个城市一般都是一家独大，至多是两家，他们对于潮品店的诉求，也是非常强烈的，但是有两个原因阻碍了他们发展。

一个是最近几年随着通讯行业的品牌集中化，这些通讯企业的利润是最近几年最好的，他们的绝大分布精力都放在主机上，这个可以理解，但是也是一个障碍。另外一个原因是他们找不到合适的管理人才，部分自我尝试的企业在潮品店上出现比较大亏损，这让很多通讯企业有心无力。

以上两个原因只是暂时的，随着他们自我调整的加速，以及潮品店人才的增加，这个问题将会得到解决。短期内的解决方案，更多是采用加盟方式，一旦学艺归来，将会成为各地区潮品店强有力的支撑。

当然潮品不同于手机类产品，单一品牌潮流产品大多数没有高频的消费，而且对于店面产品的采购也有着极高的要求，所以国内消费类电子潮品店的数量并不会像主机专卖店那样普及，预计能够支撑的上限在6000家以内（不含加盟店），正常来说3000 ~ 5000家是比较合理的数字，当然如果是潮品 + 主机销售的店面，那可以扩展的想象空间就非常可观了，再加上线下线上，就是一个新的商业模式，也许就可以叫新零售了吧。

|第八章|

不让拍照的店面不是好店面——3C 卖场的现状与未来

2016 年底，怀着崇敬的心情，我去参观一家 3C 全球旗舰店，据说这是一家让人神往的店面。

店面着实是不错的，产品极为丰富，每一个店面都经过精心的装修和设计，在 3C 卖场中非常精致。但是有一点却让人非常失望：不能拍照。可以理解为是怕人抄袭，也可以理解为是一种规定，但是在互联网如此发达的情况下，也说明其管理思维已经过时了，因为传统 3C 卖场时代已经终结。

欢迎拍照的长沙微缤店

传统 3C 卖场是随着国内消费需求而兴起，在 1990 年前后，国美、苏宁先后成立，然后快速地圈地运动和疯狂地扩张，成为国内知名的 3C 产品零售商，一时间无人能出其右。但是随着互联网的兴起，3C 卖场也越来越艰难，关店潮成为一种趋势，苏宁、国美都做起电商生意，虽然竞争力都不是很强，但也有一定的知名度，要想超过阿里巴巴和京东却异常艰难。现在传统 3C 卖场已经是一种过去式，他们在互联网大潮中问题集中呈现，目前看主要问题有以下几点。

1. 顾客不来——卖场环境陈旧

3C 卖场起家比较早，所以店面位置也就各不相同，除去其中部分自己搞房地产有好的地理位置外，其余大多数都已经不是一个城市的新商业中心，虽然多次装修，但是基本上脱离不了原来卖场的风格，整体理念陈旧，对年轻客户的吸引力大幅度降低。

卖场环境陈旧，基本上卖场所处位置周边环境陈旧，卖场风格陈旧，卖场本身已经装修多年，这样的场景不符合现代人的消费习惯，尤其是中等收入家庭，因为卖场不具有吃喝玩乐的生活方式特征，所以顾客流量在减少。

2. 顾客来了发晕 —— 卖场布局混乱

以前的3C卖场基本上是按照电器品类来区分的，现在基本上套路没有变化，但是因为知名品牌需要好的位置，所以卖场出现了很多夹生饭：卖数码的区域中也有卖家电的，家电区域也有各种其他产品。这样的陈列需要有极大的协调能力，比如对于顾客需求和走向的判断是否合理，从而让店面陈列更加合理，但是现在的卖场基本上看起来都是没有规律的，人为设定比较多，每个店面之间没有关联度。

顾客进店后看见店面这种场景，就会比较困惑，虽然说现在能够进卖场的都是有目的的顾客，但是这种第一印象给人的感觉依旧是抵触感，如果顾客已经具有线上购物习惯，卖场这样的陈列方式就很容易将顾客推出去。

3. 顾客进店缺少体验 —— 卖场依旧是产品销售思维

现在的3C卖场，整个场景依旧是一种销售思维，当然你可以看、可以体验相应的产品，但是还是停留在推销的层面，而不是通过场景的搭建让消费者能够舒适地感受和体验到产品的不同功能。

卖场通道不够宽敞、店面还是老百货公司的分割，体验的产品除去个别店面比如苹果店中店外，大多数都是不专业的，甚至到了吃饭的时间店面就没有人值班了，这就不是用户思维。

4. 顾客来了感受不到尊重 —— 卖场的服务意识不足

目前的大多数3C卖场店面人员服务意识不强，甚至顾客在一个店面待20分钟也无人搭理，这些外表还不错的店面却有这样的服务方式，根本原因就是没有极强的服务意识，当然和卖场本身的引导也有很大关系。

现在的卖场中层级太多，考核方式与之前也没有太大的变化，这种层级和考核，本身就是一种结果导向。由于没有专业的顾客评价考核，所以态度、专业程度都不是他们关注的重点，业绩才是他们的追求，特别是绝大多数店面都

是商家进驻，每个商家服务标准不一样，这对于 3C 卖场来说管理难度自然就增加了。

5. 顾客找不着自己想要的东西 —— 卖场采购权限不同造成店面畸形

目前很多 3C 卖场企业的总部采购和分公司采购是分离的，总部负责大品牌采购，分公司负责配件等小品牌采购引进，这样就造成很多店面只有主机或者主机加少量配件，让整个店面处于一种灰色的运作之中。

比如说苹果授权店面，竟然没有相关的智能产品配套，在现在讲究店面生态的发展大趋势下，苹果十多年的习惯在这里却不能得以实现，这不仅仅是商家利润的问题，更是对于零售运作的一种悲哀，据说就是因为苹果是总部采购的、配件是分公司采购的，所以就出现了授权店没有丰富配件销售的现象。

6. 顾客走了没有跟踪 —— 管理工具没有升级

顾客管理上，卖场没有太好的管理手段，依旧是传统的会员卡管理，企业在互联网如此发达的情况下，竟然没有一套现代化的管理手段，非常不合理。

其实互联网的思维第一步就是用户思维，目前企业大多数还是用多年前的管理方法，无论是顾客来与走，都是一种自发行为，企业积累的大数据并没有为之服务，这是急需改变的。

7. 顾客来了不能分享 —— 管理思维没有改变

有些 3C 卖场禁止顾客拍照，这其实是对于自身的一种不自信，如果 20 年前防拍照是怕别人模仿抄袭，可现在这种方式都如此落后了，还有谁会去抄袭呢？

其实防拍照是一种落后的管理思维，在社交经济如此兴盛的年代，我们都盼望着用户能多分享，与之背道而驰的，都将会被淘汰。

针对 3C 卖场的现状，传统的 3C 卖场必须升级改造，而且是革命性的改造。你也许会问，这样的卖场还有机会吗？如果仅仅是传统的机会会少一些，但是如果加上新零售思维，当然还有机会的，比如北京这样的城市，至少需要三家这样的购物中心，因为在科技产品如此发达的时代，每个城市都需要一个布满科技产品 SHOPPING MALL，不是传统卖场，而是体验式、互动式、娱乐式甚至生活化、寓教于乐的购物中心，我们姑且称为“未来 MALL”或者“未来博物馆”。

（1）生活化的场景

电子类产品，无论数码还是家电，风格都偏硬朗，如果集中销售，会给人一种距离感。所以卖场首先要解决的问题，就是店面的场景，将店面场景调整为生活中常见的场景并加以艺术化，让人熟悉又有新鲜感，才容易将店面的风格变成消费者的生活方式。

因为 3C 卖场本身只是一个管理者，并不是自己经营每一个店面，所以对于卖场而言需要有一个统一的设计风格，然后每个店面位置、装修风格甚至布局都要有规划和建议，不能让卖场只是一个简单的品牌组合，这在现在的实体零售中是备受诟病的。要有统一的管理，也就要求有新时代的专业的零售人才。

（2）博物馆式的分区

因为 3C 卖场普遍面积比较大，分区就是一个很大的学问，不能简单地像一般专卖店那样分区，当然也不能不分区，那么如何去操作呢？有一个建议就是采用博物馆式的分区，对于新式卖场是一种当仁不让的选择。

世界上所有优秀博物馆，都有不同特色的分区，但是不会令人觉得很突兀或者很别扭，一般来说都是按照不同方式递进分类，过渡空间会有互动或者休息区。3C 卖场完全可以采用这种方式，分层分区，中间采用体验、休息、娱乐方式过渡，降低卖场直接销售的认知，变成一种学习科技知识的博物馆，而且是经常变化的博物馆，因为科技在不停地发展进步，这就能够为城市建立一个不断变化的科技中心，卖场就不用愁人气不足了。

（3）体验与互动空间

3C 卖场需要增加更多的体验和互动空间，目的是让消费者认可有更多的停留价值。现在消费者去卖场基本上就是看产品和购物，没有太多别的意图，这会大大降低消费者的停留时间，而不是像在 SHOPPING MALL，可以待上一天时间。

体验和互动的方式有很多，虚拟现实、无人机、机器人等都是新的模式，还

可以有传统的汽车体验，当然汽车销售也可以搬进来，需要去各种尝试，从用户出发没有什么不可以的。

（4）娱乐和培训共生

卖场能看电影吗？有什么不可以呢？谁说看电影一定要去那种大型的电影院呢？完全可以是迷你电影院啊？比如只放科幻电影，比如说虚拟现实电影院，然后加上电影周边衍生品，说不定还会一票难求呢。

卖场能做培训吗？有什么不可能呢？科技产品这么多，每个人都会使用得很熟练吗？其实有很多科技产品，消费者买回去，功能只用了一小部分，大部分都是浪费了，就像我们都会认真地学习驾驶技术，但是买了那么贵的车，却没有一场专业培训一样，靠自己摸索，结果绝大多数的车被开发的功能只是一小部分，甚至有的人只知道品牌不知道新功能，在互联网硬件快速更新的时代，体验式的产品培训尤为重要。

3C卖场完全可以做类似的事情，将卖场变成一个全民教育的场所，那时也许假期就会多出各种科技夏令营，让卖场变得更加有趣了。

（5）让科技渗透到每个角落

既然是科技类的产品，那么卖场就需要将科技渗透到每一个角落，比如，可以有一个没有店员的概念店中店，消费者拿了商品就可以直接就走人；比如收银可以采用更为先进的支付方式，减少消费者的等待时间；比如进入卖场，消费者就能拿到一个眼镜，边看边为消费者自动讲解。

既然说学习博物馆，那就要让产品自己说话，这就需要科技的力量，一家没有科技含量的卖场，一定不是好卖场。

（6）让顾客可以逛一整天

3C卖场需要做一个非常大的革命，就是要弱化3C概念，这里的弱化不是减少，而是要增加更多的与生活有关的产品。比如超市，给超市增加科技感就可以减少促销员的数量了；比如说服装，只要引进那些科技潮人为主的服装就可以了；比如餐饮，这就更容易了，现在这么多互联网餐饮模式，哪一种都可以尝试引进，说不定对于这些公司也是一个极大的帮助和升级。

这么多尝试的目的只有一个，就是让顾客可以在卖场待上一整天，因为只有停留得更久，才能有交易的机会。

（7）科技与美貌并存

2017年是颜值革命的一年，因为现在的社会群体已经到了需要更高质量生活的时期，而不是收入低物质不丰富的时期，现在整体上是极大丰富，这时，对于美的追求，对于创意、个性化的追求，成为一种趋势。

3C卖场作为科技产品集中地，更不能离开美，需要将卖场变成一个科技的花园，所以和美有关的，我们都可以尝试。没有人会拒绝美，只要你做的足够符合现代人的审美情趣，就会有超过预期的人来给你捧场。

未来已经不需要叫这种地方为“3C卖场”了，因为我们不需要一个单纯卖东西的场地，而是需要一种新兴的生活方式。如果每个城市都有一个这样的场所，一定会人潮涌动，因为在科技极大发展的今天，线下却没有这样的综合实体空间，这是互联网无法给消费者带来的一种体验。而现在3C卖场拥有这样的机会，所以现在只是看我们是不是能抓住这个机会了。

要想抓住这样机会，也不是那么简单。首先，还是从拍照开始吧，一个不让拍照的店面，不是一个好店面，这中间不仅仅是拍照，还有更多的思维的转变，希望大家都能看懂吧。

期待第一个科技SHOPPING MALL或者“未来科技博物馆”的出现。

| 第九章 |

专卖店生死劫

如果说2016年是线下零售商徘徊迷茫，寻找方向的一年，那么2017年将会是很多零售商义无反顾转型的一年，这种转型的目标也是非常的清晰，即如何对已经开了很多家的专卖店进行提升和调整。

专卖店（Exclusive Shop），就是专门经营或授权经营某一主要品牌商品（制造商品牌和中间商品牌）为主的零售业态。按照这个解释，其实专卖店是工业化的产物，因为工业化的大规模生产后，品牌出现，为了更好推广品牌，以销售某一种产品为主的店面大量增加，这样既能够让消费者有较好的购物体验，又能提升品牌的知名度和美誉度，专卖店成为众多品牌扩张的必然选择。

如今流行的 MOLESKINE 专卖店一角

改革开放后，我国的各种专卖店也在迅速崛起，各种品牌专卖店现在已经是商场、社区、步行街区等各种商业中心的主流商业模式。但是随着电商的高速发展，一些标准化的产品，也受到了更多的冲击，销售规模下降、单品利润降低、店面成本却在增加，专卖店成为很多零售商的一个挥之不去的痛点。

但是，这没有能阻碍专卖店的存在，并且很多品牌专卖店数量还在持续增加。比如近三年间VIVO品牌的零售店数量从5万家增加到25万家，VIVO有95%的销售量都在线下，线上只有5%；同样OPPO零售店也超过了20万个，而华为零售店2016年底应该在2万家左右，小米也在2016年开出了54家旗舰店，当然以上还都是授权的店面，非授权店面应该是远远大于这个数字。

这些品牌为什么在互联网如此发达地情况下，还如此高速的建立自己形象专卖店？经销商为什么也愿意去开店？他们不知道专卖店经营的风险吗？这些都是复杂的、但是又是显而易见的问题，因为专卖店现在依旧是品牌推广的一个不可或缺的方式，也是零售商经营的一个不可缺少的支柱。

1. 专卖店，仍旧是品牌线下推广和销售的最佳抓手

虽然媒体经常宣传线下零售业的冬天来临了，也确实出现了很多线下零售业的关店潮，但是线下零售只是旧的思维模式落后了，新的模式还在寻求方向之中，并不表示线下零售就已经 over 了，线下实体零售业只是需要一种新的模式。

专卖店，现在依旧是线下品牌推广和销售的最佳抓手。对于科技产品，无论是知名企业还是创业公司，只在网站看看图片、视频，是无法感受到产品真正的价值和质感的。网络的体验更多是信息的传递，而不是真实的触感感受，而人们对于陌生的没有在真实生活中感受过的产品，除去忠实的粉丝外，普通消费者购买率是非常低的，尤其是创业品牌。

所以，一个品牌产品的出现，通过自己的专卖店体系，将企业文化、产品的构想、设计的灵感，通过店面产品陈列，让任何有意向的消费者去真实地感受和触感，从而促动消费者下决心购买，通俗地说这叫眼见为实。到目前为止，还没有哪一项技术能够替代真实的体验，包含虚拟现实，都无法实现店面体验的那种心灵的一颤。

2. 专卖店，更容易快速复制

专卖店，一般都是上游厂商设计好模版，然后全国甚至全球推广。一般来说专卖店都有厂商严格的标准和验收过程，这不仅仅是店面形象，还有店面位置、员工的要求、提供的服务等。正常来说厂商都有一定的装修补贴，有的还有租金补贴；一些国际化品牌，有的还提供交钥匙服务，经销商提供合格的场地，装修的事情配合专业公司执行就可以了。

所以说专卖店其实是一个非常容易快速复制的一个推广形式，对于品牌厂商，只要前期做好相应的规划，并且提供有竞争力的产品或者服务，通过自

己或者分销商推广团队，就可以快速地搭建全国体系，搭建的速度，就要看厂商的品牌、目标、提供的资源和市场环境了。

3. 消费者，依旧对于专卖店有更高的信任度

专卖店在中国已经有几十年的发展了，现在已经是线下主流的销售方式，消费者的认知和习惯已经适应了专卖店方式，换句话说消费者对于专卖店，有较高的信任度，专卖店也是大部分消费者的首选方式，这种信任度是多年的培育结果，线下还没有别的方式可以替代专卖店这种模式。

这里要说明的是非授权店面，其实“非授权”是对于商家而言的，很多非授权店外表形象和授权店无异，消费者大多数没有辨识能力，也有人对于是不是授权不是很在意，所以可以说非授权专卖店也是一种专卖店，消费者对它的信任度也是同样存在的。

4. 消费者，更愿意去专卖店体验产品

因为消费者对专卖店具有较高的信任度，加上专卖店有较好的位置和体验环境，这让消费者更愿意去专卖店体验产品，尤其是新品发布之时，很多品牌专卖店的客流很大，甚至会出现排队现象。

为此，很多品牌都会采用一夜换装的方式，就是在新品上市之时，全国所有专卖店一夜之间，全部按照最新的陈列要求，一夜改变，形成一定的宣传效应，比如苹果公司就非常擅长这种方式。这样的目的就是为了给消费者一种准时的、耳目一新的感觉，让消费者第一时间体验到产品的魅力。

5. 经销商，仍然擅长单一品牌店面的运营

经过改革开放 30 多年的发展，国内消费电子产品零售商，大多数起源于品牌兴起之后，他们起家立业就是专卖店的模式，所以对于专卖店运作非常习惯和擅长，特别是以单一品牌为主的零售商，他们只要围绕着厂商做好相应的配套工作，开专卖店对于他们并不是很困难的事情。

专卖店的产品简单、目标顾客清晰、流程标准化格式化，厂商沟通也是有规律可循的，所以零售商需要做的复杂的事情并不是很多，这种简单又有利润的专卖店，是人性最愿意选择的一种生意方式吧。

6. 经销商，目前很多专卖店的利润依旧是可观的

从店面利润来说，现在大品牌专卖店利润大多数还都是正的，虽然相对于利润最多的时候，出现了一定的下降，但是依旧可观。特别是2016年，手机行业品牌集中度提升，主流的品牌专卖店利润还是非常丰厚的，比如一个县级市场的OPPO专卖店（80平方米），一个月可以实现600台的销售量，华为专卖店有的甚至月销售能够超过1000台以上（100平方米面积，市场传言有的旗舰店月销售可以过5000台，估计是店面位置比较特别或者有一定的店面行业订单或者微分销），核算下来，利润率还是非常可观的。

7. 市场现状，专卖店的形态还会持续很多年

目前社会业态发展来看，虽然线上高速发展，但是依旧不可能取代线下店面，并且随着传统电商瓶颈的出现，线下零售业的转型更加清晰，专卖店这种业态还会持续很多年，并且还没有哪种业态能够取代这种效应，起码未来3~5年内，优秀的品牌还有更多的机会。

当然专卖店的升级是不可避免的，因为目前的专卖店，大多数还是十多年前甚至更早的模式，存在较多的不符合市场规律的问题。

（1）整体利润走下行通道，不容忽视

客观地说，专卖店整体毛利是在走下行通道，主要原因有两方面，一方面是标准化的科技产品，网络售价的冲击，虽然很多厂商都有网络最低限价的要求，但是能够坚决执行的几乎没有，因为现在的各种网络电商实在是太发达了，而大的电商要是偶尔不守规矩，厂商也只能忍气吞声；另一方面是购买渠道多元化，店面客流量的明显下降，而房租和人工成本基本上每年都要上涨，这种压力下，利润就成为一个较大的压力了。

专卖店的利润，还没有走到无路可走的时候，现在绝大部分只是下降，是相对于以前减少了，但是还是有利润的，这也是经销商犹豫转型的一个重要的原因，因为一面是多少还能赚钱，另一面是转型，但毕竟是一个不熟悉的未知数。

（2）太过于依赖单一品牌，本身就有风险

专卖店，本身的定义就是单一品牌的店面，所以对于零售商而言，这种风

险也是显而易见的，特别是开了数十家甚至更多单一品牌专卖店的经销商，如果合作的品牌一旦出现判断失误或者某款产品出现问题，就会造成比较大损失，有时候会让企业一夜之间陷入困境。

比如当年的HP笔记本“3.15”事件，就有很多HP零售商退出了历史舞台。2016年的三星手机事件，也让众多的三星手机专卖店陷入低迷，这种风险大家都知道，很多企业都在开始多元化之路。

（3）店面可以发挥的空间比较有限

因为专卖店是厂商设计、装修、甚至还有费用补贴，所以厂商对于店面也有诸多的要求，而这种要求，很多都是站在自己品牌的推广、销售利益之上，并没有真正站消费者的角度去考虑，所以店面能够因地制宜的活动就非常少，太多店面看起来很美好、其实大多数水土不服。

当然国内的品牌因为比较了解国内的习惯和风土人情，相对来说比较灵活，如OPPO就是大区域可以有更多的审批权限，可以对于区域内的专卖店做出合适的要求和指导；但是总体上专卖店经营者，能够发挥的空间还是非常有限的。

（4）不符合互联网时代的消费习惯

我国的消费其实一直在快速地变化，应该说我国是目前世界上最为复杂的市场，因为我们的经济依旧在比较高速的发展，人均收入在持续地增加，消费结构和消费习惯也在不停的变化，在这种变化中，有一个非常重要的特征，就是：忙，人门越来越忙。

在这种变化中，我们有一个思维变化，就是一站式服务成为更多的人的期望，因为我国是世界上互联网激活度最高的国家，我们已经被培养为互联网式需求思维，就是一站式高效服务。而专卖店很显然并不能为消费者提供一站式服务，只能提供单一的品牌有限的服务，所以专卖店的模式正在越来越不适合目前的人的需求习惯。

那么，专卖店未来还会存在吗？如果存在，那么专卖店的未来之路是一种怎样的形态呢？需要从哪几个方面改革、转型，才能有更多的机会呢？以下的分析,希望给你一个重要的参考。

① 生态店

生态是这两年比较流行的词汇,生态店,顾名思义,就是能够自给自足、自我满足的店面,简而言之就是不依靠某一个品牌也能生存的店面。

在专卖店体系中,目前发现只有两个品牌是这种店面。一个是苹果专卖店,苹果是十多年来唯一容许销售不冲突的第三方产品的店面,不仅仅是容许,还鼓励销售,所以现在苹果授权店面虽然也有很多的压力,但是大多数店面都在坚持,一个非常重要的原因就是店面的生态非常健全,即使某一款产品出现问题,也不至于出现致命的伤害,这对于苹果公司本身来说也是一种缓冲和保护。如果店面的生态能够给一个品牌厂商一年甚至更长的保护期,这就能够让品牌厂商有足够的时间辗转腾挪,度过因某一次失误造成的被动。

另外一个是国内的小米之家,小米线下开店,其实是一个生态店面,自己的产品是手机和电视,其余都是小米生态系统的伙伴"米家"产品,像插座、手环、电饭煲等等都是小米生态的一部分,如果小米能够坚持自己的标准和选品,这种模式会有极大的成功机会。因为小米线下依旧是互联网思维,所以价格空间不大,大多只能采用自营的方式。目前小米已经开始加盟模式,采用互联网的效率加大覆盖,这也是小米店面扩张无法加速的一个原因。

专卖店拥有自己的生态,不仅仅是要容许销售非冲突的第三方产品,还有服务、活动规划、社区等等介入,当然目前还反其道而行之的品牌厂商,一定要严肃地思考这个问题,因为逆势而为,难有善终。

② 建立自己的线下线上模式

互联网在中国的发展是有目共睹的,所以新零售一定是线下线上的融合,单纯的线下或者单纯的线上,都是有缺陷的,所以作为线下专卖店,一定要想方设法建立自己的线下线上模式。当然传统专卖店,电商只是线上的一种形式而已,还可以是会员制管理、大数据分析、售后预约等等模式,这样的线上线下,才是真的新零售。未来真正的风口是来自传统的能够抓住线上机会的企业,所以专卖店的上游厂商,更应给给自己的零售商提供更多的这样的指导和

工具,帮助自己的下游渠道适应网络化的社会。

③ 体验店

店面即体验，本身就是一个正确的方向，未来专卖店的体验，将会随着科技的发展,更加具有冲击力,而专卖店的体验,也将不仅仅是基于产品、也不仅仅是产品的陈列体验。

未来专卖店，产品陈列展示仅仅是体验的一部分，上游厂商还可以利用VR技术,实现多维度体验,可以利用不同场景设定互动体验,可以和非竞争品牌联合举办体验融合活动等,声光电以及人工智能,都将把专卖店体验升级到更高的一个多维互动状态,实现线下的全新体验模式。

这里有一点需要强调的是，在专卖店也需要将线上的优势转化为可以使用的模式，比如比较大的生态模式专卖店，产品SKU数量非常多，一般100平方米面积会有800～1200个SKU,我们就需要将互联网搜索技术利用到店面,比如店面触屏查询、分区引导等。网站的焦点图促销，店面可以借鉴为多区海报展示等，满足消费者对于店面的便捷、高效的追求，让消费者在实体零售店也能够感受到网站的那种便捷性。

④ 服务店

服务不仅仅是口号或者一个概念，而是未来社会中产阶级最关注的、能够决定是否购买的一项关键因素,专卖店的服务,不仅仅要专业,还需要丰富。

专业，就是店面需要给顾客提供精准、职业的服务，在未来会出现店面机器人店员,取代一部分店员。机器人店员的最大优势，就是后台的数据分析和提供个性化的单一的专业服务。举个例子，如果一个机器人能够记住你店面所有产品的卖点,并且能够和顾客语音互动(技术上已经没有难度),你觉得顾客会愿意和谁交流呢?显而易见,他会在专业问题上,更加相信机器人。

而专卖店,应该是店面机器人最先落地的,因为相对来说,单一品牌,机器人学习会更加容易，成本上会更低，店面接受会更快速，毕竟这个成本是相对固定的一次投入,而店员,是每个月都要发工资的。

丰富的概念，就是店面不仅仅要给顾客提供产品销售，还应该提供定制、售后、需求测评、代购等多种组合，帮助繁忙的消费者承担更多，这样消费者才会觉得这个店面是可以经常来的地方，才能有更多的销售机会。

⑤ 社区化

这一条的出发点，依旧是顾客为中心的思维。社区店面在美国是一种比较常见的、成功的商业模式，但是在国内社区店成功案例比较少，主要原因就出在对“社区”的理解是狭隘的，并没有真正理解什么叫做互联网的社区。

苹果的直营店面 2016 年去掉了 store，目的就是要逐步打造成为社区，弱化销售概念，当然弱化销售不是降低销售，而是让顾客降低心理防御，能够更多地走进店面。所以新的苹果直营店面，都是全方位敞开式的大门、提供休息区、提供可调节舞台展示、提供光影漫步走出店门等，这才是真正的店面社区化，即降低推销的直接刺激、提供舒适环境，所以未来苹果直营店会不会提供茶和咖啡，还真的很难说。

社区化，是专卖店的一个未来方向，如何成为真正的社区，还需要和网络、体验、生态等相结合，这样才能成为一个纯粹意义上的店面社区化的样板。

专卖店，未来依旧是各个品牌厂商重点去做的一件事，但是传统的专卖店正在经历一场生死劫，如果不改变思路不转型，那只能是日渐衰落、坐吃山空。如果品牌厂商、零售商能够抓住机会，在这个关键节点上，积极改革、勇于探索，拥有雄心壮志，同时也能落地生根，那么专卖店的模式就会获得新生，就能在未来的浪潮中屹立潮头。

祝大家历劫过后，都能更上一层楼，游刃有余地在零售的海洋中，自由航行。

第二部分 新思维

线下门店的七道坎

开一个百年老店，真的有那么难吗？

只有永恒的服务，没有永恒的模式

一个月净利10万元的零售店面，是如何修炼的

一个综合门店，可以不卖主机吗？

零售店为什么没有人来了

开了这么多年的店，竟然搞错了这么多细节

店面缺少一面镜子

如何开好一家潮品店？

潮品店成为趋势，但同质化严重怎么办？

| 第一章 |
线下门店的七道坎

国内线下零售行业经过数十年的发展，已经趋于成熟，但是处于快速迭代更新的消费类电子行业经过高速发展之后，一直没有出现稳定的全国连锁，即使是区域连锁发展也不太稳定。一方面是天量的销售额，另一面是不稳定的零售状态，究竟是什么原因造成这样的局面呢？下面，我们抛开品牌、经济环境、电商影响等外部因素，单纯从店面的开设数量、不同阶段会遇到的不同门槛加以分析，并探讨如何破解之艺术。

钟书阁苏州店

第一道坎：1 个店面，人生最好的开始

一般创业时一个店面是最难的开始，也是最好的开始。说最难，是因为没有经验，想象的和实际发生的差别大；说最好，是因为这是未来发展的基础，如果基础做得好，未来几年甚至十多年的发展，都有一个坚强的地基，这就是创始的力量，而这一切都可以从第一个店面就开始加强。

1. 资金问题

资金准备不足，10 万做 20 万的事情，结果装修到一半，资金就紧张了，等进货基本没钱了，这里的破解办法就是开店一定要留有“私房钱”、备用金，人眼高手低是正常状态，所以要给自己设立一个底线外的底线，往往能够保证自己活下来。

(1)房租不能高于自己设定的标准，且必须严格执行。这个标准主要是看周边房租、同行业房租以及盈利情况，需要严格的调研，如果自己没有实战经验，一定要请教有过经验的朋友或者行家。

(2)要给你的资金规划。留出30%备用资金，给自己的要求是：正常开店情况下这笔钱不能使用，也就是说按照开店的正常发展，这笔钱使用不到的。

(3)要有紧急借款方案，就是如果到万不得已，30%也要花完了，你能够快速获得资金支持，这可以是亲切朋友，也可以是金融机构(第一个店面向金融机构借款有点难，而且不靠谱，更何况是初创企业)。

以上三条，其实也是未来零售商要每天都要思考的，因为绝大部分零售商最后的问题，都是出在资金链断裂上，这也是压倒90%企业的最后一根稻草。

2. 店员招聘问题

一般因为第一个店面规模小，刚起步，社会招聘基本不可能(也不是完全不可以，只是难度较大，很难有符合条件的人应聘，这个时候要降低条件，满足基本需求就可以)，通过家庭关系、朋友关系招聘更靠谱一些，当然老板自己也是一个店员。

3. 进货

和大公司合作的可能性不是没有，但是不大。但是中国地广人多，所以破解办法就很简单了：炒货，各个地区都有这样的经销商，是以批发为主，他们可能价格上会贵一点，但是运作灵活，是创业公司的首选。如果创业之后资金允许，可以去广州、深圳等批发集中地，一个是学习经验，一个是获取更好的货源。当然主机类的产品还是争取和总代理或者厂商直接合作。

4. 找店面

这个其实才是最重要的，开第一个店的人，不好的位置看不上，好的位置费用高；小面积觉得不能发挥自己的才华，大店面又有点担心自己经营不起来；小产品、不知名的产品看不上，大产品、知名度高的也拿不到好资源。这里破解办法就是因地制宜、适者生存。因为你是创业公司，很多商场也不愿意把位置租给你，因为怕承担风险。

所以第一个店面最好的方式，要么是加盟某一个品牌连锁店，要么是和朋友的公司合作，不一定是正式的结盟，可以是一样的店名，起码可以解决信任问题，也可以解决一些货源问题。至于店面大小，只能说不能太大，消费类电子产品的店面 50 平方米就是已经很大了，不要超过这个面积。位置好的店面很少有机会拿到，所以要选一个次一级的店面，但是不能没有人流量，能有两个以上说服你的理由就可以考虑；还有一定不要去养一个店面，这绝对是一个错误的思维，在国内养店是有钱大公司可以干的事情，不是一般小老百姓创业的方式，我们必须重视短期利益，眼前获利之后，才能去考虑长久一点的事情。创业开店一定要活着，才是创业的态度。

第一个店面很难，但也很快乐，可能准备的时间长一些，但是也要敢于快速决定，国内创业门槛越来越高，开设第一个店面，你就应该考虑和互联网结合，不一定要去做，但你要去考虑，因为互联网也是实体经济。

第二道坎：3 个店面，创业最美好的时光

一个老板，开了第一个店面，经过一到二年的折腾，慢慢就会走上正轨，只要符合一个店的原则，正常都不会亏损。同时因为老板亲力亲为，一般会有不错的收益。所以这个期间，作为老板就会算账：假如我开 3 个店，第一个店面月赚3万，3 个店面就是月 9 万，一年就是 108 万，这十年后就是身价千万了啊！这个阶段最大的问题就是只想象美好、无视困难的存在，所以，3 个店，就是这样开出来的，但是问题也接踵而来。

1. 家里其实没有那么多亲戚

第一个店面，亲戚朋友介绍，店员问题是可以解决的，但是到了 3 个店面，需要 15 个左右店员，加上平台需要 20 名员工，这个时候一般都不可能有这么多亲戚，如果还坚持，就会为以后的发展带来巨大的障碍，也就是未来发展失败的风险焦点隐藏在这里。破解办法就是，亲戚朋友还是要有一些的，但是一定要参与社会化招聘，难是难一些，但是只要你用心规划，明确店员责职，招聘不一定是难事。选择招聘最好是到一些学校、人才市场和专业渠道，比如之前

电脑城的刊物等，让人才综合化，对于零售初创公司是一个比较靠谱的选择。

2. 产品管理，尤其是库存管理

一个店面，老板每天都不用开电脑就能知道有多少库存，3 个店面就要开电脑算账了，这个阶段的最好办法就是每日销售报表、盘库分析、资金报表等，要定一个强制规矩，这虽然辛苦一些，但是对于未来发展也是一个基础。

3. 产品培训

店员多，人员也就容易流失，所以培训就成为一个持续的过程，破解办法有三，一是老板自己讲，累是肯定的，特别是不喜欢讲课的人；二是供应商讲，要求派人定期培训，供应商一般都有培训师；三是老店员带新店员，这个以老带新，不是师傅带徒弟，而是所有一年以上员工都要能讲，哪怕是用别人写好的 PPT，讲课需要适当给点补助或者激励；同时也可以根据当下流行的工具，采用年轻人喜爱的方式去培训，比如直播、群沟通等。

3 个店面正常来说是一个老板创业的最佳时期，生意不错、压力不大、幸福感很强的时期，其实也是大多数人创业的美好阶段，很多人就此驻足，也能有一个长期的发展，问题就在于，因为人的理想也是在不停地变化，能赚 1000 万，就想过 2000 万的生活，所以，第三阶段来了。

第三道坎：5 个店面，来自外部的诱惑

有很多人可能不是很认同 5 个店面的坎，因为其经营还是不错。但是我之所以这么说，是因为这道坎主要问题不是来源于经营，而是来源于大脑，自己的大脑和别人的大脑。

1. 自己大脑问题

能开到 5 个店面的人，都会觉得自己很牛，通过勤奋加算计，有不少老板都能开得有声有色，但是还有相当一部分是有 1 ~ 2 个店不赚钱或者略亏，当然整体上利润好于 3 个店。这时老板最大的问题不是止步不前，而是还想开更多的店面，因为他们发现 5 个店面管理，他也是有能力的，这时觉得管理 10 个、20 个店面自己也没有问题，有问题的是资金存在缺口。这就是对于自己的

简单判断，一般来说都会指向自己的资金问题，这是扩张中的共性问题。

2. 外部的大脑

随着店面的增加，一些勤快的厂商和分销商，这个时候已经愿意和5个店面规模的公司接触了。他们带来了更多的视野和理念，按理说这是一个好事，但是也带来不切实际的理想化：厂商和分销商往往喜欢扮演一个零售专家、趋势专家的角色，他们会替你算账，如果你开10个店面，按照目前利润，成为资产千万的富翁时间会缩短为三年，一个十年的目标三年就能兑现，这是多么诱人的说辞，而这恰恰就是你内心的想法，因为10年确实太遥远，三年是过了明年就是了，能够看得到的时间。不过你知道自己没有足够的资金，但机会也确实似乎就在眼前。这时这些勤奋的销售会告诉你，只要从分销商或者厂商提货，就会有帐期，一般会有两到三家分销商给你供货，一家给100万，3家就是300万，开店资金就可以倒腾出来了，而且这些资金不要利息，只需要拿你的房产本复印件就可以（有些复印件都不要），对于你的企业来说基本上没什么风险。有钱了、有理想了，也有看似清晰的机会、又没有风险了，开店的速度上自然就会加快，再给你一些开店补贴，这样你每天都在开店路上。

事故的起源就在于此，因为绝大部分厂商或者分销商都不是零售专家，即使有零售知识也是为了卖产品给你而准备的，他们忽悠你开店的目的是为了销售更多的产品。当然这也不是绝对的，很多能抓住机会的企业，确实能够跨过这个坎，登上更高一级的台阶。但是就出发点而言，这一个事实就足以让你思考他们建议的合理性，但任何事情都有两面性，没有冒险也就没有奇迹。

第四道坎：10个店面，最有理想也是最危险的阶段

在我十多年的IT产品销售职业生涯里，遇到很多公司的出现问题，绝大多数零售公司出问题，都是在10个店面阶段，所以我一直有一个疑问，这是巧合还是有更深层次的原因？经过长期的研究和对比，发现这些企业有如下的共同点。

1. 老板依旧使用 5 个店面时候的管理方法

10 个店面的公司说大不大，说小也不小；说年轻也不年轻，说老还早。这个时候老板们一般还很年轻，没有经历过大起大落，在店面管理上，希望自己管得更多，加上下属也多是经验欠缺，舍不得、放不下，管理上采用更多的是人治，和 5 个店面的时候差异不大。

2. 库存出现严重问题

因为没有良好的库存管理规范，有的即使上了管理软件，也是在执行上没有很好的监督体系，看似赚了很多钱，年底盘库的时候老板才会明白，赚的钱都用在库房里。有的老板可能还不愿意快速处理，所以，一般看一家零售店面管理得好不好，看他们的店面有没有销售泛黄包装的产品就知道了。

3. 资金链出问题

上文说过，很多经销商老板都是被忽悠开的店面，资金本身就不充足，加上我国中小企业融资难，所以自身资金在零售运作上经常捉襟见肘。如果是供货给商场或者苏宁、京东、超市这样的企业，因为至少要 60 天账期，资金将会更加紧张，套用上游的资金成为一些人的常态，但是这中间不能出现任何闪失，否则就很容易出现资金链断裂问题。

4. 人才出现突然的无征兆离职

消费类电子行业的零售，创业门槛非常低，加上店员一般都是年轻化，一旦到过年过节，有一点的不顺意，就很容易离开，甚至发生集体离职事件，这对于一个中小企业将是一个致命的事情。所以平时日常活动，符合年轻人的集体活动要经常开展，功不在一时，要在平时，才能解决凝聚力问题。团队归属感一定是日常不能忽视的工作，特别是创业时间不长的企业，同时适当的人才储备也是非常有必要的。

5. 上游关系紧张

上游关系其实是一种很微妙的关系，这是一种以利益为导向的关系，而在最容易出问题的阶段，一方面会督促甚至诱导经销商出货，一方面又防止风险，逼迫经销商及时还钱，很多时候就因为一两天的时间，关系就会翻转。而

这个阶段的经销商对于上游又是非常的依赖，这种依赖很多时候又是一种毒害，因为是以产品导向的关系，终究是一种不稳定的关系。

10个店面的老板，要是真的能够意识到以上问题，其实也就不是问题了，关键是他们基本都没有意识到，他们这时的目标是20个、30个店面计划，这还是保守的，我就见到过几个在10个店面的时候做了100个店面的开店计划，当然后来没有结果。

第五道坎：30个店面，中层职业化的开始

30个店面的经销商在全国也不是很多见的，特别是在消费类电子方面，因为这种高投入低回报的行业，能够开30个店面还让公司有稳定的较好的赢利是一件非常困难的事情。在这个阶段遇到的问题，又是之前规模下遇不到的，不是说之前所有问题都圆满解决了，但是起码没有阻碍公司的发展，这就说明老问题被淡化了，新问题又发生了。

1. 中层缺失

30个店面，按照一个店面8个人来核算，加上平台也要250人了，在国内线下零售行业还属于劳动密集型行业，所以团队管理显得尤为重要。在团队管理方面，最重要的就是中层管理。按理说250人的公司不能算小，但是中型公司最缺的就是承接上下游的中层管理(互联网企业讲究扁平化管理，其实就是3级管理模式，最重要的依然是中层)。中层管理要想有较好的解决方案，应该在开10个店以后就开始准备。内部培养是最妥帖的方式，待遇+期权+授权等创新方式会更加有效。

2. 腐败滋生

30个店面的企业，虽然规章制度都已经有了，部门人员也配置了，但是因为监管不到位，一些小的腐败就容易产生。最简单就是飞单、采购回扣等，虽然有句话说“水至清则无鱼”，但这种混沌管理法则也容易把人拖向迷茫。这种事情，一般一开始老板都是发现不了的，等到发现时已是很大的问题了。疲于应付是一种罪过，所以一定要建立廉政监督机制，你可以给员工多发钱，但

是不能容忍甚至纵容这种腐败。

3. 新机会难把握

30 个店面的公司，一般都签约一个或者几个产品的代理权，区域厂商会非常重视，公司招聘的人才也会以专业为主，因为专业人才一开始能够快速创造价值，但是一旦老板希望签约新产品，就希望在公司内部选拔人才。这时的问题就在于，内部可能没有合适的人才，即使有，思维还是固有的。思维一旦在一个环境里面时间太长，就容易固化。所以作为一个中型企业，如果要引进战略产品，公司没有合适的人才不要勉强，一定要外聘，要给外聘人员一个相对独立的氛围，要不然他就会被内部人员欺负跑，很多专业能力越强的人，处理内部人际斗争的能力越差。

4. 多元化

如果你的公司还是单一品牌，就要抓紧多元化。这个多元化不是要大家去开发房地产这种不着边际的事情，而是同类的产品也要多元化，在“3.15”事件以后，很多惠普代理商生存困难，原因就是单一品牌。不要盲目相信一个品牌，在这个创新不断的时代，任何一个企业都有可能走上危途，摩托罗拉、诺基亚的例子还会上演，只是你不知道是什么时候轮到是哪一家。

一个人创业，能到了 30 多个店面，已经非常不容易，所以万事不要勉强自己，有理想固然好，但是你要有可以承担过大的理想带来的压力的能力，这样即使遇到再大的困难你也能挺过去。

第六道坎：60 个店面，要做一个有理想的公司

现在能够拥有 60 家消费电子产品的店面已经是屈指可数了（通讯行业还有不少），一个 500 ~ 700 人左右的公司，无论在那个城市，在当地都是有一定影响力的公司，老板基本上不是人大代表也是政协委员了，每天还劳累在一线的基本就没有见过，因为精力都放在战略和方向上，这个时候问题就出现在一下两个方面，基本都是与人有关。

1. 老员工问题

如果你作为一个创业者，经过十多年的发展，终于拥有 60 家店面，那些起初跟随你的员工们还有一部分在你身边，你应该怎么办？他们大多已经结婚生子，为了养家糊口，你总不能一个人风光吧？老员工问题，第一个就是心理平衡问题，当然也需要解决他们的一些实际的问题；其次就是他们在公司位置稳定，一般都是中层以上了，这些人你可能看着难受，但是如果劝退离职你又会觉得心痛，但是还能有别的好办法吗？杯酒释兵权，那也是在理想实现之后无可奈何之举。这或许是很多公司都不愿意面对的问题，这是一条艰难的道路，因为在线下零售企业初创阶段，大家都没有这个思想。但这是一个互联网的时代，万事都讲量化、都讲究短平快、都务实直接简单，这个时候你再讲“感情深一口闷”，也就是一种愚昧和落伍了。做兄弟可以、讲感情也可以，但是也要讲利益和钱，马云的杯酒释兵权，也是拿着协议和支票的，虽然说大家都大哭一场，但是都签了字拿了支票，所以那个时候的哭，也只能感情上宣泄，其实大家都知道，没有办法，给谁都会这么做。

2. 理想问题

你的企业理想是什么？企业理想理论上应该是企业发展，战略策略、未来走势等等，这里所说的理想就是公司是否要上市、是否要走实现企业的资本化道路。

这时的企业要有这样的理想，作为老板你可以什么都看不习惯，但是只要不是原则问题你必须忍，忍到理想实现的那一天，你才能做想做的事情，而这个过程，也需要靠理想去支撑，否则等待你的可能就是管理层不稳定的问题了。

第七道坎：100 个店面，资本力量的介入

国内消费类电子行业零售门店超过 100 个的企业数量，应该是寥寥无几了吧，即使加上通讯行业零售商应该也就是百家左右。100 个店面，已经没有退路，只能往前。这个时候，问题只剩下方向、资本和稳健了。

1. 只应该有一个方向

这个阶段的大方向已经不能再有变化了，一个企业要做什么、不做什么这是已经确定的事情，这个方向要让每个人都能记住。问题在于社会的发展是多变的，趋势也不是一成不变的，我们如何面对各种诱惑呢？

对于诱惑不能置之不理，一定要研究，看看是不是未来的一个趋势。这里有一个常规的做法就是每个公司都应该有一个战略研究部门，这个部门必须有几个专职的来做，也需要一些实权的业务部门定期参与，这些人可以是虚拟的职务，同时也一定需要几个外聘的专家顾问，通过他们跳出思维的枷锁。

一旦研究获得通过，公司就需要有一个决定，或者寄生在某一个部门或者完全独立出来。比如网络零售，当初很多大公司都不愿意去做，因为和自己的零售模式不相符合，等到想明白了再去做，又采用寄生方式，结果失去了线上发展的机会。

也许开一个淘宝的店面不是那么体面，但是你有选择的机会，这个机会你要想到、看到，也要尝试、探索；很多事情的雏形都不是那么特质鲜明和光芒四射，所以作为一家已经有 500 人的公司，我们要目标明确，理想丰满，步调一致，顺应趋势。

2. 寻找资本的支撑

100 家店面，应该回归到按照一个店面的方式去管理了，这听起来不是那么顺口，但是实际上确实有些问题的存在像极了一个店面。你需要提升单店利润率，也需要考虑资金问题。也许这里可以用资本来形容，资本层面的存在一是为了稳健，二是为了当你发现机会时，能有足够的勇气和能力扑上去。所以你可能需要稀释一部分资本，实现良好的现金流，也为不知何时会出现的机会或者危机做好准备。要寻找一家好的资本方，不要在你最困难的时候抛弃你，寻找技巧就是这家公司有没有过不良记录，历史上投资成功率等等，他们在选择你，你也在选择他们。这时国际国内其实都一样，但是我个人还是倾向于机构投资，虽然个人投资比一般机构更值得信任，但是在这种大风险面前以及考虑未来上市等方面，机构还是首选。

3. 稳健大于一切

中等规模以上的企业，看似抗风险能力很强，但也是最容易出问题的。对于管理、业绩都不是那么理想的企业，稳健就显得更为重要，已经度过高增长期的公司，抓稳健增长是一个长期任务，这包含单店盈利、采购成本、管理费用等等细节问题，做得好，就会健康强壮，抗风险能力就大。这方面的道理都知道，但是老板们不愿意亲历亲为做细节管理了，所以说起来容易，做起来很难见效。

线下零售企业七道门槛，用店面的数量来区分虽然不是很科学，因为有的公司 40 多个店面已经有足够影响力了，比如顺电；但是也有的公司 100 个店面还名不见经传，比如一些只拥有单一品牌专卖店的企业。影响力是企业发展过程中的一个无形资产，怎样运作、怎样定位、怎样推出去，都是一种能力，创业者不太重视无形资产，很多公司几十个店面了，店名都没有注册，等突然想去做的时候已经被人抢注了。

同时企业发展过程中也没有及时整理总结过去得失，犯过的错误依旧会再犯，这里面就隐含聚集着危机。只有总结、发现问题、改进，再总结、再发现问题、再改进，企业才能不断进步，这就是优化迭代。这篇文章，也是在日常工作、总结、培训中得来的，以店面数量来区分，只是为了更容易理解，其实这些问题都会随时发生，所以灵活应对才是最佳办法。当然也不要被困难吓倒，勇往直前是一个必选项目。

以上分析，更多的还是现象的观察和总结，对于有店面实践经验的公司来说，也许你们身在其中，不为所知。希望这个总结能够给准备加入零售行业的或是已经从事零售行业的公司，更多启发和思考。

| 第二章 |

开一个百年老店，真的有那么难吗？

苏州顺电一角

一个假期，与友人聊天，说起一个品牌服装店面：服务极其客气，让友人试穿多套衣服，最终推荐的套装加起来1万有余，友人婉拒，对方当即不悦；返回，上网查询，发现均为2016旧款，遂不再往。这是一个典型的国内某一种类型店面，通过服务的包装，高价销售一些不够格的产品，也许能一时得逞，但久而久之，失信于民，最终一定会被市场淘汰。

其实这样的例子不胜枚举，2016年我曾写过的“中关村现状”点击率10万有余，留言几百条，几乎都是抨击中关村的坑蒙拐骗，其实中关村真的有那么差吗？当然没有，中关村在中国改革开放的历史上的价值依旧是值得肯定的，但是就是因为一部分商户不遵守商业的基本道德，影响了整个行业的声誉。而2016年闹得沸沸扬扬的某搜索引擎，通过医疗信息竞价排名，给社会造成了极坏的影响，虽然他也是一个劳苦功高的推动过社会进步的企业，但是因为没有遵守基本的商业价值观，失去了很多人的信任，如果一意孤行，不但做不成百年老店，一旦新的竞争对手加入，估计会消失得很快。

什么是商业的基本道德？商业的基本准则不就是盈利吗？毋庸置疑，商业就是要赚钱，罗辑思维罗振宇就曾经给大家推荐了一本书——《上帝与黄金》，书里说：“如果捍卫自由追逐金钱的权利，连上帝都会站在你那一边，你看这是就商业的本质。”但是罗振宇也提到，商业除了金钱，还有诗和远方。什么是诗和远方，其实这就是商业道德或者说基本商业价值观，这主要包含以下几

方面。

1. 不能违背人性基本诉求 ——追求幸福

人类的发展和延续，是一种自然的规律，人性最基本的就是对于生老病死的尊重和理解，比如人因生而快乐，一些医疗机构帮助不孕不育患者解决了这个问题，从而给人类带来更多的幸福感，就是顺应这种需求；人因老而忧伤、死而悲伤，医疗技术相关的企业能解除人的病痛、延缓衰老、抵抗死亡，就是顺应了人性的基本需求。我们任何商业都不能去颠倒更不能去误导这种基本的诉求，而是应该顺应这种需求，这才是基本的人性价值。有人说这是商业普世价值观，其实一成不变的普世的东西是没有的，不同的发展时期有不同价值观，但是基本的人性需求不会变化，起码能看到的未来是这样。

2. 诚信的基础

管理大师德鲁克说："鞋子是真实的，而利润只是一个结果。"这句话清楚地说明了鞋子、利润、人之间的关系，如果没有人与人之间的最基本的诚信，即使有了鞋子和利润，也是一种非常短暂的行为。诚信是一个企业的基础，如果这个基础不存在了，再好看的也都是空中楼阁，随时都可以消失得无影无综。

3. 合理化的利润

创办企业，不赚钱就是犯罪，所以企业是需要利润的，但是这种利润是需要一种合理的利润，而不是一种无序的暴利，什么是合理利润？其实市场并没有一个统一的标准，一般来说在同行业平均利润范围内适当上下浮动，不引起顾客反感而造成滞销的，就是合理利润。我们很多现代企业，成立之初喜欢商讨商业模式，怎样的商业模式能够带来利润最大化等等，其实商业价值本质上是要高于商业模式，也就是说企业的利润要在一定的价值基础前提下，才有意义。

4. 跟随甚至推动趋势的发展

商业价值，一是要符合趋势的发展规律，虽然眼前的短期利润，对于企业来说也是非常需要的，但如果是希望长久发展的企业，一定不要尝试"倒行逆施"；二是顺势而为，可以说两手都要抓，才能在未来的路上走正路。

5. 符合国家和人民的基本利益

可能这一点会有些太过官方，但却是现在商业发展不可避免的，任何一个国家的商业企业要遵守的商业价值，都不能伤害本国家和人民的基本利益，否则这种企业是基本没有生存机会的，因为其并不符合当前现实的形势和状态。

以上 5 点是一个简单的总结，是有一定顺序和关联的，再回过头来看看现在的线下零售企业，有机会成为一个百年老店吗？机会一定是有的，但是一定要符合以上的要求，成功的概率才会更大一些。

曾几何时，中关村有个别商户，每天下班都要总结一下谁宰客比较多，要分享经验，大家学习，这种畸形的商业价值观，虽然短期能获得一些蝇头小利，但这样的企业注定是不会长久的，所以电商只用了简单的几招，就把各地引以为豪的电脑城打得落花流水，其实我国的电商都还是粗躁的，离电商 2.0、3.0 还有很多的道路，所以线下零售业只要定位准确自己的客户、提供更合适的服务，就还有很多的机会。

其实，开一个百年老店，真的是那么难吗？难也不难。记得第一次去欧洲，就被震撼到了，如果说 100 年前的地铁是人家科技进步，那么 100 年前就在经营的店铺现在还在经营同样的事情，还有那么多全球各地的一代又一代的粉丝，是为什么呢？毕竟他们也经过数次战乱和危机，也早就物是人非，能留下来的其实就是坚持不懈基本的商业价值了。在欧美违背商业价值的企业，很容易被淘汰，比如最大德国米勒面包公司，就因为卫生丑闻而倒闭。

谨以此文，献给哪些正在准备或者已经转型的零售商们，希望在正确的商业价值下能越走越远，真正的能够拥有百年老店，我们有五千年的中华文明，不能辜负我们的文化，更不能让文明的商业价值断送在一些不文明的人手中。

| 第三章 |

只有永恒的服务，没有永恒的模式

成功因为什么？这大概是很多人一直在苦苦探索的，很多研究者将各种创业的成功归结为模式的成功，所以凡事都要总结到某一种商业模式里面。按照西方经济学理论，这是没有错的，因为我们所有 MBA 教学里面，都讲商业模式，这也都作为重点分析的重点学科。现实环境中确实有很多商业模式可以直接复制，比如我们常见的如家、百度、微博；更甚至如“奔跑吧兄弟”等等，都是别人的（有的是付版权钱的），所以我们有时候就认为，成功来自商业模式。

宜家的一个区域

不容否认，成熟的商业模式能够带来丰厚的收益，所以模仿和复制成为这个时代最有效的生财之道。大街小巷，你到处都能见到各种仿制品，几年前一个人做 A 货的奢侈品包包，几年下来也可以买两套房子了；再往前几年去搞山寨手机，也似乎活得很滋润。但是，随着国内法制化的成熟，这条路似乎越来越难，模仿过来的模式，一年两年之后也逐渐衰落，比如“好声音”，除去明星效应，一届不如一届了。

作为这几年不被人看好的消费类电子线下零售商，我们也在到处学习，但是很可惜，一直也没有一个可以直接拷贝过来的商业模式让我们能好好赚上两三年。因为零售行业是一个辛苦活，投资者不爱投资这个行业，年轻的创业者都向互联网飞奔而去，所以这个行业似乎没有特别让人振奋的事情存在。然而这个行业虽然被电商压迫，但大部分还是有点利润，可以勉强糊口，但谈不上优秀的商业模式。

2016年下半年开始，在大家都在讲低谷、迷茫、预期叹息的时期，有几个之前并不起眼的客户突然冒了出来，规模和利润突然就好起来。下面我们来看看，他们是如何做的。

1. 用微信帮助周围的人

大家现在都会用微信，但有这么一个客户，他不但自己用，还召集一个团队，让公司所有人都用得非常好；他不但公司用，还帮助友商也做好，并且都是免费用。但不收费不代表不干活儿，不代表服务质量下降，业务照样一流，帮助人家做好订阅号、公众帐号。由于服务好，这家公司三个月就赚了70多万，服务好，机会也就来了。

2. 一个月销售70台苏打水机

苏打水机，在我国还是一个非常偏门的产品，其实价格不是很贵，但是因为国人的饮水习惯，开始都认为不会被轻易接受。兰州一个拥有五、六个店面的公司，却一个月销售了70台苏打水机，他们没有给任何顾客直接推销过这个产品，产品引进后，第一周并没有销售，而是放在公司几台，让所有店员先尝试喝，然后调配各种饮料，一周后不用介绍，大家自己都喜欢上了这个产品。店面里，顾客进店后，会问一句："先生您是喝点矿泉水还是苏打水？"苏打水在超市七八块钱一罐呢，顾客当然要尝尝，然后顾客就会对苏打水产生好奇，店员自然而然就介绍苏打水机这个产品了。

3. 把服务每一个节点做到极致

昆明一个把店面开在写字楼里的公司，准确地说那不是店面，仅仅是一个提货点或者说售后服务点，但是用人满为患来形容一点也不夸张，据说一个消费者至少要等上半个小时才能结束一单，但是顾客都非常满意，为什么？顾客从进门开始到结束，共分为5个节点，每一个都是一对一服务，还有免费贴膜、免费培训等服务。这种服务其实成本并不高，因为每个人只专职做好一件事，所以服务质量也会大大提升。一旦有投诉，公司总裁就会第一时间获得信息，然后经理级别的跟进都能被看得到。这种模式把服务做到细致化，并且还能够量化，因为服务一个人就能获得3～5块钱提成，所以每个店员都做得非常

热情。其实这家公司也是卖手机、平板、电脑的，只是他们多了一个排队叫号的装置，因为顾客太多了。

这就是最近几年来遇到的事情，一开始他们并没有去折腾什么商业模式，只是一心想把服务做好、体验做好、细节做好，而不是想去赚多少钱，更没有想什么商业模式，在当前的经济环境中，把服务做到极致，让用户拥有满意的价值感，就是最好的商业模式了。

商业模式都是专家们事后总结的成功企业的模型，对于创新和转型的企业而言，盲目的模仿，就很难有大的机会了。只有永恒的服务，没有永恒的商业模式，相信自己，先把服务做好吧。

| 第四章 |

一个月净利 10 万元的零售店面，是如何修炼的

2015 年是数码渠道低迷的一年，但是一部分零售商利润都还是很不错的，有的零售商单店（100 ㎡）每月都有超过 5 万元或者 10 万元的净利，属于这几年发展比较快速的一年。

酷尚的店面曾令风靡一时

大部分零售商利润还不错的原因，主要是因为自身转型找到了合适的方法，店租下降、店面产品组合创新、做自己的OTO、店员激励措施升级、店面管理能力升级等等，不一而足，每个零售商都有自己一些独到的地方，当然要想打造一个月净利 10 万元的零售店面，似乎还是要下一番功夫的。在实现这个目标时，你会发现其实也没有想象那么遥不可及。

先来算一笔账，如果你店面 100 平方米，月租金 5 万元，人工费加杂费共 5 万元，也就是你月毛利要达到 20 万元，按照 15% 的毛利率（亚马逊美国在线毛利率 24%，这是 2012 年数据，2013 年一度达到 26.6%），月销售额需要达到 134 万元，，也就是你每天要销售 44667 元，实现 6700 元的毛利；如果你有 4 名店员，每个人每天给你带来 1675 元的毛利，店面盈利目标就能实现。具体我们可以往下看。

1. 老板要亲自参与管理

零售店面的管理在于细节、在于每一个节点的精雕细琢，所以零售是一个非常辛苦的工作，很多零售公司老板自己不参与管理，结果店面也是盈利的，

但始终不知道如何提升，因为不知道每个节点的协同效应，就没有办法提出有效的改进办法。所以零售公司的老板，不但要去看店、巡店，还需要定期去站店销售，而且不能一个店面只待 15 分钟，需要待持续 4 个小时以上；更需要去各地学习，改善店面的各种服务细节。一个事无巨细的零售商老板，店面的利润一定不会差到哪里。这个过程中再培养得力的操盘人员，为扩张做准备。一个不参与店面细节管理的老板，店面 10 万元以上净利只是一种幻想。

当然有人可能会说，我店的数量太多，事情太忙怎么办？其实忙在很多时候都是一个借口，排名亚洲第一的零售商 7-Eleven 的创始人兼 CEO 铃木敏文，还经常到便利店自己购物体验，感受一线的服务，寻找改进计划，这是零售人的基本功。

2. 店面店租该调整的时候要果断坚决

随着国内线下零售业萎靡不振的发展，很多地区形成一定的关店潮，在这个很多人绝望的时候，就是我们的一个机会，业主只有降低租金才能不至于空置。这时一定要算好账，该关的店面一定要关，即使赔偿租金也需要关店，因为只有关店，才能开成本更低面积更大的店面，每个月硬性费用才能降下来，才能成为当地的一个地标店面，地标一旦成型，就是一个巨大的无形资产。开店的宗旨依旧是位置、位置、位置，其核心思想就像互联网的流量、流量、流量一样。

3. 店面要重视产品组合

一个再优秀的店面，如果给顾客只提供一种型号的产品，也很难保持长期的销售规模，因为一个顾客正常情况下购买单一品牌单一型号的产品机会和数量是有限的，也就是不高频，尤其是消费电子产品。假如将消费者定位于各地的中等收入者（研究发现零售实体店面主要是为各地中等收入者服务的），那么就要研究这些中等收入者客户有怎样类型的需求？把需求分类，这就是店面要做的工作，为顾客提供全方位的需求和服务，才是我们需要一直思考的。比如手机平板、智能产品、影音（音乐和户外）、运动健康、儿童教育、无人机、机器人等等，如果一个店面做足了这方面的功课，想不赚钱都困难。

4. 店面的每一个产品都要自己试用

做店面是为了什么？是为了卖东西给消费者，获取利润。消费者为什么会购买？因为消费者有需求，即使是冲动消费，冲动也是一种需求。那如何让这种需求满足并且满足之后还有喜悦，最基本的就是你提供的产品是有用的、好使的、质量可靠的，当你和消费者成交的那一刻，消费者就不再关心价格，而是产品品质。在这个产品快速更新的时代，如果我们自己都对产品不熟悉不了解，那么即使销售出去，客户使用过程中对服务也不会满意，不满意就不会下次再来，如果你只能和一个客户做一次生意，那就和中关村一样，很快就门前冷落车马稀了。

再做到公司全员熟悉产品，培训是一个很好的方式，但不是最有效的方式。最有效的方式就是全员试用，试用半个月或一个月，产品质量如何就能有深刻体会了。虽然这样试用成本很高，但是把一个自身都不熟悉的产品放到店面，然后卖不出去，这个成本孰高孰低就能了然于心了。

5. 要重视店员的有效激励

店员是店里最不确定的因素，很多老板说店员流失率高、不稳定，这是一个普遍现象，为什么会经常性流失？实际上就两个原因：一个是钱少了，一个是心伤了。对于大部分公司，都没有理解这两点的意义：钱少了，不是说直接给钱，心伤了不是说和老板有仇了。

钱少心伤，主要是公司老板在薪酬上没有采用公平、科学、有激励的方案，我们确实都有激励措施，但是很多不合时宜落后了。也有很多老板怕激励、怕人员流失、怕内部斗争，这都是激励措施没做好，这是一个复杂的议题，有一个总原则，就是在公司运营成本之上的激励，店员收入越高，人员相对越稳定。但这仅仅解决“钱少了”的问题，如果解决“心不伤”，就要让核心员工的利益和店面和公司长期绑定，这里股权、分红、承包等很多形式都可以公开竞聘，能够有效解决公司的人浮于事、能够激励年轻人向前看，而不仅仅是“向钱看”。

6. 要充分利用店面的一天时间分布

一个店面早上 10 点开门，晚上 10 点关门，这中间有 12 个小时。如果把

一天应该赚取的利润分为三个时间阶段，那么你会给前 4 小时分配多少利润？很多老板一定会分配很少，因为这 4 个小时顾客不是很多，这就是一个误区，一共才 12 小时，前 4 个小时白白浪费了，是不是很可惜？

要想办法吸引顾客进店坐坐。顾客当然不会平白无故地进店，所以我们需要创造需求，比如把培训时间、咨询时间、售后时间放在上午，这样不但为客户提供了有效服务，也为自己创造了机会。人群效应，就是哪里人多，人就容易往哪里集中。你一开门就是一群人在店面，一天人气就旺起来了，当然这有技巧，技巧就是摸索顾客的硬性需求，满足顾客的硬性需求。

7. 一定要做 O2O

O2O 是一个趋势，微店是绝大部分零售商最佳选择。

微店是目前最能有效和店面结合，最接近线下零售理念，也是成本最低的互联网扩张方式，微店不一定是商城，还可以做更多的工作，比如预约、预售、评价、分析、促销等等，如果仅仅想是商城，就太狭隘了。

所以大胆的去尝试吧，坚持下来，一定能给你超出预期的惊喜。

| 第五章 |

一个综合门店，可以不卖主机吗？

随着线下零售门店生存压力越来越困难，很多零售商都逐步开始多元化运作，从经营某一个品牌的专卖店，到经营多个品牌专卖店，再到开设综合门店（也有叫品类店、集合店、精品店、数码店、3C 店等等，不一而足）。

乐语 funtalk 店手机陈列区

其实综合门店一般有两种，一种是几个大品牌的整合，或者叫 3C 店，比如苹果、华为、三星、小米等几个主力品牌集合而成的店面；一种是品类的整合，比如一个店面有数码产品、游戏、影音、健康生活、无人机、机器人等等，按照这个类别集合而成的店面，现在也叫潮品店。通过消费者认知和销售潜力梳理发现，前者适合 4~6 级城市，后者适合 1~3 级城市，当然这个界限并非那么明显，但是基本概率是这样的。

3C 综合门店不必多说，主机本身就是标配，自然是必须销售的。但是品类店在业界就存在一些争议，一种是必须要销售主机；一种是可以不销售主机，因为国外，特别是日韩确实有很多成功的案例。

综合品类店是否要销售主机，其实需要看两个方面，一个是店面覆盖区域消费者的消费能力和生活节奏；一个是店面的管理能力，尤其是采购和库存的管理能力。下面就从这两方面做一些详细的分析。

1. 消费者端

日韩的人们工作节奏非常快，收入相对也很高，所以对于消费场所要求就

是能够快节奏，而能够实现快节奏的方式就是细化专业分工，所以他们会有一些非常有特点的综合门店，比如专业音箱店，就是这个店面有各种各样的音箱；比如专业配件店面，就是五花八门品类齐全、分类合理的店面。因为顾客对于产品认知度比较高，他们往往不需要太多的店员，只有几个导购，这些店面其实成交量非常高，因为有一定的规模，所以单一产品本身对店面并没有加太多的利润空间，也就是说并没有什么暴利产品，他们是靠规模来获取常规的利润。

我们来看看国内，除去北上广等一二线城市生活节奏比较快以外，大部分城市生活节奏并没有达到紧张的状态。同理，这些城市大部分人收入水平也不是很高，即使有不错的收入，也要支出房贷、日常较高的生活费用，剩余可供自由支配的收入并不高。加上我国自主研发消费类电子产品还处于探索之中，消费者正在被教育，大家对于一些新兴产品认知度不是很高，购物大部分还都局限在一些有知名度的产品。

在工作节奏、可供自由支配收入和产品认知度等方面，我国和日韩都有相当的差距。

2. 管理能力端

零售店面管理，是一个涉及管理多门学科的行业：陈列学、消费者心理学、标准化管理、团队管理、各种行业趋势分析等等。一个零售商老板，只做专卖店，相对比较简单，因为厂商也会制定一些指导意见，加上型号管理不是很多，使用一些简单的软件如管家婆、金蝶、用友等就能搞定。但是品类店就没有这么容易，光靠一个人很难管理好，因为其中重点就是两块，一个是产品采购，品类店涉及众多产品，不是一个人就能搞定的，即使这个老板是数码迷，也不大可能有各种社会资源，即使找到这些产品，采购成本也很难都有优势；一个是库存管理，因为产品多，仅仅靠一个软件是无法控制好库存的，还需要有一整套快速促销的方法。基于这两点，品类店的门槛其实是非常高的，并非下决心就能做好的。

基于上述两点，一般建议零售商开设综合品类店是一定要做主机，首先主机能够带来一定的客流量，这是比做任何广告都要有效的，而且主机在销售额上能够提升店员的自信心，同时通过主机带动一部分品类产品的销售，降低库存管理压力。正常一个品类店主机销售额应该占店面整体销售额的 50% ~ 60%。

如果一个足够强大的公司希望不做主机，其店面实用面积一定要控制在 200 平方米以内，如果是连锁初创，需要有一定的应急准备金，避免在某一个事件中出现突发的资金风险，要知道大部分国内企业出的问题都是在资金链上，而单纯品类店的管理很容易出现资金问题。

|第六章|

零售店为什么没有人来了

这也许不是一个令人愉快的话题，因为对于零售业，店面是一切工作的核心圈，在这个线下零售凋零和悲伤的时节，这样一个标题，似乎让人难以接受，但只有去研究，才有可能找到突破口，走出困境。

北京一家知名的外文书店

现在的店面，大多建设的富丽堂皇，却少有人光顾，正如建设一个富丽堂皇的坟墓，只有忌日才有人来祭拜。比喻可能并不恰当，但事实却是如此，琳琅满目的店面都是一个模样，华丽却没有活力，只要看过一个店面，就能想象到所有的样子：产品的选择、店面的陈列、店员的冷漠，和墓地能有多少区别？

曾经去某地出差，老板是一个很要好的朋友，最近开了6、7个比较大的店面，大手笔、大投资，兴致勃勃地带我去看他的店面，一个在一个顶级商场的中庭，位置很好，一个月10万的租金，人流量也极大。但两三个店员自顾的玩着手机，行人匆匆而过，半个小时，没有一个行人进店，甚至连一个张望一下的都没有，店员也似乎习惯了，没有半点的不快和焦虑。这大概是现在很多店面的写照，只是大家都不愿意去捅破这层纸，结果机会就这样流逝。

朋友问我原因，难道是风水不好？我回答他：风水的根本是什么，是合适和自然。你觉得你的店面放在这里合适吗？你觉得店面的装修很自然吗？一个既不能成为景点又没有特色的店面，在现在这个注意力经济爆棚的社会，顶多也就是一个摆设，一个商场用来一茬又一茬收去租金的地方，店员的麻木已经让这个店面根本没有任何生存下去的机会了。同时我告诉他，别怪店员，也别怪京东、淘宝等电商，要怪也只能埋怨自己，因为这所有的策划和设计，都是我们自己“功劳”。

现在零售店生意难做是一个不争的事实，我们有无数的理由，说经济形式不好、电商冲击、现在无序的竞争等，这些理由无论哪一条都是无解的。如果仅仅如此，线下零售业真的只有关门大吉了。但假如不是这些理由呢？假如是我们自身的原因呢？

中国现代零售业的发现在30年来都是粗放的，一个老板只要能够谈下一个产品的代理，就有机会赚取额外的利润，店面那个时候至多也就是一个载体，并没有人去研究消费者的变化，即使后来我们重视了，也是模仿。满大街看去，绝大部分电子产品的店面都在模仿苹果，就连小米、乐视、华为这些号称中国创新主力军的企业，开出来的店面，如果不是标识，也看不出来这是卖什么的。说真的，简单的模仿很容易，但是真正去研究的人少之又少，零售圈内的培训师大多没有做过零售，零售圈内的装修，也大多没有经过专业的设计。我们看看照片就能照葫芦画一个瓢，所以我们只能永远画一个既不像葫芦也不像瓢的东西。

所以，零售店没有人来，不能去怪别人，在中国经济整体转型的今天，也需要去思考。如果做一个真正的线下零售人，那么先从最基本的先做起。

1. 装修，要注重创新

模仿并非不可取，而是模仿之后我们要有创新，当大众消费者已经对某一种形式审美疲劳之后，必须给他们一个全新的感觉，这需要去创造，更需要真正的去关心去了解消费者。

2. 店面，有自己的定位和特色

没有特色的店面，消费者至多在有需要的时候过来一下，但这种需要一年也不会发生太多次，鲜明的特色会成为吸引消费者的一大亮点。

3. 店员，要进行专业的培训，也需要有系统的奖惩措施

没有经过培训的店员，不仅不能帮店面盈利，反而会使店面亏损，这不是

玩笑，而是一个事实。当然培训的前提是需要有一个适合现代年轻人的考核方式，通用的绩效考核制度，也许真的过时了。

在体验经济如此大行其道的氛围下，线下零售业还有更大的机会，因为人本身具有社会性，有外出的需求，所以只要你认真、真诚地研究和尝试，一定会有意想不到的机会。

以此文章，希望各位能够尽快摆脱线下零售客流量少的苦恼。

| 第七章 |

开店这么多年，竟搞错了这么多细节

研究零售多年，和几个国外的朋友聊天，发现我们日常的零售细节中竟然有很多 bug，虽然国外的东西不可以生搬硬套，但是借鉴一下，他山之石，还是能攻玉的，到底有哪些细节，我们做的不够科学？

成都上易时代的店面

1. 迎接客户说："欢迎光临"，客户走时说："欢迎再次光临"

"欢迎光临"这样的词汇，已经过时了，因为这是表诉对顾客进店的一种姿态。

应该用"谢谢您的光临"，或者直接用"谢谢您"，表示一种真诚的礼貌，大陆以外地区，对顾客的中文服务一般都是"谢谢您"。当然，如果加上"欢迎光临 XX 店面"，将自己店名加进去，也是一种不错的选择。

2. 装修店面，没有精心设计，而是靠大脑模拟，装修公司比划

装修公司其实只是一个施工单位，不是一个创意单位。

设计公司才是店面的灵魂，虽然只是几张纸，但能决定你店面未来几年的面貌，国外的零售店面，设计费用大都会超过施工费用。

3. 店面灯光昏暗，好像要倒闭似的，其实昏暗的灯光更费钱

开店不是为了省钱，而是为了赚钱，一天电费，也就是一包香烟钱

一个卖场、一条街，最亮的店，就是生意最好的店面，国外对灯光的研究，有专门的灯光美学。

4. 新招聘的员工不培训就上岗，每天把客户往别人家赶，还要给他工资

没有经过培训的员工，执行的是自己的常识，而不是公司的见识。

至少 1 周的培训，才能让一个店员到店面接客，所以请先准备好一周的课程表。美国百思买员工需要培训 3 个月才能到店面做见习销售。

5. 店面没有背景音乐

有背景音乐的店可以增加 15% 的客户，舒缓的音乐可以增加 30% 的销售额。上午，欢快激昂的音乐；下午，舒缓悠扬的乐曲。

在国外，再小的店面，都会有背景音乐，音乐是一个不需要翻译的国际通用语言。

6. 陈列不科学，浪费了大量的墙面和天花板

很多店面 50% 以上的面积都浪费了，空空荡荡。

浪费的面积如果利用好，可以给店面多带来 35% 的利润，即使是苹果直营店面，墙壁甚至吊顶也是被综合利用的，每个店面都配有梯子。

7. 店面每天都在打扫卫生，但是还是一层尘土

懒散的店员，永远都能解释有灰的借口。

打扫卫生，是店面百年大计，不是靠抹布能解决的，靠的是强有力的管理；去看看香港店面晚上 11 点打烊后，他们在做什么吧。

8. 饮水机很好，但是喝水的杯子太 low

你没有能力给客户提供苏打水、咖啡，难道就不能提供一个质量上乘的杯子？杯子其实就是你店面质量的缩影。

喝一杯水，一个顾客可以在一个店面多呆 20 分钟，这个账很容易算。

9. 店员没有统一服装，给你一个乱其八糟的感觉，统一服装是一种专业服务的象征

思考：如果航空公司空姐都不穿制服，这个航班你会觉得舒适吗？

统一服装，是一个店面专业服务的潜在暗示。

10. 赠品质量差

增品差很容易给客户不安全不靠谱的感觉，你见过星巴克用塑料袋给你

打包外卖咖啡吗?

如果一个店面,有赠品,请一定做成一个顾客舍不得丢弃的产品。

零售店面,是一个做细节的生意,列举的零售店面10个容易出错的细节,就是为了让更多的零售商老板能够明白:细节,决定成败。

| 第八章 |

店面缺少一面镜子

见了大大小小很多零售商，大家也就无所不谈，但话题核心依旧是零售店面，他们说店面没有合适的产品，又担心库存太大，所以综合店面开不起来，或者开起来也很难长期运作。可是当你去看了他们的店面，产品还是很丰富的，新颖奇特的东西也不少，和大家的反馈有一定的差距，所以就很困惑，问题到底出在了哪里？

诚品书店的镜子吊顶

不容否认，对于零售商，产品永远是最缺的，每天大家都要思考下一个产品是什么。在目前国内市场上，开一两个品类店还可以，开得多就很困难了，即使老板组织能力没问题，因为每一个不同位置的店面，销售产品都会有差异，都很难做的起来，而且国内监管太严格了，国外产品引进特别是电子产品，需要繁琐的手续。

但是随着自贸区的逐步开放以及国家经济转型，这些困难将越来越小，或者说产品组合在未来某一个时间开始将不再是一个困难。那么还有什么困难或者缺少的吗？以下细节，也许值得大家更多的关注。

1. 缺少一个小板凳

现在的经销商装修店面，不怕花钱，比如苹果零售店，一块玻璃都可以花费 2000 万，所以养成了很多经销商向苹果看齐，装修不惜血本，1 平方米 4000 人民币以上装修费用的店面大把，大家要知道这个价位是国内家装精装修的较高标准，还是包含部分家电的。但是你仔细观察，发现绝大部分店面都缺少温馨的小板凳，这小板凳的作用是什么？比如一家三口去逛店面，如果店面都不给这些客人提供一个安静的地方，那确实很难留住这些殷实的三口之家的。

2. 缺少一个沙发

沙发几乎是现在每个家庭都有的，之所以这么普及就是因为它舒适舒服惬意。作为零售店面，我们是否也需要这种感觉？这些沙发也许不会经常有人来坐，但是却是一种点缀，当然，舒适大方本身也许就是一个产品，如果各位有家居品牌的资源，未尝不是一种跨界的销售方式。

3. 缺少一个茶杯

现在零售业，对体验的理解已经很深入了，几乎所有的店面都会给顾客提供茶水饮料，当然作为必需品的杯子也就是一个极大消耗品了，所以很多经销商都会购买一些相对便宜的杯子，毕竟用完就扔掉了，但是却没有考虑过用户的感受。在店里便宜质量差的杯子会大大降低店面的体验。

所以，能不能用质量好一些的航空杯？能不能在杯子上让顾客有一个选择，能选各种式样的好看的杯子？顾客喜欢也许就在店里购买了，或者积分兑换了。杯子也许不起眼，但是它代表了店面服务的最基本的形象，也许就是细节决定胜利。日本还那么重视厕所卫生，就是为了服务的最基本的体验。

4. 缺少一个涂鸦本

记得几年前去一个遥远的城市，在这个城市的某一个博物馆里有一面留言墙，我就是用便签写下几句话，然后贴上去。去年我又去了一次，还去了那面墙，尽然发现我的留言还在，你说这是惊喜吗？当然是！

如果店面有这么一面墙或者一个精美的涂鸦本，能一直保留着，也许未来回头的客户会越来越多，记忆，最重要的就是被人记住。越是在互联网时代，越容易被人遗忘，如果我们的店面成为很多朋友留住记忆的空间，就能拥有持续的生意，这也许是一种文化的沉淀和延伸吧！

5. 缺少一个跑步机

从 2015 年开始，运动健康类的产品就大为流行，但是如何让客户体验？准

备一个跑步机或者椭圆机，这些产品你也可以通过合作公司提供，在国外，这种也是一种极好的销售模式，是可以提升参与感的场景销售模式。

6. 缺少一面好镜子

这也许是一个不错的创意，目前还没有人在数码产品店面提供，但是如果我是零售负责人，我一定会在店面装上一个大大的分为4~6条形的镜子，这个镜子是有背景的，而且不是一个平面镜，是一个5%左右凹镜子，如果技术足够，还可能是一个智能镜子，这样顾客可以看看配搭的手表是否得体，是否能彰显自己的个性；也可以通过镜子看自己的耳机是否时尚，是否需要多买几个颜色。镜子本身就是一种体验，服装店、鞋店、品牌包的店面都有镜子。只是消费类电子太过注重局部体验和产品体验，而忽视了整体体验和环境体验，不同的环境，我们的消费重点是不同的。

不要小瞧这一面镜子，这是一种对于店面追求的尝试，只有坚持不懈的改变，店面才能焕发生机，这样引进的产品才能有价值。

镜子是小事，把顾客放在心里，才是大事。

| 第九章 |
如何开好一家潮品店？

随着线下零售业的转型，越来越多的零售商选择潮品店来培养自身的造血能力，但是对于长期以品牌为主导，以专卖店为导向的零售商来说，这确实是一个全新的跨越，毕竟专卖店和潮品店的经营模式是完全不一样的，所以对很多零售商都是一个全新的挑战，也是一次大规模的转型。

奇客巴士为女性打造的潮品店

经过对潮品店的更多观察和研究，现根据这一类的店面从规划到开设再到维护来做一个系统梳理和总结，希望对大家、尤其是希望开设潮品店的零售商能够有比较好的帮助。

1. 企划阶段 ——店面定位的全新变化

从想开一个潮品店开始，就进入一个企划阶段，这个企划不是要我们做一个开店的全盘策划，而是需要思考零售店面的定位问题，就是店面为谁而开？我们需要给定位的人怎样的服务？他们又是需要怎样的服务？

定位，现在有人说这是一个传统思维，这个没有错，确实是传统思维的工具，但是定位思维同样也是一个用户思维，虽然是从商家的角度去看，这其实并不影响整体的效果，很多时候传统的工具也并不都是落后的。

我们零售店面，在不同的城市、区域、商圈，所服务的对象是不一样的，有的商圈人群已经经过筛选，有的需要我们自己去确定，这确定的大方向是中产阶级，但这仅仅是理论的方向，需要自己去调研有可能服务的用户类型，可能

主力并非全部是中产,甚至有时候中产阶级一半都不到,这都是一个正常的现象,只要调研清楚,就能通过更多的方式来研究他们的需求,比如问卷调查、周边店面观察、停车场调查等等。

大家对定位、需求的了解一定不要敷衍了事,这是一个店面能否成功的基础,更是一个潮品店能否成功的第一步。一定要做好企划定位的工作,而不是靠拍脑袋和招商者的忽悠,这方面多花一些功夫,未来就能少一些磨合的时间,对于潮品店,盈利时间是一个关键的时间点。

2. 选址阶段——潮品店需要全新的人流支撑

潮品店不是专卖店,专卖店是靠经营产品的品牌拉力来吸引用户,而不是店面本身。现在很多品牌都是有自己的媒体宣传计划,甚至都有自己的粉丝群体,所以,专卖店对于位置要求可以是适当放宽,因为消费者知道去哪里可以找到这个店面(当然也不是说专卖店就可以不重视位置,相反因为品牌商的支持,反而会要更好的位置)。

而潮品店,特别是不经营主机的潮品店,拉力是靠店面的设计、店面的产品组合、店面提供的服务,但是顾客能不能有更多,相当一部分是靠位置,特别是没有做媒体宣传,而是靠自然人流的店面,所以位置就至关重要,目前看能够开好潮品店的位置基本上集中在SHOPPING MALL、商场、步行街区、机场、高铁站、大型社区等地。

至于独立的门店是不是适合开潮品店,就目前经验来看,大部分是不适合的,除非独立门店周边会有比较大的人群流动。如果是跨界店面,可以另当别论。

3. 设计阶段——摒弃专卖店的严肃规范

专卖店的设计,每个厂商都会有自己的一些统一要求,相对来说严肃规范,因为要全国甚至全球统一去复制一种风格,所以设计上其实是比较偏于中立的颜色和风格,比如黑白、蓝黄、原木等,这样更有利于复制和成本的节约。

而潮品店提倡的是一种生活方式,既然是一种生活方式,就需要摒弃那些严肃的规范,要更贴近自由的生活。自由的生活,就是一种轻松、自然、活泼的生活。虽然我们可能是电子类、家居产品的销售,但是这些同样可以平易近人。所以潮品店的设计,千万别认为就是个图标的专卖店式样,这样成功的几率就会大大降低了。

另外我们店面设计一定要请专业的设计公司,不是简单的画个平面图,一定要有效果图,因为平面图的效果是没有办法直接体现的,靠的是想象,装修出来就会出现差异,再去改就会浪费时间和钱。虽然设计费用可能会贵一些,但这是一个必要的流程。

4. 招聘阶段 ——爱好者大过有经验者

专卖店店员,销售的是单一品牌以及附属品;如果一个店员长期呆在专卖店店面,逐步就会形成一种思维惯性,这种惯性一旦形成,短时间就很难改变掉。

而潮品店产品繁多,同样的面积,SKU 是专卖店的 2–3 倍,并且是不同品牌,不同关联,可以满足一个顾客不同的需求,这个时候,我们如果还是招聘一个只有主机类销售经验的店员,往往不能满足顾客多样化的需求。那我们需要怎样的店员呢?简单的说就是招聘一个数码产品的粉丝作为店员,如果学历再高一些、颜值突出一些、亲和力强一些、人更阳光一些,那基本上就不会存在太多的问题了。

当然再好的店员,也要做好入职培训,店面的管理也需要非常清晰的节点管理,通过节点管理,改进服务质量,也比较有利于考核,这样离成功就会更进一步。

5. 产品选择 ——熟悉消费者的需求

店面的首次产品选择应在店面装修之前,因为设计师如果不知道店面销售什么产品,是没有办法设计出来一个优秀店面的,并且这种选择还不能是很笼统的选择,最好把店面的具体产品定下来,因为即使是一类产品,陈列方式也是有区别的。

那么怎么选择产品呢?对于潮品店而言要求比较复杂一些,一方面你要知道上游会有哪些产品可以供你选择,这一点已经对采购要求很高了,现在是

信息化社会，也是智能产品爆炸式发展的社会，我们需要足够的交际圈子才能发现更多的产品，当然现在也有一些专业的整合网站，能够降低我们采购的难度；另一方面，我们需要充分了解消费者的需求，这一点相对比较难，因为定位之后，就是选择产品的开始，我们需要将定位的消费者的需求分门别类，选择排名靠前的 10 类需求，以此进行选择产品就会更加有效。

一般来说，我们将这种需求分为 20 类对应的产品：音箱类、耳机类、摄影摄像类、健康生活类（按摩设备、红酒设备、饮水设备、血压血糖检测类等）、常规配件、功能配件、无人机类、机器人类、智能家居类、穿戴式电子类、交通工具类、虚拟现实类、儿童教育类、智能微投类、创意生活类、出行设备类（比如背包、手袋）、文创类、智能乐器、游戏类、运动类、汽车电子类。

当然以上的分类方式还是很粗放的，具体分析还需要更多的研究。这里有一点需要提醒，现在基本所有的产品都是线上线下销售，我们理想状态是线上打价格，线下能有很好的利润，但要有一个心理准备，因为这样的产品并不是很多，很多厂商可能会将线上线下产品区分，但是依然无法改变线上偶尔会有低价的情况，因为国内有上万家中小电商，还不含淘宝供货商，所以这种事情防不胜防，只能协调厂商去处理解决。我们一定要正确认识这种事情，因为如果一个产品线上都没有销售，那线下也基本上没有什么机会，这大概就是各有利弊吧。

另外产品采购，很多公司都是操盘手负责，操盘手有一个最大的特征就是在执行公司的策略要求基础上会更严格要求供应商，所以就很容易对供应商提出比主机采购更为苛刻的条款，比如账期、样机支持、退换货、甚至是铺货代销等，这样看似采购的产品没有风险，但一些优质的产品你就不可能引进了，因为你单店采购金额不大，也不可能有更特殊的价格支持，很容易造成店面只采购二三流产品。

产品选择和引进是一个关键工作，但是往往公司老板是没有时间参与的，因为毕竟 90% 以上的销售额是主机，所以精力放在主机上也可以理解，但是一定要改变采购思维，否者 2–3 年的亏损也是很常见的，如果遇到一些还有小心思的采购,你能找到合适产品的几率就更小了。

6. 考核设计——多样物质奖励加精神鼓励

潮品店的管理层和销售人员考核,不能完全照搬原有的考核体系,一定是创新的多样的方式。但是无论是哪种创新,基础都是物质奖励+精神奖励,作为一个老板,在这一点上,需要下更多的功夫,现在推荐几种方式,也许大家能用得上。

(1)利润提成:给予销售员店面产品底价,完成销售额后提成一定利润比例,这里面主要注意不是销售额提成,而是利润提成,效果就是要做到让销售员自己每天能够算出自己能赚多少钱。

(2)新品上市奖励:这样有利于新品牌的引进,奖励额度视产品本身利润来决定,当然也需要参考公司考核,一般为利润的10%~30%,不超过30%。

(3)团队激励:以店面、部门、小组为单位,进行集体活动经费奖励,他们可以累积使用,这种激励对于小组织非常有帮助,但是要有负面清单,比如违法乱纪、喝大酒等,不可以使用费用。

(4)精神奖励:要有年度排名,有条件的可以是半年度排名,一定要给予奖状;日常可以设立一些精神奖励机制,比如助人为乐奖、培训奖励等,方式一定要多,式样要年轻化,这里举的例子已经是比较老旧的方式了,要多听年轻人的建议。

无论是物质还是精神的奖励,都需要有规划,当然特殊的非常规的奖励也可以用,但是一定不能过多(最多半年1次),否则会有不公平的嫌疑。现在的年轻人更希望获得尊重,让他们有更多的参与感,会更有效果。

7. 宣传阶段——新媒体社交化的全面应用

潮品店因为产品比较分散,如果店面本身又是一个新店面,知名度一定是不够高的。在现在信息爆炸社会,如果完全靠自然客流,一定会有一个漫长的等待,这种结果可预测性就会大大降低,所以我们需要学会宣传。

而新媒体的宣传,是必然的首选,什么叫新媒体?就是社会化媒体、数字化媒体。当然我们可以请专业的公司去运作,这样效果会更好,但是当前的零售

业状态，真的能够愿意或者请的起专业公司的，应该不是很多，所以就需要我们自己想办法学习、自己去折腾，那么怎么做呢？

首先我们需要了解哪些是新媒体，常见的如微信、微博、人人网、今日头条都叫新媒体，通过这些社交化宣传，能够给店面带来有信任背书的宣传。当然流行方式可能会越来越多，比如直播，一定要及时跟上，用符合社会潮流的工具来宣传。

其次，我们要研究这些新媒体的规律，就是他们是如何传播的，哪些东西传播更容易被接受，我们反过来在店面再做调整，比如我设计拍照的潜意识地点，给消费者更多的分享的机会。

最后，我们要充分发挥公司员工的聪明才智，不仅仅要集思广益，更需要通过大家的积极参与，推广新媒体宣传，这样做同时也能够给我们带来更好的团队凝聚力。

所以，对于我们开设潮品店的零售商来说，新媒体、社交化的宣传是必不可少的，也是需要我们去重视，并且一定要去持续的尝试的，毕竟现在已经是移动互联网时代，一个企业也是必须跟上这个互联网时代的趋势的，趋势大于优势。

8. 复制阶段——标准化和灵活新 8/2 法则

潮品店对于很多零售转型企业而言，开设第一家并非最终的目的，而是希望能够实现连锁管理，达到规模化效应，这无可厚非，但是如何才能够实现复制呢？这就必须说到标准化，只有标准化，才能有更高效的成功复制。

但是标准化和零售店面本身追求的灵活化是有一定的矛盾的，因为每个店面位置、周边人群、店员素质能力都不同，如果 100% 的标准化，就是机械地照抄照搬，这样就会显得很官僚模式化，也是一种简单粗暴的管理方法，这不是我们所追求的。这里给大家推荐一个常见的办法，就是 8/2 原则，80% 标准化管理，20% 灵活度，什么意思呢？简单的说，就是开第一个店面的时候，我们需要总结店面的每一个流程，并优化打磨成一个大家都能认可的方式，80% 是固定的框架内容，20% 给予店面灵活自由度，这样就能使每一个店面既有标准化，又有灵活度，每一个店面都有自己的特色和本土化。

当然如何控制这20%不失控，最简单的办法就是设置负面清单，所谓负面清单就是列举规定哪些是绝对禁止的，禁止以外的都可以尝试。这能够避免店面权利滥用，又能保证一定的创新和灵活度，当然这种清单需要不停的优化，而不是简单的一成不变的提纲。

9. 触网 —— 网上虚拟商店的开设

潮品店开设，本质上依旧是传统的实体店面，只不过开店思维和专卖店有不同，运营和管理也有一定的区别，属于商业逻辑不同，但是还都是实体店面，所以很多管理思维还都是相通的。

所以对开设潮品店的老板需要考虑网上虚拟商店的建设，这个有一定的难度，毕竟没有什么成功的案例，但是传统+互联网是一个大趋势，又是我们不得不做的事情，因为这就是趋势，所以这也是我们所有潮品店老板必须要认真考虑的事情。建议先从微信公众帐号开始，建立一个以服务为主的网上商城，这对于店面的发展将会有助推器的效果，是需要去勇敢的尝试的。

开设一家潮品店是最近几年的趋势。2016年全国真正意义上的潮品店超过200家，到2017年新开店面预计会超过1500家，2018年出现井喷式增长，这是一个大趋势，我们需要关注、了解、研究、尝试。希望更多正在零售转型或者计划进入零售行业的老板们，能够静下心来，仔细研究、认真琢磨、相互学习、大胆创新吧。

| 第十章 |

潮品店成为趋势，但同质化严重怎么办？

潮品店俨然成为潮流，但是一个新的问题又出现了，就是同质化严重，应该如何应对同质化？

台北设计师品牌店展示是未来的趋势

不容否认，如果你关注线下零售店，你就能发现每家店的装修风格越来越像，产品越来越同质化，同时不可避免的开始“价格战”，特别是在同一个城市，很容易让消费者失去兴致，又重新回到线上。这确实是一个大问题，一个你我都不能逃避的现状。

有的中国人，喜欢在一个发达的加油站边上再开一个加油站，这是众多文章喜欢描述的现象，其实就是有些人本身创新精神差，只是喜欢山寨和模仿，本质学不到，但照猫画虎还是会的，所以我们就会发现很多店面越来越像，这是原因之一。

另外因为上游厂商思维并没有多大的变化，这个社会竞争的实质还是规模和利润，要想活下来，你就需要有规模和利润，特别是没有资本推动的企业，更看重眼前的利益。这种压力下，他不可能把产品在一个城市只给一个店面，也不可能仅仅是线下，有这种严格管理和零售划分的公司凤毛麟角，所以如果你是爆款，一般不会超过一个月大街小巷就路人皆知了，加上工业化生产的便捷和超现代化，什么产品都能够快速被复制，当所有渠道都介入时，虽然同质化了，但是上游厂商短期获益了，这种矛盾其实大家都懂，但是却少有人愿意去打破，这不是勇气的问题，而是整个社会还没有出现更优质的生态模式。

当然还有一个原因，就是我们自己开的潮品店，本身并没有核心的店面文化，那种不可被模仿的价值并没有沉淀，甚至我们自己的店面本身也是山寨别人的，所以被人过来拍几张照片回去复制一下，产品找一下上游，只是名字不同的潮品店就出现了。

其实我们现在很多老板开潮品店，是想逆天改命，因为大家都知道虽然专卖店还能盈利，但是总会有一个边界。

逆天改命的同时要想避免同质化，起码做的以下 6 条。

1. 店面设计

我们现在很多潮品店设计，依旧是装修公司靠一张平面图，靠老板的规划和拍来的照片模仿装修的，其实并没有整体感，更谈不上设计感，并且我们还会给自己找理由说："外星人的蓝黑和苹果的原木色不可能搭调"，其实这就是不了解设计。比如 LV 的每个店面都与众不同，是因为每个店面都是有精心的规划和设计，市面上也有各种模仿，但是能够模仿相似的从来没见到过。

当然设计需要费用，这不可否认，设计本身也是门知识和科学，优秀的设计师的作品也是具有知识产权的，所以你只看奇客巴士漂亮，却不知道奇客巴士的设计师是浙江知名的书店设计师，每个细节都是有用意的。

店面设计，不仅仅需要找一个优秀的设计师，还需要这个设计师非常了解产品、了解零售、了解未来的发展趋势和年轻人的购物习惯，这样的人确实不多，所以一个只会做家装的设计师是很难做好零售店的设计的，术有专攻，还是要擦亮眼睛，找一个专业的零售的设计师。

2. 买手制度

如果说设计是框架，是基础，那么产品就是中间的筋脉，五脏六腑有自己该有的位置，乱套了既不好看，也不实用。但是如何采购那些支撑店面实际销售的产品？

一般的采购就是找供应商，有的是直接的厂商，但是大多数是总代或者二代，在目前的大环境下，厂商直供需要你有足够的实力，否则你拿不到合理的价格。这些是通行的做法，但这也就造就了同质化严重，因为任何厂商和代理

都是要追求规模，所以一定会想法设法让更多的人提货，无论是线上还是线下。当然靠谱一些的会有一定的规划，比如城市独家经销商，但也一定会要求你承诺一定的销售量。

所以产品同质化是一个不可避免的状态，也是一个共性的问题，因为大的生态体系没有变化。

目前产品端同质化唯一一个解决办法就是买手制度。买手制度通过买手精准的眼光，提前预测未来流行的趋势，提前布局采购，可以给店面带来持续的新鲜感，国内的谷阳、微缤等都是买手制店面，所以每次去，都会有不同的感觉。一般来说一个店面每个月需要有 5% 左右的产品更新率，一个季度有 20% 的产品更新率，并且每个季度格局微调一次，店面就能够保持新鲜感。

买手制度的店面也会存在产品积压问题，需要制定出严格的库存管理规定并执行，当然不要去做一家商务条款公司，这样只会把好产品拒之门外。

3. 线上建设

现在社会，顾客都是流动的，甚至是大规模的流动，在特殊的消费区域，比如机场、高铁站，顾客更是随机的，这种随机性的顾客，基本上是以冲动消费和痛点消费为主，客单价格一般都不是很高。所以在同质化严重的今天，我们需要有一个不同的线上平台，为我们的顾客提供无缝的全天候的服务。

我们的潮品店面目前大多数并没有线上平台，最多有一个阅读量并不是很高的公众号，更谈不上和顾客的互动。不容否认，线上平台，对于我们绝大多数经销商，都是一个完全陌生的领域，需要从头学起，甚至还不一定能学会，因为现代知识已经急剧膨胀了。

但是线上平台又是一个我们不能做半点让步的平台，因为只有做好线上平台，我们才能聚集人气，我们才能建立自己的池子，有池水才能养鱼。

如何建立自己的线上池子，一般就是三种方式，自建、和电商大平台合作、和专业平台合作。第一种方式成本相对比较高，后两种可以根据自己的状态做一个适合自己的选择。

4. 特色服务

一个零售店面要被记住其实并不是很容易，特别是同质化的今天，会有很多店盲症（类似于脸盲症），那么怎样才能被记住，就是要有和人有关的特色服务。

何为特色服务，既然是特色，就是超出一般人的想象的，但这种服务不是以形式取胜，而是以细节取胜，比如海底捞火锅的等候区域服务、菜品半份服务等，我们零售店面也需要提供与众不同的服务，形成自己的特色，比如代写祝福语、礼品包装、免费清洗等服务，都是特色的服务，当然我们还可以有更多的创新，比如现在流行的唱吧、照片冲印等。

特色服务要坚持，持续的坚持容易形成一张脸谱化标签，这就更容易被顾客记住，并且优质的特色服务很容易被口碑传播，这种有背书的传播，更容易将店面变成一个有个性的店面，即使产品上依旧会有一定的同质化。

5. 社群活动

物以类聚、人以群分，随着互联网的发展，社交、社区、社群呈现多种发展形式，成为各大互联网公司争相研究和尝试的基础方式。其实作为线下零售商，如果我们能够运用一定的互联网工具和社群的活动，就更值得去思考和推广。

社群可以按照顾客的类型，通过线上或者线下活动来组织，因为相同爱好的人总是愿意在合适的时候聚在一起，这是人类的天性，如果我们能够将社群活动做大做强，店面的顾客粘合性就会加强，老客户的增多和复购率的提升是店面保持基业长青的保障。

6. 店面品牌化

店面品牌化是一项长期的策略，这种品牌化不仅仅包含店面的整体形象设计，也包含店面的服务。品牌化不是一蹴而就的，就连基本的商标注册，都需要两年左右的注册期，但这是零售店面超越自己的一个关键。

目前看我们的零售商品牌意识都已经比较强，大多数店面名称都已经注册，这里需要提醒的是除了高端奢侈的定位，不要单纯的使用英文，因为识别

度不高，容易被错过。

同质化是一个发展的过程，并不是我国特有的问题，任何国家在经济发展到一定阶段，都会有这个过程，后来因为竞争的加剧，又开始拥有各自的品牌和个性，所以我们不用惧怕和担心，只要我们把创新之门打开，潮品店依旧是潮流之地。只要能够结合互联网工具，就能更好地突破现状，实现转型成功。

第三部分 新店面

潮品店

潮品店的弄潮儿宏图 Brookstone

缤纷世界的一个秘密花园长沙微缤

垂直细分的专业典范声音小镇

Apple Store 再掀店面体验革命

通讯行业转型的先行者话机世界

一路探索的潮品店美承 chonps

综合品类店面的鼻祖 Drivepro

西北务实的创新践行者兰州万能

零售界的常青树大连拓金

如花似锦的论潮创意生活馆

锐意创新的 LFS 武汉联发世纪

蜕变中的通讯零售店乐语 Funtalk 北京爱琴海店

小而美的武汉糖潮

似店非店的 INNOBANK 创意银行

美轮美奂的奇客巴士

异军突起的创意先锋 DOUBWIN 达宝恩

顺电的快与慢,从卖场到一种生活方式

小城故事多的芜湖 A+ 智生活

专卖店

超越视野的大疆无人机专卖店

苹果 Mono 店的现状和未来

小米线下实体店的秘密

潮品店

| 第一章 |

潮品店的弄潮儿宏图 Brookstone

2016 年 1 月，传言中 Brookstone 在南京开业了，这个宏图三胞收购的美国新奇特产品连锁店，终于登陆中国。媒体报道说开业首日销售 900 万元，当然依照中国电器连锁企业的风格，搞搞促销，900 万并非一个天文数字，所以惊讶一下就没有去看，直到有一次路过，看到了才感到震惊。

Brookstone 是美国的一家以销售新奇特产品闻名的公司。1965 年，美国机械工程师皮埃尔 (Pierre de Beaumont) 通过一本 24 页的黑色广告向一些爱好者邮购销售他们喜爱的“难找的工具”(Hard-to-Find Tools)，这些“难找的工具”是他本人设计制造的新奇工具，而 Brookstone 是他的农场名。2014 年，三胞集团与赛领资本、GE Capital 联合收购了已经拥有 300 多家店面的、美国总统每年挑选圣诞礼品的 Brookstone，现在更是将这个美国新奇特产品品牌和渠道品牌商正式带到了中国。

一、水游城店位于这个 SHOPPING MALL 的一楼，具有以下的特点

1. 沉浸式店面陈列

整个店面按照功能场景设计，进入店面可以体验到不同的生活空间，红酒区域、床上用品区域最为突出，通过沉浸式产品体验，让顾客不自觉的有购买的欲望。

2. 无处不在的痛点设置

Brookstone 产品，整体上价格不贵，很多产品的设计理念是解决消费者的

痛点，应该说是一个痛点一个产品，这样就能够降低单个产品成本，特别是自有品牌的产品，这一特征更为明显，即使是引进的新奇特产品，同样也是如此。解决一个基础痛点就是一个产品，要想多元化，可以逐步增加不同的组合，这样既可以降低首次购买的压力，也可以让消费者多次来到店面，让消费者消费的时候没有太多的压力，就能绑定消费者。

3. 爆款产品的推广

定期推出一款潮流产品，作为爆款去推广，这一点类似 KFC 在不同季节推广不同的儿童套餐，这种做法就是保持店面的新鲜感，也能让消费者有一种实惠的感觉。这种时尚产品能够起到激活消费者的作用，保持消费者活跃度，是一项非常重要的店面指标。

4. 从工厂到店面的供应链差异化

这应该是 Brookstone 的一个特色，因为他的创立就是为了销售自己设计的产品。随着店面增加，Brookstone 研发能力增强，就可以设计各种符合市场需求的特色产品，然后从工厂直接到店面，这样就能有效降低成本，同时也能够实现供应链的差异化，人无我有、别具一格。国内几乎所有的数码产品零售经销商都没有能力做到这一点，这不但需要足够的市场敏锐度，也需要足够的数量才能降低成本，另外对于店面共同执行能力、协调能力都有极高的要求，传统的供应方式都无法有效解决这个供应链整合难题。不过互联网的众包、众筹方式也许是一个很好的尝试。

5. 超乎想象的店员热情

国内很多零售门店最大的问题，就是店员的冷漠甚至会不自觉地把消费者赶走，但是在 Brookstone 这一点完全不存在，店员的专业以及热情、友好让你觉得在店面真的是一种享受。据说店面招聘的都是数码产品的粉丝，从而让门店从原先的销售渠道变成了体验与互动的平台，店员也从推销员、导购员变成了玩伴、行家和朋友，他们与消费者探讨各种新奇特产品的玩法和乐趣，一起分享、感受世界前沿科技的各种炫酷和惊喜，进一步让消费者实现 easy surprise（容易的惊喜）。

6. 全方位的销售服务

从进店体验，到购买，再到提供快递服务，100 元就可以免费顺丰快递到全国各地，这个小小的服务，可以让你把在店面发现的惊喜快速分享给不在身边的朋友和家人，这样其实也是一种广告效应，让很多还没有开 Brookstone 店面的区域的消费者，也能享受到一种别样的服务，这不是一个很好的策略吗？另外所有店面快递竟然都有电话回访，这是一种比较贴心的服务。

7. 互联网技术的深入运用

店面有一个大约 60 寸的显示屏，显示的是网站上或者即将推出的产品，因为店面再大，也不可能陈列所有的产品，消费者可以现场预定，也可以收藏网址或者关注微店自己回去预定，甚至在美国的一些正在众筹的产品，也可以在这个网站上预订，解决消费者不方便直接在美国预订的问题。微信等多种互联网技术的应用，让店面具有科技感和高效服务的同时，也让 Brookstone 可以在后台搜集分析更多的数据。

毫无疑问，Brookstone 是一个优秀的店面，也是潮品店的一个勇敢的尝试，值得长期的关注。

二、Brookstone 给中国零售业带来的深度思考

（注：本篇文章写于 Brookstone 开设第五家店面之前）

上篇：不一样的理念，带来不一样的风格

Brookstone 已经在中国开设了 4 家店面，很快第 5 家店面也会在苏州开幕，未开先热依旧如之前 4 家，虽然有人说这是一种炒作，但是在国内线下零售业如此低迷的大环境下，即使有炒作的成分，也是一个成功的样板，毕竟真实的顾客就在那里，他们的欣喜和购物，不是花钱能够买来的。虽然他们还有很大的改进和迭代空间，但是对于我们正在转型中的零售企业而言，已经是很好的学习对象了。那么像宏图三胞这样的传统零售企业是如何做到这种转型的呢？

下面，我们就来看看 Brookstone 和传统零售店面具体有哪些不同，相信对正在转型中的零售企业，无论是数码店面还是通讯产品店面，甚至其他任何传统零售店，都是一种有益的借鉴。

1. 店面经营理念

Brookstone 与传统店面相比，一种是创造生活方式，一种是产品销售，这是一种本质上的理念变化。Brookstone 整体是一种体验的氛围，进入店面感受最多的是每一个产品都可以体验，而且有专业的店员告诉你如何体验，不存在被推销的感觉，即使你不购买，也不会被店员冷脸相对，而是欢迎您再来体验。

店面整体上更讲究细节，美观度和舒适感超过任何传统电器连锁店，特别是上海店面，桌子的高矮搭配都非常考究，说明他们有过深入的研究和改进。而传统零售店，更多的是以销售为唯一的目标导向，引进产品更重视投入产出比，目标导向就是看业绩，忽视了顾客的内心感受。以销售为中心，在物质相对短缺和信息不透明的时代还有机会，但是在现在互联网下极大透明性趋势下，已经明显过时了。

体验式销售讲了十多年，从最初简单的可以看、可以听的触觉体验到现在情景式体验，其实都过于强调销售，都是从零售商自己的角度出发来思考，忽视了从消费者角度去思考的。很多时候消费者逛店是没有明确的消费目的的，既然没有这种明确的目的，他们更重视舒适和愉悦，如果还能有一点点惊喜，那就足够成功了，Brookstone 很明显是做到了这一点，他们成功地挖掘了消费者潜在的需求。

所以 Brookstone 给顾客创造的是一种休闲的、容易的、惊喜的生活方式，而不是简单的一个销售店面，这种经营理念的转变，是值得我们所有零售商思考的。我们开店是为了给消费者一种怎样的体验感觉，是一种以产品为主的销售店面呢？还是一种可以经常来逛逛淘淘宝的生活方式？

2. 店面的陈列方式

红酒酒具专区特写

红酒酒具专区

因为经营理念的变化，所以 Brookstone 店面的整体陈列也是有别于传统店面，在上海的店面非常明显的区别就是以专区陈列为主导，实现自然的过渡。

专区陈列的好处就是，让消费者能够在不同的区域产生不同的需求，因为目标消费群体的需求是多样化多层次的，专卖店只能满足消费者一种需求。这种专区陈列目前已经有很多零售商在尝试，其实原来的传统家电连锁也有一部分是专区陈列，但是之前的专区陈列以产品为导向，就是产品的堆砌，没有舒适的体验感觉。Brookstone 的专区有更多的无差别体验，这种体验能够让消费者更深入了解一个产品的实际价值和产品优势，所以更具有积极的意义，而更多的专区，就能激发更多的需求，产生出一种连带的价值，这种价值针对目标群体就能够实现一种几何式的增长。

学习专区相对比较容易，但是如何实现专区之间的陈列过渡就是一门学问了，Brookstone 采用的是由易到难、由简单到复杂、由轻度体验到重度体验的的模式，其实就是模仿一种人对于新事物的接受过程的心理反应。这种自然的过渡需要对产品非常熟悉，同时也需要非常了解目标消费者的心理状态，这种方式更是需要我们去深度理解的。

所以我们建议每个区域的零售商一定要研究自己店面所覆盖范围的消费者的细分习惯，这种分析可以从店面地理位置、消费者定位人群、消费能力、年龄层次等进行综合分析，这对于我们研究专区陈列具有非常重要的价值，因为单纯地模仿另外一个店面，不了解背后的因果，就只能模仿到外表，很难理解到本质。

小夜灯特别陈列

3. 店面的店员管理

Brookstone 店面的店员都非常年轻，目测大多数都是 90 后，按照目前一些专家的反馈 90 后是非常难管理的，但是在 Brookstone 店面，店员都是非常热情的，并且不厌其烦地帮你解决各种问题，虽然个别店员可能热情过度，但是整体上，还是让人乐于接受的；所以 Brookstone 的店员管理，应该有一套非常有效的方式。

据各种媒体报道以及和店员聊天了解到，他们在上岗之前都经过严格的集训，并有过到老店面实习的经历，这种培训虽然没有 3 个月时间（美国百思买新店员需要接受 3 个月的培训），但是效果还是非常明显的。大家都知道我们很多老板为了节约成本，一般都是今天招聘明天就上岗卖货，结果有很大的机率是招聘了一个“帮”你把顾客拒之门外的人，所以 Brookstone 这一点还是非常值得学习的。

但仅仅是培训并不能解决对顾客热情问题，招聘选人的理念和考核机制，才更容易激发一个人的热情度。去过很多次 Brookstone，发现他们的店员大多数偏于感性，感性的人，更容易做一个成功的店员；同时他们招聘的店员，经过观察发现大多数都是智能数码产品爱好者，喜欢一个东西的人和不喜欢一个东西的人，培训的结果是完全两样的，一种是主动，一种是被动，哪种效果好自然就清晰了。据了解，Brookstone 要求店员必须是本科以上学历，最好是没有从事过销售经验的年轻人，这种要求已经远远高于业界标准了。

而考核机制透明化能让店员更清晰自己的价值，有益于将业绩和结果挂钩，这种激发效果会更加明显，当然这种机制的标准不一定就是销售额，还可以是服务态度、投诉率等等。据了解 Brookstone 对店员的考核最重要的并不是业绩，而是顾客体验，这恰好抓住了时下中产者的核心诉求：我不希望随

波逐流，但我需要适合我的生活方式。什么是生活方式，那就先从体验开始，所以 Brookstone 的考核是以抓住顾客需求为核心。

线下线上结合专区

4. 店面的产品选择

Brookstone 店面的产品选择还是非常有讲究的，刨除常规的主机和因为店面太大需要的一些流水，核心产品选择具有高度的技巧，分为以下 4 类。

（1）新奇特的单一痛点产品

啤酒设备专区

这是 Brookstone 店面的主流产品，应该说随处可见，这些产品的特点就是功能简单，一个产品只能解决一个用户痛点，所以价格也相对便宜，同时质量也容易控制到最佳状态，这样很容易让消费者产生冲动的消费。一个消费者进入一个店面产生购买行为后 1 个月内再次光顾的机率是 90%；而一个消费者进入店面没有产生购买需求，1 个月再次光顾的机率只有 10%。所以这种性价比高的，又能解决痛点的产品，主要起到了维护客流量的作用，也解决了客户复购的问题。

（2）高科技产品

去过 Brookstone 的人应该会有一个很深的印象，就是机器人专区在一个比较好的中心位置，这个专区产品有大量的样机陈列，并且吊顶也是采用科幻式变化的灯光和云石，很容易给人高科技的科幻感觉。

机器人专区

高科技产品很多，比如无人机，那为什么是机器人专区？原因很简单，机器人容易上手操作，并且一直是科幻电影的主角，是既具备了科技含量也具备了眼球效应的产品，虽然现在消费级机器人产业还不是很成熟，但是还是有一些相对成熟的产品，比如积木机器人、儿童学习机器人等。其次机器人深受年轻人以及儿童的喜爱，有这个区域，可以吸引到店的儿童，下次再路过，一定还会进来再看，家长也乐意，没有危险又能增长知识，何乐而不为，这也恰恰就是 Brookstone 需要的效果。

高科技类的产品一定要采用多品牌专区陈列的方式，一定要有足够的样机体验，这样才能够形成聚集效应。

（3）生活必须品

Brookstone 上海店有很多生活家居产品，比如枕头，据说还是非常畅销的产品，为什么店面要推广这样的产品？

生活用品专区

这一类产品在中国市场是一种暴利产品，一个保护颈椎的记忆枕头的售价动辄上千元起步，但成本没有那么高。Brookstone 通过全球采购自然就可以降低这种成本，低价优质也是一种购买力旺盛的必然条件，还有很多这类产品值得我们去挖掘，这一部分，整体上应该是我国市场大环境所致，只是 Brookstone 发现了这个机会而已。

（4）难找的工具

难找的工具本身就是 Brookstone 起家的本事，所以这一块的引进，更是为了体现店面原汁原味的美国特色，因为随着我国中产阶级的兴起，这种需求也将日益旺盛，这也是长尾理论的体现。

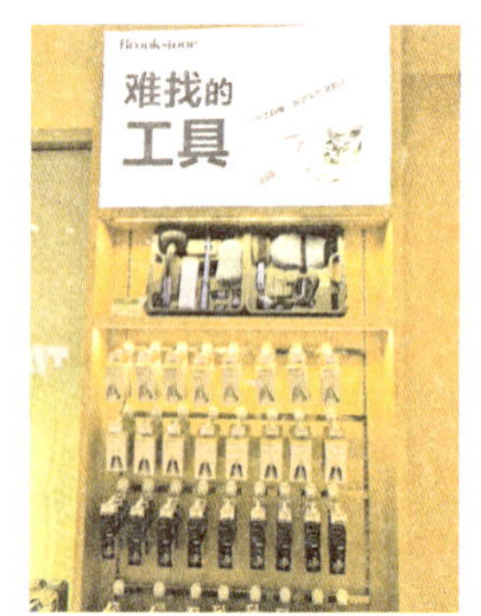

难找的工具区域

当然这些设计功能强大并且专业的工具，在国内本身也确实比较难找，如果去网络海淘需要比较长的等待时间，对于急用的人来说，是没有这个耐心的，而零售店面销售最大特点就是现场购买现场提货，这一部分应该是在 Brookstone 中占比不大、但是利润相对优厚的区域，当然对于急需的人，这点费用是不会在乎的。

Brookstone 店面产品也不都是这些新奇特的产品，但是所有产品在品质把控上是高于行业标准的要求的，而不是一个价低质量堪忧的小众品牌，说明他们对产品的选择一直遵循自己的原则。

下篇：创新，从零售最基本的趋势出发

Brookstone 零售店面有众多的创新工作，虽然有的看起来很不起眼，但是大多都是沿着零售业未来的发展趋势去尝试的，有的是前无古人，有的是迭代优化，但是无论哪一种，背后都有深刻的创新意识。

1. 店面的线上尝试

Brookstone 发布过一款虚拟现实版本的在线零售店，是一种全景店面，可以像在真实店面一样，点开某一个模拟区域就能看见这个区域的产品，看起来就像自己在逛真正的店面，这是一种大胆的尝试，虽然打开体验性还有待提高，但是只要是尝试就是值得表扬的，因为没有尝试就谈不上优化迭代。

个人与家庭综合解决方案区域

其实这里要说的不是这个虚拟商店，而是在线网络销售平台。目前 Brookstone 并没有大力推广，因为店面数量还不足够多，所以这个阶段的所有尝试，都是一种非常有益的积累，会给未来的推广带来更多的经验，而且一旦拥有足够的店数量和会员，就能创造一种全新的生态价值，这种生态价值对于 Brookstone 来说就是一种引领未来的竞争力。

店面的线上尝试，是一种未来式，也是所有零售商一定要去重视的，方法有很多种，比如微店、自营网站、APP，具体要根据自己的需求来选择。

2. 店面位置的选择

Brookstone 店面目前只有上海是在商圈以外，其余都是开在新兴的 SHOPPING MALL，这是一种正确的趋势性选择，因为现在商圈的变化和发展趋势已经有很大变化，新兴 SHOPPING MALL 就是一种很好的选择，因为综合

的 SHOPPING MALL 也是未来发展的趋势之一。

很多传统企业开店，对原址有很大的依赖性和不舍，原来环境虽然已经不合时宜，但是毕竟是熟悉的，人都有恋旧的心态，如果加上一些原来的利益关系，很容易再在原来的“炉灶”重新开火，再好的模式，套在原来的架子上，都会显得不伦不类，这一点需要一些零售商有壮士断腕的魄力；而这，对很多企业是都必须去考虑和决策，该断的腕，还是要断的，当然这也需要有一套科学的评估标准，而不是拿一把刀随便去砍。

上海店面的玻璃螺旋扶梯

3. 店面的售后管理

创意产品专区

Brookstone 的售后管理相比较之前的宏图三胞，有革命性的变化，首先他能够给你提供免费的物流快递（100 元以上购物），这就将销售范围从一个店面上扩大到全国各地，在一定程度上扩大了销售半径，这本来是电商的优势，变成线下也可以拥有的优势，对于店面来说，20 元的快递费，并不会给自己增加多少成本，但是却能够带来更体贴的服务，也能够给店面带来更多的销售空间，这种改变，已经不再是一个物流问题，而是一种思维理念问题。

另外，所有店面销售都会有电话回访，这本来是传统电器连锁店的一种服务，现在看来还是有一定价值的，可以给客户留下一种更好的后续体验。当然这种方式还是略显老套，可以改为更先进的在线模式或者社群形式，比如给会员定期赠送一些优惠券、点评服务送不限额券等等，对于后续会员维护会更加有效，更能够产生回头率。

4. 店面的宣传模式

现在店面不让拍照的还是大多数，一种是对自己店面的不自信，一种是因为怕别人模仿。前者大家也不愿意拍照，后者也确实存在这种抄袭现象。但是抄袭永远是抄袭，海尔当年有众多参观者，学习成为海尔这样规模的却一个也没有，这就是能够抄袭表象，却抄袭不了内在的精华。

Brookstone 容许拍照，顾客拍照后进行分享，这就有效利用了新的社交媒体的传播方式，让 Brookstone 得到了无数的免费宣传，这种口碑式的传播，是任何传统媒体广告所无法替代的，也许一个事件，就能够给 Brookstone 带来病毒式的复制传播效应，何乐而不为。

这种传播，也极大考验店面的服务和陈列，如果 Brookstone 在每一个专区陈列位置设置感应装置，就很容易知道哪里是成功的、哪里是需要改进的，这种大数据的价值是通过传统方式无法获取的。

Brookstone 即将拥有第 5 家店面，从开店速度上已经走向了快车道，未来他们一定会加速店面开设的速度，当然未来对 Brookstone 的挑战也是非常巨大的，比如如何让每一家店面都能够不变形不走形？这就涉及到标准化管理的问题；比如店面审美按照现在的审美流行度，一般不能超过 2 年，Brookstone 如何应对？这会涉及到装修成本核算问题。等等问题不一而足，在中国线下零售转型期的今天，所有问题都是全新的，也许美国有一些值得借鉴的经验，但是大部分还是需要靠本土的创新去解决。

对于目前 Brookstone 给我们带来的全新的零售体验，我们是务必要去学习和研究的，宏图三胞曾经也是一家非常传统的零售企业，能够实现这种转变，无论是处于什么目的，都是一种价值，哪怕只是学到一点点，或者思路上打开一点点，也许就能够改变线下零售企业的未来命运。

三、宏图 Brookstone 的“新奇特”零售思维

2017 年 4 月 29 日，宏图 Brookstone 5 家店面同时开业，成为零售圈子的一个佳话。

经过一年多不断试错迭代，宏图 Brookstone 已经今非昔比，他们有了更加完善的思考、更精准的数据化、更有效的总结，这让希望成为国内新奇特零售店第一品牌的宏图 Brookstone，有了更多的自信。

1. 精准的数据化分析

现在想做零售，没有数据沉淀和分析，那就等于是盲人摸象。在大数据高速发展的今天，数据已经成为零售店面的头等大事，如 82% 的 80 后 90 后占比，5000~7000 的周末客流量（500 平方米），11.6% 的复购率，20% 的自有品牌 SKU 等等，这仅仅是公布的数据，背后还会有无数的商业机密数据，这些数据，是宏图 Brookstone 这一年多最有价值的积累之一，每个数据背后都会带来策略的调整和变化，这才是新零售的基础。

成功转型的宏图店面

2. 清晰的店面定义

宏图 Brookstone 将店面销售分为 5 个问题：卖给谁？卖什么？怎么卖？凭什么？和谁玩？然后分别用客群、内容、场景、服务、生态相对应的解决这些问题，这个流程其实恰恰就是店面的全流程，通过全流程分析，找出重点，分别击破，从而系统性解决店面管理，这是零售转型企业，甚至是所有企业都要想明白弄清楚的地方，这是转型成败的基础。

3. 店面体验的迭代总结

什么叫体验？宏图 Brookstone 分享自己店面体验的一个故事。开第一家店面的时候，在红酒产品专区，打造了酒吧高柜吧台模式，还购买了各种小吃的道具，看起来就是一个红酒吧，但是开出来之后，感觉非常别扭。

这是因为进入了一个叫做仿真体验的误区，这就如同机器人领域的恐怖谷现象是一致的。体验式营销，并不是要仿真生活中完全一致的场景，而是要以人为中心，让人更容易体验产品，通过产品自身的陈列实现自我介绍的推

广,顾客轻松体验,这才是体验的真谛。

当然宏图 Brookstone 及时调整了店面红酒专区,并将体验升级为舒适体验,还增加了持续的惊喜,只有持续的惊喜,才能吸引更多的顾客重复进店,产生更多的复购率,这才是零售门店长盛不衰的法宝。

4. 新奇特的具象理解

在零售转型的当下,人人都说新奇特产品的重要性,那么什么叫新奇特?新奇特为什么重要?也许每个人都有不同的理解,但是对于一家零售企业,如果不能将新奇特从一个抽象的词语具象到可以执行的行动方案,那么结果将不容乐观。

宏图 Brookstone 提出了新奇特思维,以人为核心,将新奇特具体到店面的 7 个细节和流程,并且有清晰可以执行的表述,这种归纳和总结的价值,已经上升到一种演绎哲学的范畴。章太炎曾说过"凡夫名词字义,远因于古训,近创于己见者,此必使名实相符,而后立言可免于纰缪。不然,观其概义则通,而加以演绎,则必不可通。"现在看宏图 Brookstone 对于新零售的解释,也正遵循如此之道理,值得我们所有零售商的思考和借鉴。

5. 全渠道的营销模式

"新零售"到底怎么做,大家都在尝试,但是有一点是明确的,就是线下线上的结合,现在宏图 Brookstone 已经开出 6000 多家微店,计划吸纳 50000 多人做"修好了",都是通过线下线上的结合。

全渠道营销对很多零售商来说都是一个理想,能够真正去尝试的很少,一方面需要一个开放的管理思想,一方面需要内行的系统规划。现在宏图 Brookstone 每个店面,都有一个自己的网红店员,通过直播吸引顾客。还通过店面热点追踪跟进,吸引顾客,比如"三生三世"热映的时候,南京水游城店布置成为"十里桃林"的形象,当天通过直播等,没有花费一分钱,就有 300 万人次的在线观看,大大提升店面知名度的同时,也提升了店面的销售业绩。

6. 趋势把握的前沿性

每次去宏图 Brookstone 店面的最大的感觉就是当下最流行的东西都已经

在销售，即将成为趋势产品，他们已经在布局。比如健康成为国人一个硬性刚需的时候，按摩保健类产品就及时出现在店面；旅行成为国人一个假日趋势的时候，旅行类产品就适时出现了。

现在又在全国店面推出电竞游戏类产品和虚拟现实类体验产品，这种结合虽然在国内零散地出现，但是批次性大规模推广的，还是第一次。2022 年杭州亚运会，电竞就会成为亚运会正式项目，这种布局不可谓不超前。

一个零售店，要遵循“趋势大于优势”，把握住趋势才能紧紧抓住未来的脉搏。

7. 整合营销的恰当运用

宏图 Brookstone 店面，为了能够做到专业细分，已经和国内外一些专业厂商达成战略合作，比如对外部资源的盛大游戏、太火鸟等，对接内部资源的修好了、妙健康等。因为在零售的道路上，自己不可能快速成为一个十项全能高手，但是通过整合营销就能快速让自己成为多国部队，这就是当下最流行的“新木桶理论”的思维或者叫积木式思维。

宏图 Brookstone 已经进入北京、济南等地，店内也增加更多的符合潮流的虚拟现实、电子竞技等区域，也越来越有竞争力。全国优秀的商业地产资源还有很多，这对于每一家零售企业来说，既是机会，也是挑战。拥有速度的人，一定能够抢占先机，相信 Brookstone 在用未来定义未来的大格局下，能走得更远更有社会价值。

|第二章|

缤纷世界的一个秘密花园长沙微缤

长沙一直是我的福地，去年（2015年）开始，就有朋友说这里有一个年轻人开了一家很时尚的店面，对于我这么关注零售店面的人来说，就一直想要来讨教一下，直到最近，才有机会匆忙路过长沙，而且很幸运见到了年轻时尚的老板。

老板非常年轻，做过7年的知名零售公司买手，去过世界很多地方。这个店面是他创业后开设的第一家综合品类的时尚店面，他希望不仅仅给消费者提供产品，更希望提供一种享受。店面第一眼看起来就很细腻，全部都是时尚的高品质的产品，用琳琅满目形容丝毫不为过，纵观下来，这个店面有如下几个特点。

1. 产品选择特色时尚

大概因为老板做过买手的原因，加上年轻喜欢接受更多的新事物，店面产品基本都是面向年轻人和时尚人士为主，在长沙这个崇尚生活的城市，这样的产品选择还是非常有市场空间的。做到这一点非常困难，因为绝大部分公司都不具备采购各种类型的时尚产品的能力，即使有买手、有时间，也很难做到跟上前沿。

2. 产品陈列亮点不断

目前国内大多数数码店面陈列都是受苹果零售店的影响，这种10年前的体验方式已经出现极大的审美疲劳，一般称之为记叙文的陈列方式，特点就是平铺直叙，没有亮点。现在更应该采用散文方式陈列，移步换景、曲径通幽、亮点不断。微缤的店面在陈列上具备这样的特点，进店以后能发现很多这样的亮点，比如钢琴边上的花儿、戴眼镜的狗狗、大小配对的长颈鹿等等。

3. 店面布局舒适温馨

店面布局是一个企业文化的外延，这个店面虽然只有 100 多平方米，但是处处体现人性化，采用立体陈列方式，这是陈列回归自然的方式，也符合绝大多数人的审美观念，用一个比喻来说明：就好比大部分数码店面是平面直角电视，这个店面是 3D 电视，而未来的店面还要加入虚拟电视，这才是店面的发展方向。现在立体陈列正流行，也比较符合当下的环境，但不是说苹果式的陈列就应该摒弃了，而是不同的产品、不同的店面采用不同的方式。

4. 店员服务专业职业

再漂亮的店面，有时候店员一开口，就把顾客赶跑了，这就是不职业不专业，改变这一点很难，光是传统的培训是解决不了问题的，甚至会适得其反。微缤有一个照片墙，鼓励店员把和顾客的合影贴在上面，只有服务好，顾客才会愿意和店员合影，这是用市场的力量推动店员的进步。

5. 提供给客户更多增值服务

说实话，我不是很了解这个店面为顾客提供多少增值服务，因为聊的时间太短，只知道这个店面有系统的会员管理和服务，当然店面会员管理是非常必要的，传统电话、短信手段已经落伍了，推荐采用微信公众账号模式。

微缤这个店面，是华中地区的一个希望，是中国消费类电子零售未来发展的一个缩影，更是年轻人创业的一个希望，创业不一定非是去做互联网、去做智能硬件开发，毕竟那是一小部分人的事情；其实优秀的零售店面创业并不落后于时代，反而会带动时代的进步。

当然所有零售店面都应该向京东、天猫、腾讯学习，学习其长、规避其短，互联网一定要用起来、结合起来，做一个真正的垂直细分市场 O2O，这样我们就能在未来 10 年，成为一个新方向的缤纷世界的秘密花园。

微缤 (V.b) 的店面为什么能够快速复制?

微缤(V.bing)现在(2016年)一共三家店面,两家在长沙,一家在武汉,风格和长沙比较类似,依旧是定位清晰、产品丰富、服务热情,因为前面有详细的介绍,具体就不再一一赘述。

这里要系统分析的是,微缤为什么能够在比较短的时间内,将一家创业型企业,做到如此务实的发展,并且能够短时间内有效地复制到不同的城市?这些分析,对于广大零售商或许会有更大一些的帮助。

1. 清晰的消费群体定位

微缤起家于长沙,定位为新兴的中产阶级中年轻的一代人,这是中国目前发展速度最快的一个阶层,年龄基本集中在20~45岁之间,有的是通过自己努力,有的是父母已经财务自由、自己也就没什么负担,他们理所当然的也就成为不妥协的一代。

微缤店面非常明显是以这一类群体消费为主的,以数码、时尚生活、健康美容、音频、减压等产品为主,产品价位从百元到万元不等。这里需要说明的是,并非中产和富人就一定不买低价格的产品,他们购买能够提升生活品质的产品,和价格关系不大,当然和品质有一定的正相关。

目前看,微缤的定位是清晰的,也是准确的,当然一些在三四线城市的店面,可以加上一些准中产,这样客户群体会更大一些,因为目前我们还不能完全套用2/8原则来区分用户定位,理论和实际会有较大的落差。

2. 城市最核心的商圈

微缤的店面都位于城市核心的商圈,据了解未来部分城市的开店计划也是如此。新商圈在国内二三四线城市最近几年高速发展(2016年底全国已有6000家商场,每年增加400家左右),对于有思想的零售商本身就是极好的机会;因为微缤本身就有精准的定位,所以选择商圈对于他们非常重要,无论是长沙还是武汉,都是位于较好的核心商圈内,这一点也值得一些创业公司学习,因为传统的开店理论就是位置。

即使我们采用互联网思维来开设品类店，这个理论还是成立的，优秀的商圈能够为店面带来充足的客流，并且能够细分用户，让我们节约很多时间和精力，避免后续吸引客流不足的懊恼，这也需要有很好的眼光和判断力。

宽敞明亮的店面

3. 店面统一的装修风格

微缤店面的风格是相同的，这是未来要走连锁经营的必备之路，整体上依旧是平面 + 立体的风格，其中能够将中岛做成一个店的形式来，依旧是一大特色。智能钢琴旁的桃花树，是这个店面一个极大的亮点，很容易给人一种拍照的冲动，所以亮点，有多种方式。

武汉店面干净清爽，柱子的风格比较特别，简洁大方，仿真绿植也是一个特点，预计这种方式很可能会快速的全国普及。

4. 产品高频带低频

对于数码产品的店面，很多产品都是低频产品，比如手机，一般一个人两年换一次手机，比如音箱是三五年时间，比如电脑五六年才更换一次，这就是为什么一个店面只有这类产品，很难持续盈利的一个重要的原因，因为我们店面缺少高频产品。

智能钢琴边上的桃花，合影的好地方

微缤店面高频产品还是非常丰富的，这类产品价格基本上是 100~500 元之间，属于有冲动需求的购买，比如英国皇室使用的梳子品牌、比伯娃娃、饮水杯等，这些都是高频消费的产品，并且定位为礼品，这样，一个消费者基本上每年至少需要来 5~6 次，因为几个重要的节假日，都是送礼的高峰，而礼品选择对于很多人，都是一个纠结的过程，定位礼品这个

标签，很容易给人留下深刻的印象。

五彩斑斓的货架陈列

高频、低频是互联网公司习惯使用的分析方法，对于我们零售店面同样适用，高频的不仅仅可以是产品，比如消耗品，也可以是服务，比如咖啡店就属于高频消费。高频可以带来更多的客流量，我们这个时候就需要在店面设置更多的客户留存点，让客户在店面多呆一会儿，避免跳出率过高（停留时间太短），留不住客户，所以高频和低频要结合使用，高频也需要和店面留存率结合使用，这样才有效果。

5. 努力提升服务标准化

微缤店面提供免费快递服务，据说开业两个月来已经帮助客户快递几十个订单。建议所有零售店面都提供快递服务，因为一旦有这个服务，理论上就把销售外延扩张到全国各地。但是有一个友善的建议，就是一定要把服务标准化、商品化，只有这样的服务，才是有价值感的服务。

店面一角

比如店面提供的快递，国内都是选择顺丰，但是必须购物满 100 元以上才可以免费，100 元以下收费 20 元。大家都知道很少有人送礼是 100 元以内的，所以基本上也不会发生 100 元以下收费 20 元的问题，那么为什么这么做呢？这是为了将快递这种服务标准化、商品化，因为有这个标准，并且定价，客户才能真切地感受到它的价值，因为免费的，就无法评估价值感，会让人觉得本来就应如此，这种感觉非常不利于我们提高服务质量和服务价值。

所以，店面礼品包装、系统软件服务、电子产品清洗等等，都需要定价，定价可以不收费，但是不能不定价，定价了就代表是一种承诺。如果单纯免费，这种免费的服务很容易造成店员不重视、顾客不满意，从一种有效的增值转变为鸡肋，让店面陷入两难境地。

6. 成熟的零售管理团队

微缤的管理人员，大多数来源于另外一家知名的零售公司，拥有成熟的实战经验，开设零售店，属于专业范围内的事情，加上年轻有激情，所以开拓能力都比较强。

一个创业班底，需要拥有专业能力，这一点毋庸置疑，因为零售是一个多元化的学科，如果没有专业能力，光凭运气和激情，可能一时会有收获，但是很难长久。从接触的微缤的几个管理人员来看，他们成熟的团队，是可以快速复制的一个重要保障。

艺术化产品区域

7. 系统的会员管理

在武汉微缤，消费500元就可以加入微缤会员，享受一定的积分和会员折扣等，他们还拥有自己的微信商城，虽然管理刚刚开始，还有很多需要改进，但是已经属于比较领先的模式了。虽然这种模式已经说了好多年，但是真正做好的不多，甚至大部分都还没有去做这个事情。

系统的会员管理，对于企业扩张和连锁复制，有着重要的意义，其一可以分析需求，其二可以分类建立社群，其三可以不受空间时间的干扰，全天候提供客户服务。所以虽然一开始比较难，但还是要坚持去做，否则马云讲的未来最有价值的大数据分析就和你无关了，和你无关，你就有可能被有关的人或公司取代掉，这是规律，不是玩笑。

微缤在华中地区的崛起，是抓住中国二三线城市的发展机会，更是自身发现商机、不断努力的结果，有太多价值点值得去分析推敲，这些分析希望能够让我们有更多的思考，合适地、也尽快地应用到自己企业中去，读万卷书，不如行万里路。

|第三章|

垂直细分的专业典范声音小镇

随着互联网的兴起，国内有一个行业逐步衰落，就是和声音有关的CD、唱片等音像行业，而听音乐的耳机、音箱也沦落为配件产品，成为一些专卖店的附属利润型产品，原来传统的耳机音箱的影音渠道，随着电脑城的衰落也散落在城市的不同角落，成为经销商维持生计的一个不起眼的方式，不为主流市场所重视。

声音小镇的橱窗，通透明亮

但是，音乐，依旧是一个越来越富裕国度的生活品质的象征，所以与音乐有关的产业，一定会涅磐重生。而在这个时候，遇见了声音小镇，一个在垂直细分领域逐步成长起来的专业典范。

第一次见到声音小镇的店面是2015年在重庆出差，应该说是误打误撞，本来是去重庆万象城看另外一个朋友的店面，结果无意间看到了声音小镇，琳琅满目的耳机、音箱，原来的配件想法一扫而空。

1. 开放体验式陈列

声音小镇大部分的产品都是开放式陈列，可以试听所有的产品，如果是一个耳机、音箱发烧友，呆上几个小时没有问题，绝对能满足对声音的各种要求。因为耳机、音箱都属于消耗品，这样的陈列方式在绝大部分非专业店面里都无法实现，但是一旦选择这种专业的陈列方式，将给自己带来更多细分

艺术化的陈列

的优质顾客。

2. 按照品牌陈列

很多品类店都是按照功能来分类的，这没有错，因为随着消费者认知的提升，功能分类非常适合数码快消品。但是耳机、音箱属于专业的产品，消费者有很强的品牌意识和倾向，所以这类产品其实更适合品牌分类陈列。声音小镇的产品陈列分类更倾向于专业的品牌分类，当然部分区域也是按照功能分类的，因为还有一部分非专业消费者的需求也是需要抓住的。

常规产品走廊式陈列

3. 专业的体验设备

专业的产品需要专业的体验工具，虽然对绝大多数消费者来说，可能不会去购买这种专业的音频设备，比如放大器、声卡等，但是为了让产品发挥出其特有的效果，这些设备是必不可少的，比如铁三角耳机擅长女生发音，创新 Creative 擅长声音的转换等，对于专业玩家也是必不可少的一种体验。

CD 区域

4. 品类齐全

声音小镇最大的特色就是产品品类齐全，既能找到常见的不同的产品，更能发现少见的惊喜，这是在其他一些主机类专卖店不可能发现的，更是网络世界无法实现的体验——因为小众品牌更需要实体体验，比如既有 beats 耳机，也有铁三角、森海，更有汪峰 fill，时尚的斗牛犬系列，还有一些限量版的耳机音箱，有些能见到就已经属于不容易，更别说体验了。

产品与唱片

5. 专业的服务

声音小镇的店员不是很多，但是都非常专业，对各种耳机音箱都十分熟悉，应该都是聘请了一些粉丝级别的店员，不但了解各种厂商的历史，更是深谙各个品牌的优势，不是给消费者推荐产品，而是根据消费者的专业度量身定做产品。

艺术化的陈列

6. 亮点不断陈列

专业店面的产品陈列很容易给人一种单调或者冰冷的感觉，但声音小镇更具有艺术特质，店面不同品牌都有不同的陈列方式，整合到一起又不觉得突兀。店面有很多动漫产品作为点缀，又有很多看似非标准化的展示台，体现音乐这种艺术的多变和包容，这一点对于一家垂直细分的店面难能可贵，可见老板是一个非常有心的人。

7. 专业的公众帐号

声音小镇的公众帐号，应该说他们并没有做更多的推广，所以阅读量都不是很多，但是内容都是专业的和音乐有关的，如果这一块能够再加强一下，应该对店面的发展会非常有帮助，而且在成本投入上，这一块并不是很大，只是需要更多的耐心、创意和坚持。

流行产品陈列区域

对于垂直细分市场，可能很多人不是很明白，举一个简单的例子：如果说数码行业是一个大众的市场，那么影音类产品就是垂直市场，而开针对高端专业的发烧友的耳机音箱专卖店，就是垂直中的细分市场。这个是市场中运作最难的、也是最有机会的市场，是目前资本市场追逐的方向，因为这样的市场进入门槛非常高、消费者议价能力弱、市场集中度高，属于小而美的市场。

试听区域

声音小镇属于典型的垂直细分市场，目前已经在杭州、重庆、武汉、合肥、南京、长沙拥有8家店面（资料来源于网络），在垂直细分领域已经具有相当的规模，如果其互联网工具也有良好的应用，应该会成为资本市场的一个非常好的标本，希望这样的垂直细分店面越来越多，因为这样的店面越多，表示我们的生活品质也会越好，越是发达的社会，垂直细分市场越有机会。

但是这样的店面对大多数零售商来说都是不合适去开设的，因为没有沉淀和专业度，管理难度也很大，特别是库存管理，但是对我们日常店面管理却是值得学习的，学习其专业度，学习对于专业顾客的把握，学习艺术化的陈列风格等等。

谢谢声音小镇给我们带来的完全不同的体验。

一个理想国，生活除了诗和远方，还有音乐和梦想。（写在声音小镇新店开业前。）

声音小镇在杭州嘉里中心开业了，看完深深被感动，这是一个有自己性格的店面，如果不分享给大家，真的是一件很遗憾的事情。

店面约500平方米，比之前的任何一个店面都要大，所以整体的陈列也是更加清爽简洁，有现代时尚书店的味道。产品按照专区的方式陈列，让人更容易寻找到自己喜欢的产品。诚如书店的风格，那么多书，专区的分类是最合适的，就像那么多耳机、音箱和CD，不同的风格、不同的年代，可以发现不同的美好，这是这个店面给人第一印象的特色。

店面专区中单独设立一个收音机专区，应该说是国内很少见的，因为在低头族如此盛行的年代，一个店面的老板还能帮我们找回往日的情怀，我想这一定不是一个很生意的老板，否则没有必要这么富有韵味。当然这也可能歪打正着，在中国逐步趋于老龄化的今天，收音机一定会再度成为一个热卖话题，

多功能的时尚的收音机，也更会是年轻人的品位的选择，这不是收音机，这是情怀。

既然是音乐，怎能少得了黑胶唱片，很多人可能并没有真正意义上听过黑胶唱片，其实这才是最原始的真正的音乐的载体。打开唱片机，拿出一个唱片，用绒布轻轻拭去灰尘，放在唱片机上，激光头慢慢转动，音乐徐徐而来，这才是美妙生活的开始，没有这些，哪来的远方和诗篇？

店面的点缀也是多样的，有安静的试听区域，也有成套的音箱区域，尤其像马歇尔这样的产品的引进，更是让人吃惊，毕竟这是发烧友才会去选择的产品，而且还不是一般的发烧友，是能够懂得吉他的现场感和破音乐趣的人，那种在舞台上的不完美和完美的结合，才是真正的天籁之音。声音小镇给人带来的应该不仅仅是虚化了的声音，而是这种回归自然的美好，也是一种美妙的享受，也许杭州未来的音乐天才，就能出自于此了。

店面很大气，店内也有各种新奇的东西，也许是限量版，也许是平时无法看到的长尾，这个店面其实就是集中了音乐的长尾，让你呆上一天，也不会觉得单调和枯燥，在这个还不算寒冷的冬季，能给自己一个暖暖的欣喜，也是一种奢华。

在这个追求物质已经是常态的社会，生活除去诗和远方，还应该有音乐和梦想，在杭州这么美的城市，有这么与众不同的店面，这个城市一定是天堂的景象，有机会不妨亲自去品尝。

混合陈列区域

混合陈列区域

| 第四章 |

Apple Store 再掀店面体验革命

Apple Store 经过十多年的发展，引领了全球店面体验的极大进步，但是再漂亮的店面也有看腻的时候，2016 年一家全新设计的 Apple Store 在美国开业，是从未体验过的一种风格，但美国太远，去看一次成本太高，国内有这样的店面来参观学习吗？

国内的某一家 Apple store

当然有，天津恒隆广场一楼的 Apple Store，是苹果在国内的第 31 家店面，也是国内第一家全新设计的店面（2017 年国内已经有多家这样的店面，可以就近选择参观），比美国还早 2 个月。

1. 没有 logo 的 Apple Store

天津恒隆广场 Apple Store 位于天津老劝业场，离天津火车站只要 2 站地铁，整个苹果店面看不到以前硕大的苹果 logo，取而代之的是苹果产品海报，据说这是为了让 Apple Store 更容易融入周边的环境设计，现场看起来，确实没有突兀的感觉。

2. 店内郁郁葱葱，仿佛置身公园

恒隆 Apple Store 最大的特色就是店面增加了 18 棵盆栽树（苹果首次尝试是在比利时布鲁塞尔），据说所有树都是海外直运过来，每棵树的树叶树干大小几乎一致。盆栽树底部有供养系统，不需要人工浇水施肥，也不会再长大，每棵树都有编号，维护公司可以远程监控树的日常情况。

最新店面的陈列

18 棵树两排 48 米长，仿佛置身公园，给人舒适放松的感觉，来这里感觉不

仅仅是购物，更是一种生活休闲。

店面称为社区

3. 超大屏幕，似秀场

店面有超大屏幕，定时定期举办活动或者产品的讲解演示等。大屏幕前有低凳，这非常像 T 台的秀场。凳子上有等待服务的顾客，在这种环境中你不会再有焦急和焦虑。

4. 更多木质元素设计，更温馨

店面配件展示区域设计，由原来的不锈钢设计改为橡木设计，不再有冰冷的感觉，更加温馨和亲近，让客户更贴近生活是众多公司的追求，苹果这次又做到了一个新的高度。

5. 全新配件陈列，更易体验

配件陈列是改变最大的一块，所有保护类配件都可以直接体验，就像服装陈列一样，近两年顶级服装品牌都开始流行全平铺陈列，而不是挂式陈列，这样看起来会更有现场冲击力，更容易有体验和购买的冲动。即使不是保护类，所有配件也都将最有价值的一面展示给顾客，而且苹果在配件包装选择上，有了全新的要求。

苹果手表的陈列

6. 全新服务，更加人性化

店面设计了更加人性化的儿童区，也增加了更多的服务，据说在济南恒隆 Apple Store 增加了“光影漫步”的服务，天津应该也会很快启动。所谓“光影漫步”，就是一种新的培训方式，苹果专业培训师带着预约的顾客，在实际环境中教会顾客使用产品或者配件，比如带着顾客到户外，在悠闲的环境中一边拍照一边指导顾客如何拍出更美的照片，比之前课堂讲解更加实用。

苹果店面之所以做出这样巨大的改革甚至说是革命，一方面是为了改变苹果十多年来不变的风格，让消费者更有走进店面的冲动，毕竟全球智能产品的发展已经过了初使教育期，甚至过了成熟期，现在消费者需要的是更好的环境更深入的服务挖掘；另外一方面 Apple Store 的改变得益于苹果从英国奢侈品牌博柏利(Burberry) 挖来的前任总裁安吉拉·阿伦茨，这位 8260 万美元薪酬的苹果现任负责全球零售负责人，确实给苹果 Apple Store 带来了前所未有的变化，店面很多细节改变都是和服装展示有一定的渊源，服务也追随全局互联网化的脚步，让 Apple Store 终于进入 2.0 时代。

配件陈列区域，有点像服装陈列

凯文·凯利在其知名的著作《失控，全人类最终命运和结局》(又名《失控：机器、社会与经济的新生物学》)中，从生物学的角度破解了社会的发展，以及未来发展的趋势，其中就提到生物的智慧，哪怕是弱小的生物也会相互协助，通俗地说就是现在大家经常提及的生态，Apple Store 现在的变化就是依据这种生态的变化而重新创建的，更具有前瞻性。

其实美国有很多知名科技公司将会建立内循环全生态办公室，比如在建的亚马逊西雅图的办公大楼，就是一个内循环全生态办公环境。这是一种尝试和美好的体验，也是一种全新的实验，也许在这种环境中，人们会有更新的发现，苹果树下，也许会再砸出一个牛顿出来。

| 第五章 |

通讯行业转型的先行者话机世界

话机世界是浙江一家巨无霸的手机连锁企业，1994 年成立于浙江余姚，目前已经拥有 500 多家直营和加盟的连锁卖场，年产值超过 30 亿，在华东甚至全国，都是通讯行业的航母，在通讯行业举足轻重。这样的传统企业，如果想要转型，其实是一件非常困难的事情，因为船大难掉头。

话机世界的转型是通讯企业中比较早尝试的，杭州银泰这个已经有很多人说起的店面，在杭州曾经掀起一股小小的热议，因为这不仅仅是一个时尚的品类店，更是预示这一轮调整的新的风向标。

1. 最好的位置，最时尚的店铺

参观的店面位于银泰一楼星巴克边上，这是银泰最好的位置了，应该是得益于话机世界自身的影响力，也是传统公司的优势，可以借助自身的影响力，拿到最好的位置。

话机世界的店面名为“智嗨”，应该是希望给消费者展示智能产品的意思。“打造一群人的精彩世界”的引导语，虽然有些含糊，但是表达了他们的追求，应该是脱胎于话机世界的手机销售店面，一个是针对大众的，一个是针对细分消费者的。

店面一角

店面整体时尚活泼，应该是商场里最为时尚的店面了，所以在这个位置也是理所应当了，这也是国内百货业应该学习的地方，一楼不一定非要是化妆品。

2. 按照功能陈列，简洁大方

店面按照功能陈列，虽然产品选择和分布上还有一定的提升空间，但是作为一个传统零售企业转型的店面，已经是非常难得了。特别是杭州，虽然这是一个时尚的城市，但是这样的数码店面却非常少，越是发达的城市越容易落后吧。

店面一角

店面简洁大方，采用平面陈列方式，虽然立体感不强，但对从传统企业转型而来的店面来说，确是一种比较好的中间选择，特别是部分背景板的设置，让产品可以开口说话，如果背景板是自己设计的，能和店面混为一体，那就更和谐了。

3. 开放式体验，满足顾客动手能力

店面最大的特色就是全开放式体验陈列方式，这对于没有开过类似店面的公司是一种挑战，一个是防盗问题，一个是成本问题。但是最大的好处就是，顾客自己体验，一旦有需求，再寻找到店员的时候，就是如何促进成交的时候，这就是体验式陈列的最大好处，也是目前绝大多数品类店所采用的方式。

4. 特色的橱窗设计

这是我见过的所有电子产品品类店中，最为重视橱窗的公司，可能是因为店面结构的原因，所以有这样的一个位置可以实现开放式橱窗陈列。橱窗的最大优势，就是可以吸引消费者进店，所以橱窗陈列是奢侈品和服装店面比较喜欢的方式，电子产品公司鲜有采用。

货架式陈列

其实目前电子产品有大量的可以用于橱窗陈列的产品，比如智能自行车、无人机、机器人等等，都具有新奇特的概念，加上国内创业公司众多，可选择面非常广，话机世界这个店面的橱窗，应该是国内比较少见的了，值得大家模仿学习。

5. 店员热情

因为朋友介绍，店长热情接待，其余店员也都比较热情，没有出现把顾客往外赶的事情发生。一般传统通讯行业选择店员，都是从原有的店面中选择，这没有错，但是一定要选择具有数码粉丝特质的人，而不是手机卖得好的人，这个是关键。

店面橱窗

话机世界这个智嗨店，是我见过的转型比较好的综合店面了，虽然只有 2 家（2016 年），但是这种店面一旦成功，像话机世界这样的规模企业就会有极强的复制能力，店面数量达到一定的规模之后，可以实现工厂到店面的产品选择，从而实现产品的独家销售能力，这时，店面才开始具有真正的核心竞争力。

传统零售企业店面转型，要经历店面选型、产品选型、位置选择、装修风格选择、店员选择和培训、库存管理、连锁复制等等阶段，做好着实不易，其中还有原有习惯思维的转变，这才是最难的，当然再难也要往前走，这才是企业的使命。

| 第六章 |

一路探索的潮品店美承 Chonps

美承最新推出的潮品店已经开设了 20 多家，在上海、杭州等地都有店面，每个店面都成为当地一道风景线。

识别度很高的门头 1

识别度很高的门头 2

Chonps 面积都不是很大，大多数也就是 50 平方米左右，店面半立体货架式的陈列方式，小清新的整体风格，非常适合上海这个时尚之都，因为店面模式和之前介绍的很多潮品店相似很多，就不再一一重复了，下面来看一看 Chonps 里面一些非常特别的细节的设置，对于我们开店也许会有更多的启发。

1. 镜子

店面使用镜子的很多，绝大部分是服装、包、鞋店，这些店面镜子都是标配，但是数码潮品店使用却不是很多，但是在穿戴式电子兴起后，镜子越来越被需要。

镜子出现在潮品店其实并不奇怪，现在年轻人购买智能产品，不再仅仅是追求功能，而更是一种生活，所以需要更多的佩戴美感，这就需要有一面镜子，在 Chonps 这样的潮流产品店面里，镜子就是一个必需品，装修陈列必备。

2. 显示屏幕

有的 Chonps 店面，有几个大约 6、7 寸的显示屏，滚动一些产品介绍和广

告，这既是价格牌、背景板之后的另一种展示方式，也可以给顾客在产品面前更多的时间，符合店面去店员化的一种趋势。这种屏幕未来还有更多的用途和机会，而不仅仅是播放广告和产品介绍，而且这种屏幕一个店面适合安排 8~10 个，如果能实现自动下载、自动播放等，其价值将会成倍放大。

小而精的店内陈列

3. 微专区

专区并不是一个新鲜的概念，影音专区、机器人专区、智能家居专区等等不一而足，但什么是微专区？字面意思就是很小的专区，Chonps 利用立柜的单元格，将一些独立品牌作为一个相对独立空间，展示给消费者不同的品类，比如佳明手表，就是一个户外运动的代表。这样的方式，让消费者更容易产生更多的购买欲望，挑起消费者的需求痛点，实现更多的消费。

耳机陈列区域

4. 会员服务

从店面的展示来看，Chonps 的会员制还是下了功夫的，有一套系统的会员管理服务，会员通过微信端管理，也是目前零售商最为靠谱的也是最实用的方式。其实每一个零售商都可以去做，成本可以忽略不计，只是需要系统的规划，需要对细节的综合考虑，这是互联网的特质，也是一个追求细节完美的行业。只要深入研究，其实传统企业触网没有那么难。

5. 家居用品的引进

Chonps 店面里有香水和香薰类产品，这是一大进步，说明美承已经考虑到按照服务顾客群来选择销售产品，而不是按照品牌来销售产品，这种观念的变化非常重要，只有这种变化，在开设品类店面的时候才能知道自己的方向，而不是一个简单的产品拼凑，也只有这样的变化，你才能知道怎样的陈列能让店面不至于很乱,同时又能显得更有时尚气息,这些都和顾客定位息息相关。

Chonps 引进香水、香薰产品,应该是国内品类店的首次尝试,其实国外这种店面很多,满足中产阶级的小资生活,按照这个思路,能销售的产品就更多了,比如中国人比较羞涩提及的情趣用品,就是一个很好的选择,特别是有会员商城以后,灵活的方式就更多了。

丰富的产品

6. 木纹装修风格

木纹装修风格,最大的推动者就是苹果公司,其 Apple Store 采用美国枫木,据说条纹必须是直线,甚至苛刻到垂直的都必须是 90 度直角直线。木纹风格装修的优点就是亲和力强,让进入店面的人没有距离感。Chonps 店面的木纹应该是木纹风格,虽然质感上和枫木有一定的差距,但是如果 2~3 年重新装修一次,从成本角度来看还是比较合算的,这种装修风格因人而异,主要还是看整体设计的协调性和美观度,所以可以算是一个特色,也可以算是一个风格,因为每个店面门头设计都是一样的,这样店面的识别度就很高。

美承是一家知名的 IT 连锁销售公司,曾经是索尼国内四大家之一,也是四家中目前唯一持续发展很好的公司。这么多年,美承一直在寻求突破,引入苹果销售、收购东方四海,再到开设生活馆,一路坎坎坷坷,一直在尝试突破;一直在寻求创新,在现在零售企业中,这非常难能可贵。

如今 Chonps 的成功运作,应该是美承的一个新的转折点,他们对于顾客需求的把握和那些简单的产品拼凑店面比,已经上升到一个全新的高度。希望 Chonps 能给更多的传统 IT 零售商带来更多的参照,给我们更多的信心。

|第七章|

综合品类店面的鼻祖 Drivepro

Drivepro 这个名字对于刚创业的或者在内地一直从事专卖店的朋友，可能比较陌生，因为他们的零售店面不是很多，基本都集中在国内的万象城内，加上已经演变为一家轻奢买手店，所以很多喜欢参观学习的人并没有注意到这个特别的零售店面。但是这是一家有历史、有故事的店面，讲出来，也许对您有更多的启发和帮助。

三里屯店外景

1. 从苹果专卖到苹果 + 时尚电子

Drivepro 原来是 2004 年成立于深圳的一家苹果产品销售的店面，位于万象城。2005 年前后在万象城开设了一家 80 平方米的店面，其中苹果专卖店大约 40 多平方米，其余的销售当时时尚前沿的产品，比如蓝牙耳机、高端音箱、电子类玩具等，有四五年时间一直是华南区域经销商学习的模版，曾经创造过 1 个月销售 120 个 JBL 水晶音箱、一天销售 80 个世嘉小鱼音箱的记录。

Drivepro 的发展初期，比较依靠苹果产品，店面基本上一半的面积是苹果专卖，曾经也是苹果的授权经销商，其余一半的面积都是新鲜的潮流产品，每一个店面设计都是精心准备的，在周边都能够吸引足够的年轻人前来体验，这在当时是非常不多见的零售客户，应该和老板经常待在香港和海外有很大的关系。

应该说 Drivepro 是国内消费电子品类店面的先行者，从苹果专卖快速升级为苹果专卖 + 时尚电子，再快速升级到综合品类店，大概也就是三四年的时间。从一个店面快速成长为十多家店面的全国性的公司，并涉及多个产业，已经成长为一家颇具影响力的零售公司。

2. 买手制创造无数第一

Drivepro 因为一直采用买手制，所以店面的产品是常变常新的，基本上每周你去看，都会有变化，这是与大部分店面不同的特色。比如他是第一家卖 Lamy 笔的店面，当时 Lamy 还没有正式进入国内市场；他是第一家卖高端悍马自行车的店面，第一家卖高端设计师品牌家居的店面、第一家卖 3D 电视的店面，第一家卖机器人的店面……基本上都是领先市场普及 3~4 年时间，也只有买手制才能如此。

领先的不仅仅是产品，还有店面装修，每一家店面都具有特色，一个店面布局基本上一个季度调整一次，一年会有一次大的调整，两年左右装修一次店面，店面革新速度比一般零售商更为快速。

3. 精准的客户定位

Drivepro 多年前已经转变为一家消费电子轻奢店面，从而改变了对于某一品牌的依靠，按照理论上的分析，他满足的是国内较早进入中产阶级中间的富人阶层，而不再是普通消费者，店面产品的选择上，也是精选欧美日韩各种前沿科技产品，并在第一时间提供给国内消费者。

Drivepro 客户定位，应该是很认真地研究过国内消费者的发展趋势，以及和国外消费群体发展的对比，从而选择定位一种不容易被国内电商冲击、又有极强消费能力的中产富人群体，这种群体的特点就是有自己的购买品味、希望跟上国际市场潮流、不在意价格，这种群体占中产中间的 20% 左右，极具消费能力，对于适合自己品味的店面，有较强的忠诚度。

客户精准的定位，是现代零售商必须精心研究的课题，Drivepro 的店面定位是非常值得大家借鉴的，虽然他们的店面比较难以模仿，但是这种意识和思考模型，是每一个转型中的零售商都必须要弄清的。

4. 跨界多种销售模式

Drivepro 是一家多品类跨界销售店面，这种跨界不仅仅是产品的跨界，而是不同销售模式的跨界，比如他们开过果汁饮品店、咖啡店等，同时也是保时

捷饰品国内最大的代理之一，也是 RIMOWA（日默瓦）的代理之一。

SKP 店外景

跨界销售的好处是可以满足同类客户，不同层面的需求，增加优质客户的不同层面重复购买率，当然这只有在客户精准定位之后才会更加有效，单纯的无目的的跨界，只会增加自己的负担。

5. 一城一店模式

Drivepro 店面在每个城市并不是很多，目前看深圳有 1 家店面，其余城市如沈阳、北京、杭州等也都只有 1~2 家。之所以这样布局，依旧和客户定位有关，一般一个城市同类消费者的数量是相对固定的，根据消费者数量和分布，在高端 SHOPPING MALL 开设不同数量的店面，也是有讲究的。当然开设店面还有各种因素，也不是想开就能开的，有时候为了等一个位置花上几年时间也是比较常见的事情，比如上海新天地店面，前后算起来等了 10 年时间。

SKP 店外景

SKP 店外景

Drivepro 是一家有自己清晰定位的店面，如果仅仅是产品，他目前并不是我们绝大多数零售商模仿的对象，即使模仿了，成功的概率也不是很高。但是 Drivepro 的店面模式、消费者定位、产品更新效率、位置选择以及跨界思维，都是一个积极的思维模版，都值得我们去学习和思考，因为一家 10 年前就走品类店的公司，能坚持到现在，一路走过，一定有他独到之处。如果有时间不防去参观一下 Drivepro 的店面,应该比写的更丰富一些,更具有冒险精神一些,是更值得参观者自己思考的店面。

| 第八章 |

西北务实的创新践行者兰州万能

兰州万能是一家老牌公司，成立于1997年5月20日。同样，这家公司也是苹果、微软、三星多年的授权经销商。四年前，这家公司开始转型，目前已经是一家综合的零售公司，其旗下"智东游西"潮品店面，在兰州颇具知名度，无论销售额还是利润，在全国都是排得上号的店面，虽然这个店面看起来并无华丽的装修，更无奢侈的产品，但是务实的风格，更具有复制和学习性，讲述这个公司和店面，要从很多故事开始。

万能店门头

1. 转型，从 100 条耳机的故事开始

大约四五年前，兰州万能还是一个典型的以苹果等主机专卖店销售为主的公司，以主机销售为主，配件也只是一些壳、膜、数据线等常规配件的销售，公司在音箱、耳机等准主机产品销售上一直非常薄弱，因为苹果等主机规模和利润还算很丰厚，公司也不是很在意配件产品的销售，直到有这么一件事情发生。

店面的橱窗

大约 2012 年初，公司从总代理外提货苹果笔记本赠送了 100 条铁三角运动款耳机，零售价格 398 元，一年之后，盘库检查，发现还有 99 条没有销售，其中销售一条还是老板自己使用的；公司几

乎所有店员都说这是“垃圾货”,送来的东西实在没有人要,后来只能降价卖 50 元一条;结果 3 个月过后,依旧没有销售一条。

为此老板自己上网看了一下京东的销售额,发现京东依旧是以 398 元销售的,并且有 1000 多条的留言,都是说这个耳机质量很好、非常适合运动时候佩戴等等,并不是自己店员说的“垃圾货”、送给别人都不要的产品;而且淘宝价格也非常坚挺,厂商管理线上价格非常统一。为此,他们重新调整了销售政策,价格调回 398 元,公司规定每卖出一条奖励店员 100 元,并且第二天早上例会就现金发放。

店内场景

店内一角

结果政策出来之后,老员工依旧我行我素,只有一个刚入职不到 3 个月的 90 后员工第一周卖了 5 条,老员工则嘲弄他说一定会被人找回来投诉的,结果第二周这个员工又销售了 10 条,第三周销售了 12 条;老员工有点坐不住了,毕竟一个月几千块的现金奖励还是相当有诱惑力的,结果也就是不到 2 个月的时间,100 条耳机销售完毕,90 后店员销售了 60 条耳机,其余员工销售 39 条耳机。活动结束后老板和管理层坐下来总结:

(1)高端配件产品不是不能销售,也不是兰州消费能力不够,而是之前公司不重视,没有关注市场消费能力的变化;

(2)之前公司激励政策需要改革,不同的产品要采用不同的激励方式;

(3)90 后是公司未来,需要大力扶持。

从此兰州万能走向了转型之路,目前该公司的店员平均月收入 5000 元以上,店长月薪 8000 元以上,并且员工中 90 后已经超过 50%,成为一家实实在在的老公司新容颜、活力四射的新型零售公司。

2. 滴滴打车带来的新思维——滴滴抢单

这是第二个故事。有一次老板到北京出差，北京的朋友说有一种新的叫车软件，叫“滴滴打车”，可以很方便地使用叫车。那个时候兰州还没有这个软件，所以他们并不是很了解这种新鲜事物。可能对于绝大多数人，使用完也就结束了，但是有心人的思考，总是出人意料。

回兰州之后，他们自己内部推行了一种新的管理系统，叫做“滴滴抢单”。原理和滴滴打车类似，即将公司所有分销客户组织在一个群内，每天发送报价，如果有客户有兴趣，商务人员对接洽谈确认后，将订单信息发送到公司群内，第一个抢到的员工为这个客户提供服务，并享有一定的提成奖励；服务包含：订单打包、陈列指导、培训等。因为属于销售人员主动行为，所以服务的效果就特别好，客户留存率特别高，分销销售额在原来的基础上提升了3倍。

这种模式他们采用了很长时间，也得出了一些新的启示：

（1）原有的销售员分区概念，并不一定是最优的管理方案，是传统的行政管理划区方案，显然已经落后；

（2）互联网下的思维，要发挥每个人的主动性，只有具有主动性，才能带来更优质的服务和创新；

（3）任何互联网等新兴行业出现的创新，都要思考一下，能不能为我所用。

如今，兰州万能这种微创新已经非常普遍，“人人都是创新者、人人都能发挥主动性”已经成为这个公司的一个小小的标志。

3. 喝一个月苏打水，带来的销售启示

这是第三个故事。苏打水机这种欧洲家庭必备的产品，一直没有进入国内，2014年刚刚在国内一些特别高端的店面有销售，毕竟中国人还是喜欢喝热水，对于加了气泡的水，很多人不习惯去喝。

2015年，老板从总代理拿来6台苏打水机，应该也是想做一种尝试，毕竟在此之前他也没有见过这个产品。但是他们不是马上放到店面，而是自己员工先喝了一个月，从一开始的不习惯，到后来发现确实有很多非常有意思的作用，比如对于便秘的缓解，2～3天一定有非常好的效果；比如当作化妆水使用、

比如可以添加果浆，制作和麦当劳、肯德基的味道一样的果汁等等。纯天然的方式，健康的结果，他们自己已经深有体会，所以 1 个月以后拿到店面销售，大气美观的陈列加上真实的使用案例，平均每个店面一个月能够销售 20 台，一举成为全国单店销售冠军。所以他们也有自己的一些结论：

（1）所有新产品店面销售之前，自己员工先使用，确实发现货真价实，有使用体验再放到店面；

（2）引进产品，坚持实用、健康、高品质原则，不销售低端短视的产品；

（3）员工是决定一个产品是否引进的决策者，而不仅仅是一个执行者。

如今兰州万能店面产品 SKU 数量并不是特别多，但是每一件，都是精挑细选的产品，顾客购买后极少有投诉，老客户推荐新客户的案例就更多了。

4.12 点前顾客盈门的技巧

一般一个店面早上 10 店开业，12:30 之前，店面顾客是不会很多的，特别是一些独立门店，整个上午都可能看不到一个顾客；但是你又不能 12 点开门，这对于很多管理者是一件苦恼的事情，因为人闲则生乱。

兰州万能采用一个非常互联网化的方式，就是店面的所有服务可以提前预约，预约时间是上午店面开门的时间到中午 12 点，顾客可以预约任何一个店员，服务后还可以给店员点评，这样上午顾客人的数量就会比较稳定，并且因为一对一的服务比较好，顾客复购率就上来了，一旦店面上午就有这样的人气，店面氛围就会热闹起来，生意旺盛自然就不必说了。

这也是一种很有意思的创新，说出来就很简单，没做之前，都很难。

5. 无人机销售实践社群经济

在大西北，无人机这种高大上的产品能卖得出去吗？即使有人买，又能卖出去多少呢？在没有销售这个产品之前，很多人是犹豫的，不过兰州万能将这个事情做得很完美。

首先在“智东游西”这个潮品店里，他们设立了专区，并培养了两名飞手，号称是兰州飞的最好的两名员工，他们利用业余时间，飞遍了兰州能飞的地方，同时组织客户，承办飞手训练营，组织客户定期活动，成为当地一个非常有

影响力的飞行团队。这中间给我们众多启示：

（1）市场无处不在，特别是在中国快速发展的状态下。虽然现在每年GDP增长只有不到7%，但依旧是全世界最具有竞争力的增长；

（2）做任何事情一定要专注、专业，特别是高科技，只有专业，才能带来更多客户；

（3）无人机培训，是线下极好的社群互动建设机会，抓住了就能够让公司在整体会员管理上有一个革命性的提升。

6. 店面，朴实的专区布局

"智东游西"这个店面位于兰州最繁华的商业街，店面大约200平方米，采用非常简洁质朴的装修风格，最大的特色就是，店面内部产品采用专区陈列方案，大约有六七个专区，专区之间采用自然过渡方式，让你觉得不突兀也不会出现不适感。每个专区都有专人负责，体现专业度，同时每个店员都能讲解所有的产品，这让消费者能够及时获得服务，也让员工之间有备份，分工和专业的有效结合，成为店面最实用的管理方式。

店面虽然没有豪华夸张的装修风格，但是非常实用，并且店员的热情一定会让你记忆犹新！

这中间有两点的启示：

（1）装修的标准是什么？绝对不是豪华，而是实用、舒适和创意，因为这对于我们来说毕竟是一笔不小的成本，只要让消费者觉得舒适、有亲和力，就足够了；

（2）店面的灵魂硬件就是产品，软件就是人，产品选择恰当，人足够有魅力，这个店面离成功就很近了。

7. 善于学习的公司团队氛围

兰州万能目前的团队是一个非常擅于学习的团队，虽然与他们团队整体接触不是很多，但是已经能够感受到他们的这种能量，当然这和他们具有的企业管理方案以及和年轻团队的有效结合有关，比如，他们设立了很好的股权激励方案，拥有一定的年限或者职位的员工都可以享受，并且收入都是透明化的考核和核算,这在年轻的团队中,是很受欢迎的。

他们的管理层经常在国内学习一些优秀的店面经验,国内外的展会也经常能看到他们的身影,对于一个偏大西北的零售商,有这样的气魄和眼光,也是值得更多零售商管理者借鉴和思考的。其实有时候,花出去钱,能给你带来不一样的眼光,这种眼光,能够让企业知道自己的位置,能够安然度过每一个成长必经的节点和门槛,这花出去的就不再是钱了,而是实实在在的机会。能够组建这样一个擅于学习的团队,需要其实也不仅仅是钱。

兰州万能,从店面美观度上说,在国内是排不上名气的,但是从创新到实践,从单店规模到利润,从管控到创新管理,尤其是务实的创新态度和不断协同的创新模式,都是一家非常值得学习的零售公司和零售店。

大西北不仅仅有漫漫黄沙,也不仅仅有兰州拉面,还有让我们敬佩的兰州万能和他们的店面,祝愿他们越来越好。

|第九章|

零售界的常青树大连拓金

做数码、PC、苹果等产品的零售圈内，如果不知道大连拓金，那说明还是刚刚入行。记得十多年前，就有人说圈内有一个做生意非常厉害的东北大连企业，有一个口才一流的老板，叫大连“小王”，如果开会他不到场，那这个会议一定会索然无味。起初，我们也就是听听罢了，直到多年以后调往北京，从听闻到初识、再到熟悉、到目前尊敬的大哥级人物，才了解这个公司的成长历程，才知道经过接近20年的打拼，这个公司有多么不容易。这篇文章我们就来分享一下这个进入新时期的优秀的公司、卓越的店面，为了让大家更好地了解，分为上下两篇，但因为这个公司故事太多，所以也仅仅是简略的框架，更深的了解，还需要慢慢品味。

笔记本销售区域

上篇：企业——顶层设计和共享规划

1.20年，不走寻常路

1996年成立的大连拓金现如今已经21岁了，如果说当初靠勇气和拼搏打拼出来的是顽童，现在已经成为一名翩翩少年，在中国市场上能有21年不断成长进步的企业，本身就是一个值得尊敬和学习的企业。

据拓金一名一起创业的员工回忆，那个时候作为老板的王总，基本上是晚出早归，绿皮火车晚上出发去北京，一天采购之后晚上又火车回北京，上货下货送货，老板和员工是没有差别的，大家乐得其所，没有任何怨言，因为勤奋和善于打时间差，大连拓金快速成为行业的佼佼者。

潮品区域

现如今大连拓金首批创业员工有很多还留在这里，经过20年成长，早早地过上了小康生活。曾经有经济学家说，一个企业，需要有社会主义精神，只有社会主义精神，员工才能跟你发展，才会觉得有前途有希望。虽然有的人可能不是很认可，但是事实上，创业的道路上，如果没有共同的理想和目标，没有对于一件事的持续的追求和坚持，是不可能成功的。史玉柱当年就是带着几个铁杆下属，才有机会东山再起的。大连拓金一直有一批志同道合的同仁，他们往一个方向努力，每个人都在企业得到发展的同时，也得到了属于自己的一片蓝天。

2. 每一次变革，都是一次升华

大连拓金从创业时候做电子配件，到后来的兼容机，再到后来的品牌机；从PC专卖店，到数码专卖店，三星、苹果的引进，再到现在生活馆，几乎每一步，都能至少提前一年以上布局，有的甚至提前两三年时间。

其实这种提前布局结果看起来很美好，但过程很痛苦，因为凡是提前布局的很少有一开始就能赚钱的，因为时机还不成熟就进入一个新方向，店员不理解、顾客也不认同，利润更是直接表现为直线下降。但是这恰恰是拓金这么多年来能够屹立不倒、成为常青树的一个重要原因，因为既抓住了当下，又布局未来，这是局外人无法直面的。

比如拓金的生活馆，在大连地区至少提前两年布局，两年前即使在全国范围内开生活馆的也不多见，而且线下零售业持续下降是市场明显的趋势；当时拓金的行业规模在往上走，正是生机勃勃的时候，这个时候决定继续在零售上投入，作为拓金的未来来说，压力是巨大的。

但就是这一次的决定，成就了现在大连拓金的店面，周末来购物的人是需要排队的，这就是坚持的力量。因为他们看到了线下零售依旧是一种趋势机会，只是需要从产品型转向优质服务型，所以加大了店面体验的改造，加强员

工的自我学习和培训，为大连消费者提供了一种新的生活方式，这让大连拓金，又一次升华为当地最优秀的企业之一。

3. 员工，上上下下的学习习惯

一年过百万的培训费，对于一个300多人的公司，你会投入吗？这对于一个区域企业，就是一个大手笔，为什么要花费这么多去培训呢？

王总的态度是明确的：零售企业的培训，就如科技企业的研发投入，你不投资，你的综合实力就无法提升；花出去的是钱，收获的是团队的核心战斗力。现在对于人的投资，才是零售企业最需要的投资，因为零售企业本身是高科技企业，同时也是与人打交道的企业，既然都是和人有关，那么员工的价值也就是企业最大的价值。

店铺门头

现在很少有企业能够有如此的认知和胸怀，当然这也是需要一定的实力。拓金的培训不仅仅是针对员工，老板自己也学习，像参加培训班、参观国内优质店面、拜访有思想的老板、国外的访问游学等，这让我想起孔子东游，不都是一样的道理吗？

上上下下的学习氛围，提升了大连拓金的综合实力，现在他们都是项目负责制、部门负责制，老板已经不用操心太多具体业务，而是把更多精力放在关注趋势和未来，让更多年轻人主持工作，这才是现代的零售企业模型。

4. 客户，先做朋友再做生意

在拜访过程中听闻很多关于和顾客成为朋友的例子，其中有两个值得和大家分享。一个案例是一个店员准备去学开车，他一个顾客是当地最大驾校的老板，因为这个店员多次的服务一直让对方很满意，这个学员报名只象征性地交了500元学费；另外一个案例是一个员工的孩子要上学，但是择校上不了，找了很多关系，都没有办法解决，结果一个顾客购物的时候，因为服务让对方非常满意，而这个人恰恰是校长，一句话就解决了！

这些看似不足为道的小事，但是却能有实际的影响，这说明这个企业已经不仅仅是一个销售平台，能够让顾客满意到会帮你办事，说明这个公司已经发生了质变，这个质，就是共享经济，将拓金变成了一个人共享平台，能够发挥人的最大价值。

5. 老板，从爱说话到少说话

前文曾说过，在圈子内老板王总的口才是一流的，据说以前开会都是他一个人说，说的大家都会很兴奋，也很有效果。但是这种“一言堂”的做法，还是制约了公司的发展。

2016 年经过深入的思考，他在公司具体业务会议上讲话越来越少，具体流程都是员工讲、主管主持、团队决定，只有关键点他才会给一些思路。当然为了达到这个目的，他们还把公司的规章制度重新做了修订，王总也在自己门上写下：“改变自己，改变一切；改变思维，改变命运”，并用这句话勉励自己，他的这种坚持，让公司快速走向职业化，而职业化，是未来中大型零售企业的必然之路，因为只有职业化，才能人尽其责。

潮品生活馆

6. 文化不仅仅写在墙上

大连拓金有很多标语和关于公司文化的漫画，是写在画在墙上的，这种方式的好处就是让无论是员工还是顾客，都能时时看到。员工看到是为了时刻提醒自己公司的目标、做事的风格；顾客看到是监督员工，是一种市场行为。这对于公司文化的推广，是一种非常有效的方式之一。

很多人会以为这种方式会不会很土，其实这些很土的方式才是最好的方式。公司文化，一般都是简单的几个字，但就是因为太简单了，也是最容易被遗忘的，只有不停地说、不断地讲、时刻提醒自己，才能逐步执行到位。所以写在墙上的只是标语，记在心里的才是文化，执行到位的才是公司的财富。

7. 转型，从顶层设计开始

什么叫顶层设计？顶层设计来源于一本书——《赢在顶层设计》（作者高建华），是为转型企业写的一本管理书，也是工具书。2015年政府工作报告也明确国内未来的经济转型，要从顶层设计开始，这个词语成为转型企业首先要去理解的一个重要思路。

手机销售区

大连拓金的顶层设计是什么？就是老板定战略、定方向，自上而下开展企业的全面转型。因为转型是一种重大的战略调整，在一个传统企业或者成熟管理的企业内部，是不可能自下而上完成的，必须有最强的推动力，这种推动力只能来源于顶层最大的boss。当然设计好了，就是职能部门执行的问题了，这里面会有众多的利益关系，在关键点上，都需要大boss推动，只有这样，才有新生的机会！

目前是线下零售企业转型的关键点，大连拓金提供了非常好的样板。他们有一套完整的、顶层设计的模型和方式方法，当然这种顶层设计要保证不走形，对于老板的要求是非常高的，因为模式可以学习，细节和方式方法则因为企业各不相同，是不能照抄照搬的。

大连拓金，经过最近几年的转型和磨练，已经切切实实地做到了顶层设计下的企业整体转型，并且沿着共享经济的实践之路勇往直前，那么什么是共享经济的零售模式？下面就来讲解。

下篇：共享经济——小洋楼里七重天

七重天，源自西方传说中的至善之地，英文Seventh heaven。用这个词，也许更能表达这篇文章真正要说明的核心思想：我们和我们的顾客，到底需要怎样一种场合，才能实现真正的共享的零售经济模式呢？

1. 电脑城对面的四层小洋楼

位于大连奥林匹克中心东门对面，有一栋俄式小洋楼，在大连，这种小洋楼很普通，如果不留意，也不会觉得有多特别。这个楼正对面是电脑城，几年前还是车水马龙，现在已经门庭冷落鞍马稀了。不过小洋楼内，人气却越来越旺，周末甚至会有排队的现象。

投影销售区域

这个人气兴旺的店就是大连拓金的旗舰店，奥林匹克中心店，一共四层：一楼沿用专卖店模式，是由三星、微软、苹果几个专卖店组成；二楼是笔记本区域和红酒区域；三楼是生活馆和维修中心；四楼是零售办公室和研究中心。

这个四层的小洋楼，是拓金的实验田，也是拓金的聚宝台。因为属于自有店铺，调整相对也比较容易，因此这里可以说是拓金共享经济的一个发源地，至善至美，七重天就从这里开始。

2. 一重：去年就开始种树的时尚先锋

进入第一层，就可以看到绿树成荫、枝繁叶茂的几株挺拔的榕树，从装修上看，这肯定不是新装修，店员说从 2015 年就这样了，当时还成为大连的一个特色被报道过，真的是高手在民间啊。苹果也只是 2016 年初才有这样的风格，可谓是异曲同工，如果对于零售没有足够的思考和研究、没有足够的零售实践，是绝不会有这种巧合的。

一层是专卖店，专卖店在工业时代其实是不会过时的，虽然在我国部分一线城市效益有点疲软，但是在二三线城市还是生命力旺盛，如果能增加创新的方式那就更能吸引消费者光顾了。所以一层表面看起来除去树以外，似乎没有特别的特色，但是只要是适合的，就是最好的。品牌店，是适合二线以下城市去尝试的，拓金一楼，就是典型的品牌店面，几个品牌的组合，增加了更多新鲜的陈列方式，让消费者能够驻足，这也是一种服务的创新，赏心悦目的也是服务。

2017 年和 2018 年是国内笔记本更换高峰期，因为据因特尔大数据分析统计，中国 50% 以上消费者的笔记本都使用 5 年以上了，5 年是笔记本一个大的

更换周期，所以笔记本最近几年具有硬性的刚需，就像手机 2 年更换一次的刚需是一样的，刚需的东西，只要你能提供符合消费者的优质服务，就会有更多的销售机会。

3. 二重：服务区大于陈列区

二层准确地说应该有 3 个区域，一个是笔记本展示区域，一个是洽谈等待区域，一个是红酒区域。貌似前两者和红酒挨不着边，其实这就是一种借势营销，因为客流很大，所以就会有客户一边等待一边到处逛逛，这些顾客大多数是中产或者接近中产阶级，本身也在追求比较高的生活品质，所以进口红酒也就自然而然地成为消费者的选择之一了。

整个二层，服务区域面积占比很大，高档的真皮沙发，一大早就已经有很多等待的顾客，这是坚持以服务作为核心竞争力的拓金一个明显的标志，客户到大连拓金就是因为服务的良好口碑，这也是拓金多年坚持的行为准则。

4. 三重：生活馆的时尚精髓

智能健康区域

三层是最近几年拓金着力打造的生活馆，随着消费者生活水平的日益提高，已经不仅仅满足于消费笔记本、手机这一类最基本的产品，而有更多的和生活息息相关的智能类和健康类产品的需求，这几年拓金陆续引进苏打水机、倍轻松按摩器等有助于提升消费者生活质量的产品，其实就是按照马斯洛需求理论的发展，引进更多的产品，给消费者更高层级的服务。

生活馆按照之前的理论适合一二线城市，但是对于一些发达的地级市，照样有生存空间。像大连拓金这种组合，就是一种典型的会员增值效应，无论对于消费者还是企业，都是一种有益的尝试和组合，更值得我们学习。如果一些企业还是有担心，那可以先拿出 30% 的面积来尝试，一定是没有问题的。

5. 四重：把服务做到一张王牌

要声明一下，拓金的四层是一个有特色的零售办公室，却也代表着剩余四重的升级和升华,这些看不见的东西,才是我们更需要了解和关注的。

店面最重要的一张王牌就是服务,服务在大连拓金不仅仅是一个产品,更是一种深入人心的基本素质和礼仪,一杯水一杯茶、一个微笑一句慢走,以前是标准化的规定,现在是发自内心的。比如他们的所有维修人员,都是要求正规的白衬衫,因为既然消费者花钱了,除去把产品维修好,还需要给客户一种正规舒心的感觉,王总曾经说:“这就像看病,大夫都是白大褂,给人一种信任感,如果穿着各异,你敢去看病吗?”

大连拓金的服务分为收费会员服务、免费会员服务、维修服务、网上电子商城便捷服务等等,但是每一种服务都是以舒适体验为前提,并有细分的可以执行的细节管理,将服务标准化、商品化。大连拓金的核心文化是:服务商品化,服务品牌化。拓金未来就是一个服务平台,通过做好服务客户,来引导客户,从而提高效益。对内服务好员工,对外服务好客户,最终宗旨是用服务带动一切,引导一切。这每一句语录都是经过不停打磨才有的真知灼见,都值得思索良久、细细掂量。

6. 五重:为有能力的年轻人提供更多的机会

拓金现在有一些管理岗位空缺,比如店长、副店长、项目负责人等,这些是采用内部竞聘选拔的方式。在几年前,有一个 18 岁的店员,就竞聘店长职位,这在很多公司都是天方夜谭,毕竟年纪太小了,一个店面给这么一个年轻的刚成年的孩子,靠谱么?但是这位年轻人准备得非常充分,无论是战略规划还是战术策略都讲得头头是道,公司最后根据竞聘规则,给了他一个之前盈利不佳的店面,结果这个店面在第二个月就实现了盈利,并且他和其余两个店员关系处理的非常融洽。现在这个年轻人已经成为大连拓金大店的店长,一名核心的骨干人员。像这样的年轻人,在现在的拓金有很多,重视年轻人,让拓金后续人才济济。当然上篇也说过,拓金在年轻人的培训投入上,也是非常大方的企业,这也是吸引年轻人愿意加入的一个非常重要的因素。

7. 六重:把提供品质生活当作未来的一个产业

马云说,现在投资健康产业,未来 20 年一定会有更大的成功概率。马云

是基于我国目前的食品、水、空气现状来说的，他说的是现象，却不是本质，本质是：随着我国人民生活水平的不断提升，人们一定对于生活品质会逐步有更高的要求，这就需要我们能够提前有更精准的预判，为消费者提供更匹配的品质生活的产品和服务。

这是一种趋势性的工作，很多企业对比把握不是很准确，因为任何趋势起步阶段都不是金光闪闪的金子，比如拓金生活馆前两年都是亏损的，因为从教育用户到用户有这个意识，需要有一个交汇点，在交汇点之前，亏损是一种常见的投资现象，但是对于有战略眼光的企业，这种亏损也是必须去承担的，这就是提前占位、提前布局。

8. 七重：趋势大于优势

大连拓金目前是一家盈利良好的公司，随着这一轮洗牌的结束，他们依旧屹立于大连这片美好的土地上，依旧是三星、苹果、联想、微软等产品的核心代理，拥有30多家零售店面，拥有坚实的行业基础，并且拥有一个年轻的、符合互联网思维的勇于拼搏的团队。这是他们当下的优势，既然是优势，那么就一定要抓住，并且要抓的很牢固。

拓金并没有自我满足止步于此，而是在零售的道路上，尝试更多的趋势：零售店的发展趋势、产品的发展趋势、消费者的递进趋势、团队的未来趋势和互联网的发展趋势，将这五种趋势合五为一，不断打磨，虽然也有阵痛的过程，但是希望的曙光，总是让人那么兴奋和幸福。

这就是大连拓金的七重天，一个在至善至美的基础上建立起来的理想国，也符合未来趋势的共享经济的零售新趋势。

最后，用王景铎先生在朋友圈的一句话来更好地阐述他们的理念：当一个人的思维从不同角度、不同空间、不同时间进入，当你进入时的跨度足够时，思索不一样、世界不一样、格局不一样。用真心、说真话、做真人、干真事、真快乐！

| 第十章 |

如花似锦的论潮创意生活馆

锦州，是一个历史悠久的城市，夏、商、周时期是冀、幽州所在地；三国时期是著名的幽州昌黎郡地，1980 年正式成立锦州市人民政府。这个距离北京只有 3 个多小时的城市依山傍海，风景优美，自古就是兵家必争之地，也是商业繁华之所。

一家店的店面门头

论潮创意生活馆，就从这里开始萌芽，现在已经拓展到整个东北地区，拥有了 9 家店面，并有大规模扩张之势。很多人会认为，东北人粗旷豪放，不拘小节，店面一定也是大大咧咧、充满阳刚之气。但是当去过他们的店面以后，才发现这里不仅仅具有大气的格局，还拥有江南的细腻柔情、如画风景，现在就让我们来了解一下这如花似锦的论潮创意生活馆吧。

1. 为年轻人打造创意世界

"论潮"，这个名字显示的意义，就是给年轻人打造一种生活方式，追随和创造最时尚的潮流，给年轻人带来高品质和创新的生活质量。这也是论潮店面做人行事的基础，定位清晰的店面，才会有光明的未来。

影音体验区域

当然，现在以年轻人为定位的店面还是很多的，最终能被年轻人接受的却不是很多，究其原因，还是定位出了问题。虽然绝大多数店面表面上是年轻人为主、为年轻人打造，实质上还是把赚钱放到了第一位，这里不是说赚钱不重要，很多时候，你越想得到的，却得不到，这就是先有鸡还是先有蛋的问题了；不信，

你继续往下看，看看论潮是怎么用实际行动去定位这个店面的。

2. 从小开始培养的顾客

年轻顾客从哪里来？对于这个问题，大家想到的一定是通过宣传、新媒体、会员制等等，但是论潮给出的答案也许会让你大吃一惊：从小开始培养，小朋友时期就开始培养！而他们也确实是这么做的。店里面经常有老人带着孙子来玩儿，也有年轻父母抱着孩子体验炫酷的八音盒，这一点还是非常特别、有别于其他品类店的。

配件体验区域

培养年轻的顾客，这是一种决心和勇气，因为这需要漫长的等待，但这也更是对自身的自信。20 年前，有人分析过日本的广告，说索尼、日立等公司在中国的电视广告配音都是儿童清脆的声音，就是有意要培养下一代消费者，这是一种大公司的战略规划；论潮母公司不是如此规模的大公司，却能够拥有这种思想，本身就是一种战略思维的进步，更是对于线下零售行业的自信。

3. 店面就是景点

我们去景点最喜欢做的事情就是拍照，社交媒体兴起后更是喜欢将照片分享在网络上。论潮创意生活馆就利用这种方式，开发了更多适合拍照的点，提供给消费者拍照分享。这就是一种比新媒体付费宣传更有价值的一种宣传方式，因为每一个人分享到自己的朋友圈的美景都是一种信用的背书，这种无形的信用背书，本身就是一种无价之宝，是任何付费媒体都无法具备的功能。

在论潮锦州店面，门口有一个红色的立柱邮筒，你经常能看到有小朋友和大人在这边拍照，这就是一种典型的景点设置方式，这种投入其实并不是很贵，但这种创意带来的价值就是很快就能够在当地年轻人中间形成一种叠加传递效应，让更多人认识这个店面，走进这个店面。

4. 时尚的橱窗设计

我们之前的文章也有谈及零售店面的橱窗设计，橱窗是一个店面的漂亮衣裳，无论远观还是近看，都极其重要。论潮的店面同样非常重视橱窗的设计，有的古典悠扬、有的现代时尚，并且每个橱窗都有极强的视觉冲击力，能够给人驻足观赏、进店观看的吸引力，这恰恰是橱窗本身的价值所在。

为了让橱窗更具有实际价值，店面采用了两面窗的形式，即从店面内部往外看，依旧是一种特色的陈列。其中部分还采用借景的方式，这种形式不是很常见，但是对于一个以电子产品为主的零售店面，更值得学习，因为这种形式更加有效地利用了空间，更具有艺术想象力。

配件体验区域

5. 极为丰富的产品组合

论潮的店面都在 100 平方米左右，大一些的在 150 平方米，其实不算很大，但是店面产品之丰富，远远超过一般的平面式陈列的店面。这是因为论潮大多都是采用立体架构陈列，虽然不算稀奇，但是在产品组合的丰富性上，确实是一般店面无法比拟的。

智能产品体验区

粗略地统计一下，产品品类组合有：通讯类、按摩类、无人机、音箱耳机、八音盒、平衡车、智能乐器、拍立得、电影衍生品、毛绒玩具、特色办公用品、特色家居用品、智能健身设备、包类等产品，甚至还有鸟笼、旅行箱等产品。

这些产品放在一个店面真的合适吗？不可否认，这需要很高的管理水平，特别是库存的管理水平，不是一般企业能够做到的。但是将这些看似不相关的产品进行组合，恰恰体现了其定位清晰，因为这些就是时下年轻人各种个性化需求的体现。什么叫创意？创意就是创造意想不到的效果，这种惊喜销售，未来势必会超越普通推荐销售，这是趋势，我们只能去适应。

6. 精准的会员制管理

论潮有一整套非常清晰的会员管理系统。他们的会员是收费的，虽然收

费，但是因为服务内容公开透明，所以还是吸引了大量的会员用户。现在论潮为了更好地管理好会员，还开了一家网上虚拟商店，这样就能有机地将会员信息重新疏理调动起来，这其实就是传统企业 + 互联网了，是一种能带来的裂变效应的方式。

目前的会员制度，给论潮带来的不仅仅是一种生意和财富，更是一个由顾客组成的区域群体，会给企业带来无穷的益处。

7. 爱自我表现的年轻店员

我们曾经帮助很多店面做过直播，大多数店面的店员都是大头朝内的，看见镜头过来，都是躲着走，只有论潮的员工是自动自愿表现的，甚至一个姑娘主动要求展示一下平衡车技术，以争取有更多入境的机会。

为年轻人开店、用年轻人管理、店员都是清一色的年轻人，这是论潮的特色，因为60后、70后的人无论怎样努力、认为自己能跟上年轻人的思维，这种时间的跨度是没有办法改变的。

混搭体验区域

8. 职业化的团队管理

其实论潮的所属公司，加起来的店面也不超过30家，按照中国人管理的习惯，老板一定还在亲力亲为的路上，我们不否认，他们也是如此，但是他们的亲力亲为并不是自己去做具体的事，而是定战略、抓流程、看结果。所以你会发现，他们老板的工作方式有点与众不同，这是因为他们已经形成了一套比较标准化的职业团队。

论潮现在利用互联网办公系统，店员、店长、管理层、老板都有自己不同的权限，各级都能够在线处理自己工作范围内的事情，不需要事事都向最高级老板请示，这样就大大提升了工作效率；很多例会也不需要在固定地点或固定时间召开，只要有网络，可以随时连线。这些在大公司都有可能执行不到位的事情，在论潮却表现得淋漓尽致，让零售店真的成为了一家高科技公司。

毋庸置疑，论潮是一家区域零售领导型公司，目前该公司正处于高速发展的时期，他们的定位创新、职业化，他们的会员制管理、网络化办公、年轻人才的使用，都是一般零售企业短期内能够企及的。

在该店面调研时正处于放暑假阶段，巧遇一个年轻的大一学生，他说：高中时候这就是他经常来逛的店面，虽然自己考上了大连的大学，但是放假一回来，他就跑过来看看，买一些礼品，送给最好的朋友。这就是做好一个零售店最好的标志，无论于人于己，都是一种快乐。

儿童产品体验区域

谢谢论潮创意生活馆，让我们无论处于怎样的年纪，都可以有一种如花似锦的人生，希望论潮给每个城市的年轻人都打造一个值得回忆的、美好的生活方式。

| 第十一章 |

锐意创新的 LFS 武汉联发世纪

武汉联发世纪是一家通讯行业的零售商，拥有十多家店面，虽然在零售渠道算不上店面多的，但是在武汉，各个最好的商圈都有他们的店面，区域覆盖率还是非常强的，属于区域深挖坑、广积粮的类型，是不求广度、但求深度的企业，参观的两家店面各有特色，值得一品。

1. 极强的空间层次感

武汉联发世纪位于光谷的店面，面积大约有 200 平方米，因为层高较高，店面整体非常通透敞亮。店面并没有因为层高就全部隔为两层，而是采用半开放的模式，让店面呈现立体感，这种立体感通过店面不同灯光和通透的有机玻璃的设置，使整个店面都具有极强的空间层次感。

光谷店面的螺旋式扶梯

这种空间层次感最大的好处就是，让消费者在店里没有低空间的压抑感，而是很像一个多元化的艺术空间，让人可以徜徉于此、流连忘返。这样的风格设计需要足够的勇气，因为会浪费一部分陈列空间，店面挑高比较高、租金可以控制的店面可以采用。但是一个店面不是陈列机会越多越好，而是要能够在控制范围之内，毕竟太多的产品和型号的大量引进，需要极强的库存管理能力，有时候做好几个品类的产品管理和陈列，反而会比数量更重要。当然这种风格其实对于细节的管理要求更高，因为这样的风格更容易犯错。

2. 大幅度的灯箱片

大幅度灯箱片，是这两家店面的一个很大的特色，如果说200平方米的店面使用灯箱片是为了更好地展示效果，那么在武汉壹方商场的60多平方米的店面，也在最好的位置布置了两块灯箱片，这说明他们对于此有比较深的研究。

壹方店的陈列

做零售的大多数人都知道，苹果Apple Store（现在已经去掉store了）灯箱片的使用是数码零售店中最为大胆的，现在小米、华为等专卖店也在学习。灯箱片本身是一种广告宣传方式，但是超越常规的大的灯箱片，还有一个更重要的功能，就是刺激购买，这是一个心理暗示的效应，就是用直观的强刺激，激发消费者的购买需求和欲望。

当然，大灯箱片最好找设计公司做一个整体设计，如果因为大面失去美感，也会得不偿失，所以这一块工作，还是需要专业人士去规划效果，大而美，才是店面需要的方式。

3. 热卖的销售氛围

营造一种良好的销售氛围，是零售店面一件非常重要的工作，因为对于零售店面而言，最终的目的还是要产生交易，而不仅仅是体验，所以即使体验，也是为了成交。因此为了产生交易，就需要有足够的销售氛围。

光谷店面的休息区

联发世纪光谷店面的名称是LFS数码生活家，产品包含：主流手机、健康产品、数码配件、健身器材、运动类、音频类产品、澳洲健康产品等等，还配备有休息区和隔层的洽谈区域，整个店面具有强烈的销售氛围，陈列凌而不乱，有家庭的温馨和卖场的热闹，不同区域有不同的背景音乐，这样店面气氛就很热烈，消费者进入店面以后容易有一种参与

感,这非常有助于销售,以前的 3C 卖场就比较擅长这种氛围的营造。

位于壹方的店面叫做 eFunStudio,虽然店面面积不大,但是店面氛围依旧热烈,主要通过不规则陈列和店面互动体验产生。店里有 4 个不规则的桌子,达到非对称的陈列,加上店面平衡车、XBOX、VR 体验等,让店面有多个聚集客流区域,从而让店面更容易留住客户。

壹方店面的体验区

良好的店面氛围可以帮助店面有更多客户的留存率,也可以降低店面的跳转率(互联网指标,浏览首页即离开),这有利于发挥店面的真正优势,说白了就是增加人气。但是现在很多店面都在模仿苹果直营店,追求对称化设计、简洁陈列等,但是我们又没有办法提供足够的产品体验,所以很容易让店面显得曲高和寡,这样的店面容易让客户觉得有距离感,如果给顾客这种感觉,就很难留住人气了。

4. 产品道具的应用

店面的道具,就等于是魔术师的桌椅手杖,好的道具一定是给店面加分的。联发世纪的这两个店面,道具都很有特点,光谷相对来说还是比较传统的方式,更多通过陈列和物料布局,中间立体的塔式陈列展台、照片、欧式的沙发,都没有循规蹈矩,特别是立体货架还预留了两个座椅空间,让空间更具有客厅气息。

而壹方商场店面,应该是属于和艺术化商场相匹配的风格,无论是原木原始风格的陈列桌,还是墙砖式样的墙面,都是艺术化的布局,让每个产品通过这种陈列都能够成为艺术品。这种陈列就能够给店面带来足够的价值感,从而降低客户的议价习惯。

5. 混合式陈列布局

两个店面还具有一个更大的特色，即都是有主机销售的品类店，这一点更具有模仿效应，因为国内绝大多数店面都是专卖店，即使转型，也不可能完全放弃主机销售，这既不现实也不明智、更不合理。

店面的背景墙

联发世纪的这两个店面，都将主机融入店面整体氛围之中，通过相互渗透的方式，合理融入店面，也是一种合理的顾客定位，同时也符合目前流行的高频销售带动低频销售，店面数码配件、部分音频产品相对属于高频的产品，手机电脑属于低频产品，这种混合式的陈列模型，就是互联网布局产品的精髓。

6. 绿植的巧妙布局

联发世纪的这两个店面，还有一个显著特点，就是绿植的巧妙应用。据负责人介绍，这是他们多年的特色，之前有的店面还是采用真的树，现在为了符合商场要求和增强效果，他们采用高仿绿植方式，墙面和吊顶采用草坪模式，让人耳目一新。

7. 热情的店员接待

两个店面的店员都是统一服装，光谷店员服装还是比较传统的通讯行业的定制 T 恤，有店面标识和标语，颜色和店面整体空间是匹配的浅绿色；壹方商场店则采用优雅的马甲绅士淑女式样，更匹配商场的整体形象。

两个店面的店员都是以 90 后为主，最大的特色就是热情，他们不会忸怩和腼腆，而是主动热情地介绍产品和服务，并不会因为你买或者不买产品，而采用不同的服务态度；而且在每个店面，只要顾客进入店面里，店员都会为其倒一小杯苏打水调制的果汁，这也会使顾客在心中为店面加分。

武汉联发世纪已经提前走了一大步，希望未来的每一步都是正确的方向，每一步节奏都能连起来，形成奔跑的力量，给全国的零售业带来一个清新之风、美感之风、成功之风、创意之风！

|第十二章|

蜕变中的通讯零售店乐语 Funtalk 北京爱琴海店

店门前的机器人互动区域

乐语是国内一家知名的通讯零售连锁企业，在全国 26 个省、230 个城市拥有 2000 多家门店，2014 年成为三胞集团的一员。北京爱琴海购物中心的“Funtalk 乐语”，是其内部的零售 4.0 模式，能够吸引线上线下 500 万人，整体上是一家值得学习的店面，特别是传统的通讯零售行业，在利润日益变薄、运营商补贴不确定、电商冲击等外因下，需求突变，也是必然的选择。

北京爱琴海购物中心的“Funtalk 乐语”店面有机的将通讯主机、周边附件、VR、游戏、O2O 线下体验、新奇特产品、服务及消费金融等结合到一起，更具有现实的意义，更值得专卖店借鉴学习。

1. 主机和新奇特的有机结合

耳机之门

整个店面将多个主流手机或者说爆款手机和新奇特产品有机结合，并不再是单一的通讯产品店面，也不再是纯粹的品类店，而是一种融合店面，这种融合更符合当下相当多的零售店转型需要，只是之前很多陈列布局中，并没有能够实现有机结合。

该店面将手机集中放置在卖场中间的核心位置，凸显通讯的专业性，同时又通过与其他相关产品的搭配展示，淡化了手机等主机类产品的突兀感觉，更显得亲切。

2. 引流区域的情景搭配

店面门口因为靠近通道，设置了机器人演示区域，与宏图 Brookstone 门店有些相似，但是有较大的升级，就是设置了圆形情景展示台，可以现场让机器人唱歌跳舞，这种情景搭配很容易给顾客带来互动的乐趣，让消费者深入了解这些产品的性能。因此不但带来了围观热卖的效益，也是一种有效的产品宣传和体验，这是网购或电商无法实现的一种线下乐趣。

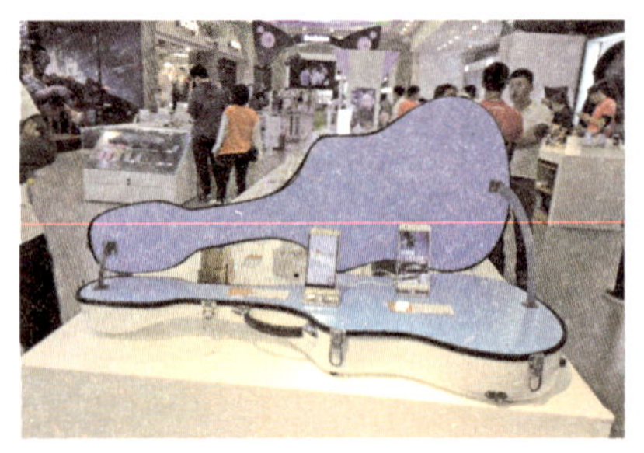

主打音乐手机的陈列

3. 深入的场景化陈列

店面的产品展示，大多数都是通过场景设置，比如音乐手机的道具是一个打开的吉他，手机壳是和一些生活用品搭配，场景式的跑道和玩具汽车等。整个店面这种陈列到处可见，应该说是见到过的店面中最为别致的，在创意和陈列成本上，进行了不小的投入，如果是规模化连锁复制，是值得尝试的一个方向。

4. 重度体验区域的设立

店面重度体验区域比较多，儿童区域的玩沙子游戏，可以围成一圈，坐下来慢慢玩；虚拟现实（VR）的游戏、电玩类的游戏机等，这些重度体验区域，能够让店面，特别是商场这种人流量比较大的空间，保持一定的顾客集中度，让店面更具有人气。

虚拟现实体验区

5. 高频不仅仅是产品还有游戏和服务

店面高频产品的选择比较多，价位段基本上是在 50~500 元之间，很多产品都来自美国的新奇特连锁品牌 Brookstone，这也是三胞集团旗下的自有品牌，比如流行的猫耳耳机、不粘手的沙子、快速醒酒器等；但是与宏图 Brookstone 门店不同的是店面陈列比较紧凑，应该和背景店面成本有一定的关系。

店面高频不仅仅有这些产品，还有投币抓娃娃机、游戏机、跳舞机等，加上维修，都是一种高频机会，这些产品更多的还是需要流动的人流量，这一点也很关键，店面有人进来、有人走动、有人短暂停留，也要有人进行 30 分钟重度体验，这才是一个优秀店面的人流分布规律。

时尚唱片机

6. 专业的音乐、游戏机

店面引进了最近流行的一款互联网音乐 K 歌空间，通过玻璃屋，将外界的喧闹隔开，将各式头戴式耳机有机的陈列其中，让消费者在 K 歌时深度体验，以绝佳的音质激发购买欲。这种设备在零售店面出现还不多见，但是也是一种有益的尝试，更值得探讨。

跳舞机、经典街机的引进，让人有一种怀旧的情怀，更是一种销售氛围的需要，当然前期店面可能需要安排一些自己的人玩起来，这样才能够让店面不至于冷落，对于爱琴海的客流，这一点应该不是大问题。

漫威的人物形象，可以供拍照用

7. 店面即景点

店面引进了多个漫威人物仿真模型，让整个店面成为一个景点，打破了之前大部分创新门店不准拍照的规矩，这样就容易让消费者有更多的分享，实现店面的社会化传播。这种免费的、有信用度的朋友之间的分享，更容易给店面带来新的客流，而不仅仅是商场本身的客流量，这种方式也是一种很巧妙的方式，只不过这种受版权保护仿真模型都是价格不菲的，而且需要定期变化调整，这也是一项不小的投入。

8. 炫彩的屏幕和吊顶

店面进门处的吊顶采用手工绘制的炫彩天幕搭配，更有时尚和科技感，有效利用了多维度空间；同时店面中心的巨型环形 LED 高清电子屏幕更是整场

时尚的吊顶

吸人眼球的亮点，炫酷动感的画面令人驻足观赏。吊顶下还设置了不同的产品悬挂陈列区域，通过合理的产品搭配出样，让店面具有立体感和层次感，给顾客以惊喜，从而产生无限的商机。

9. 店面维修服务现场感

店面“修好了”是三胞集团旗下的一个服务品牌，在每一家乐语及宏图 Brookstone 门店都有给予一定的空间。这种维修将原来藏在写字楼里面的维修中心，直接开到了店面，其实就是真正放到了大家的生活中心，免除了那些修一个手机还要请假逃班专程去找一个七拐八拐也不容易找到的态度恶劣的维修点的麻烦，这是一种对于现在中产阶级需求的极为准确的把握，就和美容美发开到宽敞明亮时尚的 SHOPPING MALL 是一个道理。

“Funtalk 乐语”爱琴海店是乐语通讯创新试点“玩、买、传”消费逻辑的新模式门店，是乐语跨界融合转型的一个开端，店面更多的是实验和探索，虽然有些尝试也还不能确定最终的效果，但是总要有人敢去试错，这种尝试，对于整个零售业都是一种精神，需要鼓励和赞扬。

“修好了”售后服务区域

| 第十三章 |

小而美的武汉糖潮

糖潮店门头

糖潮的店面，位于武汉一个比较古老而又繁华的商圈，在地下一层的商场，以前我们都叫这种商场为小商品市场，现在经过升级改造，成为一个年轻人逛街休闲的小市场，据说一个奶茶店一天可以销售 8000 元，周末和节假日营业额超 2 万元。

不锈钢镜子

糖潮的店面不是很大，只有 26 平方米，甚至不如一个大店面积的零头，但是整个店面，却有统一的复古风格的整体设计，这个店面拥有主机、音频、摄影、潮品、维修、洽谈、礼品服务等多个品类、多个组合，进入这个店面后，你不会觉得很小，甚至在待上半天后，还会想再待一会儿。

收银台及礼品袋

店面极具个性化，每一张海报、每一个创意，都是店主自己设计的，让整个店面都与众不同，如果在别的地方看到，只能说糖潮又开了一家店面，或者被人模仿了。店面拥有自己的礼品袋、有自己的鼠标垫、甚至还有自己的信封，每一个都能将你融化，这些都是送的，而不是销售的产品，有的人为了得到一个鼠标垫，也愿意在店面消费一把，我想这才是零售店的价值。

店面也非常人性化，沾满有趣圣诞图案的反光墙面，这不是玻璃，而是不锈钢，因为玻璃镜容易碎，怕万一碎了伤到顾客，所以不惜成本换成了不锈钢，这就是用户思维。

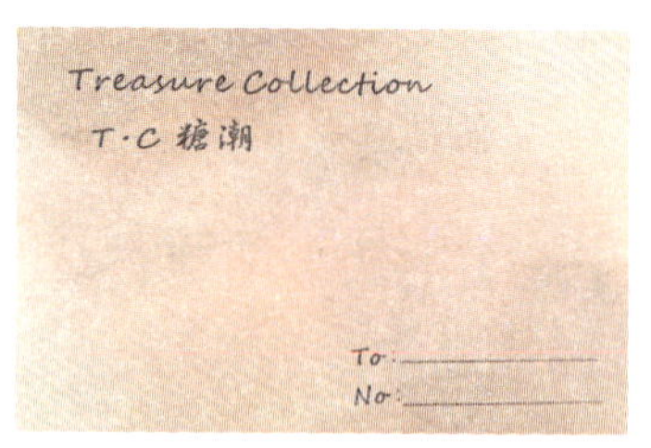

糖潮自己设计的信封

店面提供各种礼品包装，光是看这个包装，都想买一个产品带回去，给了顾客极大的满足感和购买欲望。对于美好生活的追求，应该从漂亮的包装就开始准备。

复古的灯光

店面虽然很小，但是分区非常清晰，每一个区域都有一个主题，比如收音机区域，就提倡声音还原的价值，漂亮的字就是一种美好的宣传；再比如音频区域，可以站着试听你想听的音乐，这种挂在墙上的CD机器，是不是让你有一种记忆的悠扬？

原木色的墙面货架

店面对于一般的维修，提供立等可取的服务，问题比较大的，可以接机送修，这些服务让这个店面拥有了更多的潜在顾客，因为年轻的顾客都希望能够有一站式服务，所以你的店面虽然做不到所有，但是可以提供中介的服务，这样，顾客只要面对你就足够了。

另外一片墙

店面极其讲究整体和细节的完美搭配，灯光是店主和设计师想了很久才确定的，这和怀旧复古的店面完全是一个整体；原始的丝毫没有打磨过的木头桩，也是朴素到了最真实的生活真谛；甚至一个小小的工牌，都是花尽心思，让人看了赏心悦目。

当然，任何一个优秀的店面，都离不开

优秀的店员，店主说，他们店面的店员工龄至少都是 2 年了，有很多创业时候就在了，这个小小的店面只在上午就有 4 个店员，我想，店面的生意就不言而喻了吧。

产品体验区

2016 年，是实体零售转型的一年，谈论了一年的传统 + 互联网，挂在嘴边的是用户思维，但是真的用心去做的，却不是很多。糖潮是一个榜样，因为他没有停留在理论的阶段，他只是去做了，用心做！潮流科技、创意生活，这是糖潮的目标。简单的表述，却有深刻的内涵。希望糖潮越来越好，也希望所有的实体零售店，可以放下旧思维，用行动实现美好的未来。

时尚的工牌

| 第十四章 |

似店非店的 INNOBANK 创意银行

2016 年时，在深圳九方，我被一个颜值极高的店面吸引，后来了解到，这个店面获得过祝融设计大奖，并且创始人杨霆鹏（Eric）先生是一个完全的零售外行，他并不是为了做纯粹意义上的零售。这个神奇店面就是创意银行——INNOBANK，目前在深圳已经有两家店面，每一家都是值得驻足的地方，每一家都让你有一种创业的冲动，甚至对于店面的业态模式，国务院副总理马凯都点赞称道，实在是让人好生羡慕。

君尚清湾店

店面前部展示

INNO，是 innovation 的缩写，意思就是创新者、改革者，是创始人 Eric 的一次出差途中的脑洞大开的杰作。作为一个投资人，他一直在致力于国内智能产品投资，孵化出很多智能企业和产品，但是因为有些公司规模小，产品上市后没有机会通过大平台展示，也很难直接面对消费者，这些企业就有一种非常迫切的需求，就是有一个能够常年展示并且能销售、最好还有搜集市场意见的场所，INNOBANK 创意银行，这个创意就这么形成了。

产品体验区

创意银行本着“一个中心，两个基本点”

的孵化发展思路，即以创客为中心，以智能硬件孵化中心和智能硬件体验中心为两个基本点，针对创客的需求，展开多种服务模式，形成一个以创意银行为主体的一个大平台概念。

产品体验区

智能硬件产品展示区域，为店面主体区域，采用创新的产品入驻方式，每个 SKU 每月只要 200 元入住体验费，这是所有创业公司都有能力承担的低廉的费用。因为创意银行都是处于城市最好的 SHOPPING MALL 中最好的位置，所以能有这样的曝光率和位置，是一种非常值得的投资，随着创意银行的知名度越来越高，200 元这个一顿饭钱都不到的投资，对于深圳这样创客云集的区域，真的是一种很大的福利，甚至于是一种公益的行为。

店面除去有非常多的创意智能产品，还有一个叫做意茶区域，一杯咖啡、一个机会，宽敞的空间，可以聚集更多的有理想的创客聚集在这里聊聊天。这个空间的名字也很有意思，糧瓣（九方店面叫做意茶），虽然是繁体，但是别有一番风味。

店面后一部分，也是店面的重头戏，就是办公卡位租赁，创客可以入住店面，解决创业者办公难的问题，这种低廉的一站式服务，简直就是为创业者量身定做，这里有高速的网络、优质的位置、良好的环境、配套的服务，对于一个刚刚创业的人来说，保姆式的服务，是他们一个最佳的选择。

在君尚清湾店，增加了一个环球路演中心，可以为一些新产品提供一个小型的发布平台，这样这些创客再发布产品，就不用费尽精力地去找地方了。只要在店面，就可以完成高质量的发布，这对于创客，同样是一个省钱省力的事情，也深受大家的喜爱，据说深圳卫视经常来取景踩点，成了商场一个非常特别的宣传之地。

其实我国不缺乏创新，特别是“大众创业、万众创新”提出之后，一大批有想法的年轻人走向创客之路，他们有非常好的创意，也有能力生产出世界一流的产品，但是毕竟他们刚走向社会，没有相应的营销资源和资本圈的人脉，所以很多产品并没有机会面对广大消费者，而创意银行这种模式，刚好满足了他们的需求，可以展示、收集意见、路演、办公，而且都在一流的位置和场所，并且费用低廉，充分展示了 INNOBANK 创意银行的价值所在。

店面提供创意茶品

创意银行已经成为深圳创客的一个招牌，2016 年已经帮助 50 多个团队，孵化出 100 多个产品，形成 INNOBANK FAMILY；并且正在创建 INNO-X 生态平台，联合 20 多个智能硬件创客团队，打造一个全新的产业生态品牌。

INNOBANK 创意银行，以零售店面为载体，创造了一个全新的平台，这正是中国线下实体零售业需要学习的一种创新模式，以用户为中心，抓住不同用户的需求，有效地将品牌与用户相组合，形成一个传统互联网无法实现的交流——体验——服务——销售新模式，这才是真正的创新整合。

INNOBANK 创意银行给了我们一个完全不一样的力量，我们相信，现代零售业只要勇于创新、积极改变、不断迭代，未来就会更加美好！

|第十五章|

美轮美奂的奇客巴士

初识奇客巴士，是在当下流行的朋友圈，直到2016年的最后一天有机会去杭州出差，才误打误撞地见到了这个传说中的店面，初见相恨晚、再见意难忘。

店面大约有500平方米，位于杭州城西银泰首层，紧邻星巴克，对视小米之家，处于顺风顺水的绝佳位置，远远看去就是一个科技文化的地标，使顾客有一种走进去的冲动。极少有科技产品的店面能够将外观设计的如此具有吸引力，全落地玻璃、卡通的喷绘、双色的店标，柔化了科技产品店面过于“硬”的风格，让无论是科技少年还是柔情少女都有走进去看一看的冲动，丝毫没有距离感。

奇客巴士正门

前厅的时尚货架

进门左侧是一排手机陈列桌，与一般的店面无异，这会给更多人一种代入感，消除绝大多数消费者的疑虑，毕竟现在大多数店面都是采用这种设计方式，如果一进门就是全高科技的产品铺面而来，往往会让有一种压力感，失去进一步探索的兴趣和信心。不过吊顶的柔和灯光和格子间陈列，又有一种新鲜感，这种逐步引导的方式，就能够拽着消费者向科技进一步探索。

抬眼望去，右边陈列厅采用一种类似于海边度假售卖凉亭的方式，给人一

产品体验区

正厅的产品体验区

种清新浪漫的感觉，让顾客能够在不经意间放松下来，陈列的也是一些以机器人、时尚耳机为主的产品，颇具科技和人文相结合的特色；玻璃墙采用镂空镂花一样的半吊顶形式，陈列一些动漫主题的玩偶和自行车等，让人仿佛处于立体的空间之中，像是在 3D 科技博物馆之中游走。

继续前行，似乎是别有洞天、豁然开朗，满眼望去，产品鳞次栉比、琳琅满目，已然按照消费者惯有的需求方式进行陈列，而非普通的硬件同品类堆砌的陈列方式，这应该是完全依照客户需求来定义选品和陈列标准的，所以产品看似凌乱其实都有内在的关联，关键是你用怎样的角色去理解，如果是用户，那就不会有什么杂乱的体验了，因为每一个细节都是生活的细节。

陈列上最大的特色应该是店里的各大台阶，摒弃了普通的桌椅板凳陈列方式，通过场景化的搭建，突出生活中的不同生活细节，实现消费者的自发购买，省却店员硬性推销，这才是零售的一种创新和未来，真正的体验式营销是不需要店员的协助的。

另外这个店面还隐藏着一个更巨大的秘密，就是这里出现了 dell 外星人的店面，据了解这是一个合作的店面，当然在店面设计上，是和现有的店面浑然一体的，对于自称颜值第一的科技届的黑马店面，出现这种合作，才是真正的革命所在。

每个城市随着电脑城的分崩离析，这个城市就缺少一个科技产品的体验销售中心，而奇客巴士就在打造这种中心。城西银泰当然是这种中心存在的最佳的选择，就像现在每个有品位的 SHOPPING MALL 都需要一家有品位的

书店一样，每一个有品位的SHOPPING MALL也同样需要一家科技产品销售中心，奇客巴士就是这个整合者。因为就像不能是每个出版社和商场去谈判卖他们出版的书一样，同理，未来的一流SHOPPING MALL，也不会和每一个科技产品厂商去谈判，有一家奇客巴士这样的整合者就足够了。他们有足够的颜值、有丰富的品类、有极强的零售理解、有精准的消费者定位，新的SHOPPING MALL何乐而不为呢？一家有时尚清新书店、有高颜值的科技中心的SHOPPING MALL才是未来商圈的标准配置。

大台阶的设计风格

你也许想不到，奇客巴士创始人李晓鹏，是一个完全没有零售经验、留着朋克发型的85后，也是一名深度数码粉丝，他发现全世界的数码店，极少有那种来了还想再来的店面，大多数都是以销售为主的乱糟糟或者性冷淡的感觉，这让他有了开一家零售店的创业冲动。

因为完全没有零售经验，李晓鹏需要一家学习的标杆的公司，这让他想起每次去台湾和香港都必去的诚品书店，他认为如果开一家数码类产品的店面，就需要像诚品书店一样，让人流连忘返，这才是有价值的店面，为此他开始了他的征程。

1. 找一个好位置

有了想法，就开始寻找合适的位置，李晓鹏给自己立下规矩，就是一定要是最好的商场一楼的位置，他不愿意和别的数码店开在一起，之所以这么有信心，是因为他看到了目前零售店的问题就是太过于雷同，这也成为商场招商的一个痛点，商场需要科技产品的店面，但是更需要这个店面能够持续带来更多的客流量。

拿准了商场的需求，他们找到了城西银泰，这个是阿里巴巴新零售试验田的SHOPPING MALL，对于新事物的接受度是OPEN的，感受到奇客巴士的诚意与愿景后，果断决定将门口最好的位置给了奇客巴士，并且还给予了超想象的支持。现在奇客巴士已经是阿里巴巴新零售的一个试点参观学习门店，日均客流量 2789 人，已经超过楼上几千平米的电影院，成为城西银泰单店流量第一名。

2. 找一个优秀设计师

既然希望自己理想中的店面有诚品书店的风格，就需要找一名有过书店设计经验的设计师，幸运的是，浙江刚好有这么一名从事书店店面设计的优秀设计师，而更巧合的是这名设计师也是一个数码控，一拍即合，奇客巴士的设想在经过多次沟通、修改、打磨之后，终于有了方案。

3. 飞天梦想

奇客巴士已经被媒体称为国内颜值最高的数码店面，店面整体设计感别具一格，其中有一个艺术化的设计，就是这个垂吊的螺旋桨的设计，这是他们的梦想——飞天梦想。在美国，成功的企业一般都会有两个不同的追求，一个通过慈善改善世界，比如比尔盖茨、巴菲特、扎克伯格；一个是科技创新的梦想，尤其是飞天的梦想，比如埃隆·马斯克（Elon Musk）的 Space X、贝佐斯的 Blue Origin 等。

店面全景

飞天梦想也是中国人更是全人类追寻的梦想，嫦娥奔月、万户飞天、热气球等，都是大胆的尝试。奇客巴士把这个理想通过艺术化的组合，让店面呈现科技特色的同时，也具有理想主义的情怀，很多人逛店的同时，也能感受到梦想的召唤。

4. 科技与人文

现在提价值观的人非常多，那么奇客巴士有价值观吗？李晓鹏说没有想那么多，但是他希望奇客巴士给人带来的是科技与人文的结合。现在科技的店面已经非常普遍了，但是千篇一律，看的多了也就茫然了，甚至都不愿意再走

进去，原因就是缺少人文的氛围。

奇客巴士尝试将店面做成一个科技与人文的结合体，其实就是希望有诚品书店地味道，店内柔和的灯光、参差的陈列、悠扬的音乐、温软的茶饮，都让人在不自觉地享受科技带来的魅力。

5. 回眸的一笑

奇客巴士店面有一个100寸的投影，如果不注意，你可能不会发觉，就是在内门顶端的一个大投影，这个有争议的投影屏幕，却是真实地代表了奇客巴士的文化。

垂吊的螺旋桨

因为不是一个非常显眼的位置，也不是放一些产品的广告，所以很多人都不会在意，甚至一开始的时候店员都会觉得是一种浪费，毕竟对于零售店来说，每一个位置的投入都是希望能够产生效益的，但是这个位置产生的效益却并没有那么直接。

这就是奇客巴士的文化内涵，他希望给顾客回眸时那不经意的惊喜，而不是硬生生地推广。在奇客巴士，你可以把玩所有的产品，如果你没有直接的需要，店员是不会主动去打扰的，这就像在书店看书，店员做的工作就是只在你需要的时候协助解决你更多的需求。

6. 产品与产品组合

奇客巴士的店面核心是什么？是设计？是装修？还是提供的服务？李晓鹏认为都是，也都不是，他认为最重要的就是产品以及产品的组合，就是将什么样的产品提供给用户。

目前一个店面的奇客巴士中有5个采购经理，而且是6×12的工作模式，他们都是数码产品的粉丝，也都是来自不同的公司管理层，但是在奇客巴士，他们都在重新开始思考，给用户提供的是什么，是产品，还是一种价值？因为前者很简单，通过商务条款就可以，目前绝大多数公司采购都是商务条款型的；但是如果是价值，就需要根据不同的产品采用不同的策略。这其实对于采购来说，一个在眼前一个在脑海，你只有想明白这个问题，才能知道给用户带来什么，但是要想明白这个问题，就要站在客户的角度去思考了。

7. 数据化管理

奇客巴士门头装有人脸设别系统，所以店面人流量是实时的，店面的公众账号粉丝有专业人员管理，店面的坪效有数据统计，这些数据将这家零售店变成一个数据化的店面，这也是一个重头戏，在国内，还很少有将店面数据如此细化的公司。

很多慕名而来的老板，喜欢拍照，甚至希望丈量尺寸，但其实这些都不是本质的东西，也都容易学习；但是这种数据化管理，其实并不容易学习，这不仅仅是技术，而是一种习惯，新零售的基础，就是数据化。

8. 即将开始的会员制

奇客巴士正在开发一套全新的会员管理系统，不过不会在近期上线，一个原因是线下零售的会员管理系统搭建并没有一个可以复制的模版，需要全新的思考；另一个原因是店面数量还不够多，今年奇客巴士已经签约的店面虽然已经有 4 家，但是对于连锁来说，也才是刚刚开始，会员管理需要在一个合适的时间点推出，才会有最佳的效果。

创意茶品区域

在店面开业之初奇客巴士做过一个调研，就是访问进来的客户一个月会来几次奇客巴士，附近的顾客回答是一个月会有 2~3 次，远一些的顾客说一个季度会有 2~3 次；而根据人脸识别系统统计，在那么大的人流量基础上，平均每个顾客在店面逗留时间高达 8 分钟。李晓鹏说，这就是价值，每个人固定的东西就是时间，每个人每天都只有 24 小时，你占有他 8 分钟时间，这就是价值所在，也是店面成功做在，这和罗振宇的“国民总时间”概念是一致的，零售店就是要想方设法占据别人更多的时间。

奇客巴士在开业第三个月就已经实现了盈利，这个远远超过行业 2 年才

能盈利的平均值。但是李晓鹏给店面的打分只有20分，通过迭代到了今年4月份，近期店内精选茶品启动，打分才到了30分，因为他认为，作为一个行业的新手，还有更多需要提升的空间，未来的路还很长，新零售的机会才刚刚开始。

创意茶品休息区

奇客巴士2017年有更多的规划，未来的每一家店面都是经过精心设计的，而不是简单的拷贝，这个冲动的梦想，要想实现，还有更长的道路需要走，但是新零售的风口，也许会让他们走的更快、更加自由！

| 第十六章 |

异军突起的创意先锋 DOUBWIN 达宝恩

这是最好的时代，这是最坏的时代，这是智慧的时代，这是愚蠢的时代；这是信仰的时期，这是怀疑的时期；这是光明的季节，这是黑暗的季节；这是希望之春，这是失望之冬；人们面前有着各样事物，人们面前一无所有；人们正在直登天堂，人们正在直下地狱！

——狄更斯《双城记》

有这么一家公司，2015 年 1 月 1 日开始开店，两年后的 2016 年末，开设了 30 家精品智能生活体验馆，遍及国内主要的城市商场，成为零售圈的一个小小奇迹，因为这两年，刚好是线下零售业低迷、不被看好的两年，甚至是倒闭潮的两年！

达宝恩门头

但是这又是一家低调的公司，网络上除去产品和开业宣传推广，其余并没有太多的信息，这家公司就是 DOUBWIN 达宝恩，一个希望成为全球智能创意产品销售平台的公司，一个在默默努力、不争论、埋头苦干的公司，一个创始人连续二次创业的公司。

达宝恩的创始人叶庆平是一个连续创业者，也是一个帅气的有点儿腼腆的 80 后。叶庆平原来一直在家电领域，其创立的公司，经过 10 多年的潜心经营，年销售额已经达到近 10 亿的规模，在家电分销圈内已经是一家知名的公司。他还创立了具有独特气质的 1920 美术馆、咖啡厅，生活得有情调、有文化。这个过程，有很多人说他是运气好，因为刚好抓住了国内的家电消费升级，对此叶总不以为然。随着路路通业务的成熟，凭着对行业的敏感度及二次创

业的愿景，叶总敏锐地发现智能硬件在未来将贯穿于人的衣、食、住、行各个领域，同时这些创业公司无法像传统家电及消费类电子一样具备落地能力，缺少消费者体验、认知、转化的通路，因此他们希望搭建一个连接上游智能硬件厂家、下游消费者的一个平台，创造一个新的模式，DOUBWIN 达宝恩由此诞生。

智能硬件产品种类众多，究竟在哪里卖最合适？达宝恩为了探索适合的道路，分别在购物中心 SHOPPING MALL、高端百货商场、家电连锁卖场三种业态进行布局，根据不同卖场的消费人群、消费习惯、面积大小进行品类布局和产品组合，整合国内外一线的智能产品品牌，实现了较高的成交率。过去两年达宝恩在门店迭代上经历了 1.0、2.0、3.0 各种版本，实现了由 0 到 1 的突破，初步建立了标准化。2017 年达宝恩提出全面覆盖中国一二线重点城市战略，开始全国的快速扩张。

店内体验区域

达宝恩店面积相对都比较大，店面以智能产品为核心，产品极为丰富，同时店面也具有特有的特点。

1. 高辨识度

达宝恩因为是以全国连锁为构想的，所以店面都是统一的装修风格，但与其他品牌店面不同的是，店面的门头标识非常明显，基本上属于过目不忘的设计，简单、直接，具有极强的视觉冲击力。

2. 醒目的分区

因为店面产品极为丰富，类别众多，店内在区域分布上形成生活化的客厅、卧室、运动出行、办公智能专区等；在产品复合式组合创新陈列上，为了细分消费群体，根据产品特点又分为儿童专区、女性专区、健康医疗、智能穿戴、智能家居等，尤其是健康医疗、女性专区，都是在业内属于有创新的区域，也是符合现在消费者日益发展的垂直细分需求的区域。

3. 全开放式陈列

达宝恩有大量的店面是店中店，店面并不是半封闭的设计风格，大多数都是采用全开放设计和陈列，所有的产品都可以直接体验。在体验桌上会根据年龄、性别不同，采用不同的设计风格，比如桌子的高矮就是满足不同身高的人，颜色不同满足不同性别的用户等。

专区体验

店面全部采用场景化设计，产品绝大多数不需要店员介绍，消费者就能知道是什么产品，这对于店员的技能培训要求就不会很高，适合连锁店面的快速扩张，也不至于店员能力跟不上。当然，每个店面都有专家级店员，可以给顾客演示复杂产品，比如无人机、机器人、智能钢琴等。

4. 无差异体验接待

虽然智能产品已经历高速迭代和发展，但消费者认知其实是跟不上的，特别是中国目前是大众创业、万众创新的阶段，所以很多创业公司的产品都是脑洞大开，但是因为没有太多的市场推广和宣传，消费者并不能一眼就看出产品本身的实质。

达宝恩的店面，提供的是无差异体验接待。无论什么人提出什么问题都给予耐心的回答，这看似是一个简单的要求，但是能做到却并不是很容易，因为很多店员工作时间久了就会“看人下菜”，这就是有差别接待；无差异接待体验，是一种站在顾客角度思考问题的维度，给顾客更多的体验机会和空间，为潜在销售提供更多的保障。

5. 以智能产品为先

达宝恩的目标是做一个全球智能创意产品体验销售运营平台，所以店面偏向于智能产品的选择，也就会有比较多的小众的展品，比如穿戴式手环，就有各种不同的品牌，这是一般店面所没有的，而且能够满足现货需求，更加精

准地捕捉到了各类顾客的需求，在智能创意产品行业，现在国内很少有这样的连锁企业了。对于创业公司而言，能够在一个城市最好的商场展示销售，并且有 30 多家店面，已经是一个非常大的展示效应了，所以相对来说，库存就不是最大的压力。

不同的陈列风格

达宝恩在 2017 年有着更宏伟的目标，希望在今年能够将店面扩充到 80 ~100 家；当然因为时代的发展，其还需要高速的优化迭代，一个企业发展过程中该有的问题，还需要他们有更创新的方式去完善和提升，但是在线下零售业相对低迷的大环境中，达宝恩的发展更像是异军突起的创意先锋，无疑成为行业一匹黑马。

巴菲特说：在别人贪婪时恐惧，在别人恐惧时贪婪。线下零售这几年就生活在各种恐惧之中，但这其实也是线下零售最好的机会，相信达宝恩只要在高速发展的同时提升单店的效能，一定会走得更远，也相信我国实体零售业会再一次崛起。

| 第十七章 |

顺电的快与慢，从卖场到一种生活方式

顺电大概是中国3C卖场中的一个异类，到2017年一共40多间电器门店，即使加上家居馆设乡味20多间，一共也就是60多间，如果从建设数量上来说，已经是一种蜗牛的速度了，在如此快节奏的市场中不可谓不慢。

但是顺电的另外一面，又是一家勇于尝试的公司，从传统的3C卖场开始，第一家引进苹果业务、第一家开出精品店、第一家尝试家居用品的销售等等，似乎就是一家缩小版的百思买。2017年，又将苏州旗舰店改造为一间生活方式的店面，据说设计到装修，就花费了4000万元，如果从革新的角度上，又不可谓不快。

苏州旗舰店位于苏州新加坡工业园区湖东，位于诚品书店的东南角的圆融时代广场七栋，这个位置其实并不是人气最旺的位置，只有周末，因为儿童培训集中在这个区域，才显得人气足一些。

相机拍摄场景区

不过，重新装修过的店面，让这里的人流量每天都丰满起来。这个店面的设计师是英国原BBC FITCH公司的创意总监，经过前前后后2年多的时间，才打造出这个与众不同的店面，一家不但赏心悦目、又能使你在快节奏的生活中慢下来的店面，这已经不是一个店面，而是为苏州量身打造的一种生活方式。

1. 醒目的标识，提醒你这里的空间与众不同

从诚品书店缓缓过桥，就能看见棕底黑白相间字体的广告牌：慢味顺电，这就是3月份刚刚重新改造过的顺电的苏州旗舰店。

看见广告牌上这几个字，就知道来对了地方，这才是现代都市人需要经常停留的地方，一旦错过，就像是错失了这个城市的又一个风景。

2. 进门，仿佛进入一个鸟语花香的空间

如果说在门外是一种期待，那么进门就是一种惊喜了，绿柳成荫、榕树成行、鸟语花香，这“鸟”，是真的“鸟”，这在国内大概也是第一家了吧，人与自然，讲究的是和谐，如果一个店面能够做到和谐，就是一种自然的美了。

其实现在国际上很多知名的办公室都是将自然生态融入其中的，比如苹果的“飞船”、亚马逊的“星球”等，这大概都是受到《失控》这本书的影响吧，顺电也在追求某种自然的融合，让你一进入店面就能快速融入其中，更有一探究竟的潜在意识。这种美，不飘逸、不做作，一切都是顺其自然。

真正的鸟儿

3. 用 iPad 作为价格牌，这不仅是一种奢侈

如果说让一个多年零售研究者吃惊的是什么，那就是用 iPad 作为产品的介绍价格牌了，当然如果仅仅是价格牌，那绝对是一种奢侈。他不仅仅是只能显示价格，还能给你展示你需要的所有的信息：产品资料、演示视频、图片展示、功能查询等等，这不就是一个店员所需要的掌握的能力吗？这不就是一个虚拟店员么？如果从这个角度，他又是不奢侈的，因为这样的本来需要 10 个店员的区域，减少到了 2 个人，甚至 1 个人，算一算人工一年的成本和几十个 iPad 的投入，这是不是就是一种人工替代呢？

现在人力成本的急剧上升，让很多零售店不堪重负，并且零售人员需要大量的培训，新产品又层出不穷，疲于应付成为让零售商头痛的事情，加上

iPad 做价格演示牌

高离职率、高社会福利、高服务要求，完全靠人的店面在未来会越来越有压力，机器替代人，将会成为未来零售店的一个重要的趋势。在机器人店员还没有兴起的阶段，这种半替代模式也是一种有效的趋势，因为高科技的电子类产品店面短期内还不大可能成为一个完全无人化的店面，半人半机器的店面就是当下的标准。顺电这种模式，值得我们更多的思考和学习。

绿植是一个点缀

4. 独特的陈列，有一种不自觉的尝试体验

顺电一楼的陈列，采用分区陈列、一品一区的模式，宽大的落地玻璃让自然光渗透进来，显示出柔和的舒适，辅以不同的绿植，让整个一楼宽敞明亮。尤其是内门的花店、Teatime 饮品区域，能够更感觉慢生活的美好。

因为慢下来，才会有真正的体验，而体验是需要足够的时间。店面有清晰的指示牌，让你知道这个区域是怎样的一个区域；大多数重点产品区域，都采用方案式陈列，一个陈列台面，就是一个场景，让你体验的同时，突然发现自己的桌子上还缺少一个有趣的茶杯或者电子相框，这时候的顾客已经缺少了刚进店面时候的潜在顾虑，更多的是想象自己生活的美好，这才是大背景小场景的境界。

分区陈列

5. 这里的苹果店中店，才是一种真正的融合

咖啡厅

如果说天底下的苹果店面都是一个样子的，那么你见过这样的苹果店面吗？和周边的场景融为一体，又别具一格，这才是真正的融合，如果这是苹果官方认可

的授权店面，可以说是苹果一个大大的进步。

一个大品牌，要求自己的标识和Logo有统一的标准，无可厚非，但是太过于千篇一律，也是一种守旧。这个店中店设计，和整个店面没有半点儿的冲突，统一的色调、统一的布局，要说有不同之处，就是采用相对独立的区域，有苹果统一的陈列规范，而对于消费者，有这些其实就足够了，因为来这个店面的人，在追求个性的同时，更是追求一种融合的美好的慢生活。

苹果授权店中店

6. 让书进入电器的空间，品味生活的美好

进入二楼，如果不是首先看到这些家居产品，还以为这是一个书店。如果说在一楼你还有什么没有放下的局促，看到眼前的一切，你周围的围墙就会轰然倒塌，你面对的是一种自由自在的生活空间，这就是书的魅力所在。

二楼的图书陈列

在电器的空间，融入书的世界，这恰如将电器的硬朗和棱角，打磨得更具有家庭生活的韵味，就如一个钢铁战士回到久别的家中，灼热的阳光透过飘逸的长裙，让整个杂乱世界变成温和的一吻，跨界的魅力就在于此了。

7. sundan life，与顾客的互动体验

sundan life 是一个相对的独立空间，玻璃屋通透和相互借景，让这里充满生机，这里还提供烘培课程。

其实在大的销售空间，隔离一个独立的空间尝试一些课程和培训，是非常值得借鉴的，这不仅可以让顾客多待一会，又可以保持外部的安静，既保证了人气又维护了环境，还能够增加粘性的互动，何乐而不为呢？

8. 家居品的陈列，让生活更美好

厨具场景化陈列

顺电开设家居品的销售已经有些年头了，因为销售大多是中高端的产品，一开始人气确实也不是很高，主要是在深圳的高端店面，而现在，在苏州这样的城市，一个收入普遍较高、已经整体进入中产的社会，高端家居将会逐步进入普通人的家庭。

因为是相对于普通的家居产品，中高端在价格上显得会比较昂贵，如何在店面展示这类产品，如何让他们的陈列既有生活气息又有艺术感，让消费者看起来物有所值，这就需要精心的设计，因为让刚进入中产的人愿意主动去掏腰包购买他们未曾尝试过的产品，需要的不仅仅是技巧，还需要智慧，特别是在江浙沪这种包邮的区域。

高端家居产品

顺电的家居产品区域，采用分类分区、立体陈列、场景体验、跨界结合、灯光辅助的方式，让更个区域变得整洁艺术、大气高端又平易近人，既不会显得凌乱无章，又不会拒人千里之外，在国内这样的陈列虽然也有，但是也不多见。

9. 酒品区域，酒就其实就是一种文化

因为顺电打造的是一种慢生活的品味，所以酒的销售也就自然发生了。这里的酒品陈列采用专业酒庄的陈列方式加艺术品的思维，将酒和酒具陈列和体验有效的结合、货架陈列和平面陈列结合，让整个酒品区域更具有亲近的艺术价值，使人感觉在这区域，就如置身在画中。

红酒区域

酒是一种文化，红酒更是一种文化，在中产社会，红酒其实就是一个家庭

的品味。中国人慢慢爱上红酒，不仅仅是因为健康，而是在品味自己快节奏后慢生活的甜美，这种文化的背后，就是自我价值的觉醒。当然这个文化还需要慢慢培养，还需要更多这样的店面，走进我们的生活，也许不久的将来，我们都会有一个酒柜、都有几套不错的淘来的酒具，在我们安静下来的时候，我们需要这种柔和的丹宁给我们带来不同的品味。

烘培学习空间

10. 与众不同的音频体验，留住的是美好

顺电的音频区域分为 5 大区域，分别是高端的钢琴、演出乐器、耳机试听、消费级别音箱和家庭音响体验区域。

钢琴同样采用玻璃房设计，一方面是隔音，因为购买钢琴的人往往需要弹奏体验一下，这里能够有比较好的封闭的体验；一方面大多数钢琴，尤其是高端的钢琴是需要恒温的，所以玻璃房就显得有其独特的价值了。

演出乐器区域，采用一个舞台场景，将不同的设备陈列在不同的区域，无论你是专业的学者还是普通的过客，在这里，你都能够想象出背着一把电吉他跃上舞台的万众瞩目，这就是现场感的价值，对于一个是乐盲的人都能有这样的体验，更别说那些对于音乐十分热爱的人了。

创意家居陈列

耳机试听区域，感觉是结合苹果有直营店的陈列加上台北诚品的体验，既可以看到琳琅满目的产品，可以有不同的选择，也可以坐下来享受一段乡村的时光。这里还非常贴心地设了一个镜子，你在试听的同时，也能看到陶醉的自己，适合和不适合，在此都一目了然。镜子不仅仅是一个道具，更是一个零售店面的灵魂，这才是真正的用户思维。

消费级别音箱区域，在平面式陈列的基础上，适当增加立体感，让这个区域不会显得很单调，加上区域灯光的调节，使这个区域显得更加安静。音乐的区域，不能太过于吵闹，这样的区域其实不需要太多的店员，只要你在顾客需要的时候及时出现就足够了，因为音乐享受更需要品味和想象力。

家庭音响体验区，采用独立屋的形式，许是因为获得了更多的品牌的支持，一般来说都是一个品牌一个独立的房间，这也是音响类产品常规的销售方式，这类产品有相对固定的群体，他们对于产品要求会更加专业，更加苛刻，所以专业的服务和体验也是必不可少的了。

乐器

音乐素质的普及程度，是一个城市文明的进步象征。随着国内音乐持续的发展和进步，我们需要更多的音频类产品，也需要更多的优质的品牌，从之前相对单一的品牌垄断走向多元化。

未来的生活缺少不了音乐，更缺少不了音频产品，随着未来几年智能音频的发展，一定会迎来一个不一样的市场，这个市场将给我们带来一个悠然自得的生活方式。

11. 家电墙，感受科技的魅力

这几年，传统的电视受到智能微投的影响，加上电视本身家庭购买频度比较低，传统电视市场一直踟蹰不前，甚至有的企业效益下滑还很严重。

其实传统的电视依然是一个庞大的市场，在一段时间内还是有稳定的市场空间，但是如何销售电视，将会是一个较大的课题。传统的销售方式基本上都是以品牌为主，一品牌一区域，有自己的推销员和促销方式，这种方式最大的缺陷就是基本上是产品的罗列，没有什么场景可言。

电视墙

顺电的电视墙并不是最新的创意，他的创意依旧是将书籍的陈列和电视

相互借景融合，给人带来一种感官震撼的同时，也能带来家庭空间的想象，不清楚这种方式会给顺电带来多少的销售，但是这种陈列可以给人更多的启迪：传统的家电销售还有更多的改革空间，也许这种变革，酝酿着更多的机会。

顺电的家电特色不仅仅是体现在电视上，空调、洗衣机、厨房家电区域都有相当的革新，基本上都是采用产品墙加上场景的模式，不会有之前3C卖场的那种拥挤和混乱，而是有动手一试的冲动，并且没有人会干涉你的行为，在这里只有无忧无虑的体验。

耳机陈列区

在这里的很多产品，你也许不会带回家，有的是因为你暂时还不需要、有的是因为家里还没有那么大的空间、有的是因为自己已经有了别的品牌，但是如果你有下一次采购的机会，这里必定是你优先考虑的空间，这就是慢体验的价值所在。

12. 写在墙上的服务，不仅仅是一种公示

如果说iPad是一种去店员化的标识，那么现在这些写在墙上的告示，更是一种公开的宣言，简洁的话语其实包含了消费者购买时常常考虑的点。

现在这些服务内容都贴在墙上，制造了一种和网络类似的空间，并且这是一种无差异化的体验，因为任何人来到这里看到的都是一样的。无差异化体验最大的益处，就是非常容易建立信任感，在消费者和店面、店员之间建立信任，这是交易的基本条件，尤其是这种昂贵的需要使用多年的和生活息息相关的大家电，销售的基础就是先建立信任。

所以写在墙上的话就是一种无声的承诺，这不是标语也不是口号，实实在在的对比和标准就是最好的承诺，更是一种潜在的信任。

苏州顺电，产品上基本都是中高端品牌，贴合的刚好是这个高速发展的城市的消费者的需求，这是一种尝试，更是我国3C卖场需要去学习和体验的地方。

去年在文章中曾经呼吁过，希望每个城市都有一个“3C科技博物馆”，那

个时候，还是一种畅想，现在顺电却给了我们一个无与伦比的体验，虽然有许多地方还有提升的空间（比如说茶品区域还可以打造的更柔和一些、空间更独立一些，给人一种相对安全的距离，也能增加更多的消费频度；也比如电梯与之前相比并没有进行改造，传统的电梯显得有些狭窄，和周边的环境有点格格不入，当然这个改造的成本会更多一些吧），但是对于我们还没有改变或者正在改变的零售商来说，这个“慢味顺电”足够你去学习了，因为顺电的快与慢，创造了一种生活方式。

让我们用丹尼尔·卡尼曼的书《思考，快与慢》中一句话作为我们的结束语吧：回归现象的意义不亚于发现万有引力！

| 第十八章 |

小城故事多的芜湖 A+ 智生活店

芜湖，历史上有“江东名邑”、“吴楚名区”的美誉，是华东区域重要的工业、科教、交通枢纽，但是因为之前陆路交通不够便捷，所以一直没有考察过这个市场，直到和一家叫作 A+ 智生活的店面的接触。

电视作为背景

A+ 智生活，刚一听似乎有点拗口，其实老板解释这里有两重意思，一种是谐音即爱家智生活，一种是“A”在通讯录等排名中排名前列，很容易被顾客找到，便于宣传。可见这是一个有心的老板，更是一个善于思考的老板。

A+ 智生活的公司创立于 2006 年，从苹果授权专卖店开始，最多的时候有数十家店面，十多万的会员，随着之后苹果的起起伏伏，目前还有 5 家店面，其中一家位于芜湖镜湖边上，是一家跨界的店面，四层洋房，给本来就是为“邑中风景最佳处”的镜湖细柳，增加了更多的科技与人文关怀。

一、定位

店面顾客定位为 25~45 岁时尚、有科技感的中产阶级，这种定位方式看似缩小了服务人群，但是最大的优势就是明确了服务人群的范围，有利于店面的产品、服务类型和店员选择，因为整个店面产品部分面积不是很大，所以需要有清晰的服务人群定位，这也是一种这几年最新的商业思维。

当然定位清晰，不代表店面没有超过界限的顾客，这恰恰是定位带来的剩余价值，如果一个消费类电子产品定位清晰、服务精准，将会毫无疑问给我们带来更多的边界之外的价值，这种价值可以称之为意外的惊喜了，定位理论也是21世纪号称最有价值的商业思维模式。

二、产品选择

因为定位清晰，加上创始人汪总本人就是一个科技产品的骨灰级粉丝，所以店面虽然不大，但是产品类型极为丰富，从主机到智能产品，应该说覆盖了现在市场上的大部分主流产品，至少覆盖了20个细分品类。这20个细分品类全部是通过分析定义的消费者设定的，虽然有的可能属于小众产品，但是依旧是精品，属于店面的长尾补偿类产品。

艺术玻璃的隔断们可以相互借景

我们可以大概来看一下这20个细分类别：主机有苹果、华为、三星；智能产品有无人机、游戏机、机器人、按摩类产品、红酒类设备、摄影摄像、音响类、智能微投、饮水设备、虚拟现实类；配件类别有功能类产品、数据线材类、移动电源类、保护类产品、创意增强配件；家居产品有创意水杯、行李箱等。应该说基本上满足了消费者各个层次的需求，在芜湖乃至全国都是一个不可多得的精品店。

三、店面时尚化

因为这是一个跨界的店面，还有一个咖啡厅与之融合，所以整个店面非常的时尚与潮流，主要有以下几个特点。

1.7台电视的展示效果

这是这个店面非常震撼的一面，6台电视悬挂在正常是灯箱的位置，每一台电视都可以播放不同的广告，同时也可以与设备连接展示不同设备的功能，特别是游戏类产品；另外1台电视用于展示虚拟现实的产品。整个店面因为这个设置，感觉具有极高的科技感。当然如果老板不是粉丝，估计很难有这样的效果。

大家都知道 7 台电视的投入其实并不是很大，但是能够与自己的产品有效连接，并展示到合适的位置，这就需要非常熟悉产品，也要能够去把握消费者的心里，这就是创意的力量。另外，这种陈列风格比较适合紧凑型店面，在香港和日本比较多见。

2. 色彩的运用

整个店面的色彩是多元化的，这种色彩的应用，在跨界店面比较适合，因为在社会压力越来越大的大环境下，更需要多元化的色彩。进门的工业风设计加上店面的多元化色彩，就会让人自然的放松下来，这种搭配风格是一看就是百年老店的姿态，会让人有更强烈的信任感。

店面的每一层，都有不同主题的色彩，但色彩并没有喧宾夺主，而是通过漫画或者张贴画的陪衬，淡化单一的色彩，这种就更容易让色彩散发出诱人的味道，让人联想到其背后的秘密，这恰恰是成熟的年轻人愿意体现出来的魅力，美而不媗、诱而不俗。

3. 借景的高超结合

一楼因为咖啡馆的原因，需要做一个区隔，店面采用艺术玻璃作为中间的隔断，老板说当时并没有想到借景这么一说，只是想让店面更加通透一些，但是出来的效果就是互相借景，这或许就是无心插柳柳成荫。

4. 立体的陈列架构

店面整个采用立体陈列，你几乎看不到任何一个多余的地方。不同品牌的无人机是吊在空中的，货架是竖立到天花板的，桌子下面都有陈列隔断，这让不是很大的店面具有紧凑感。其实这种店面设计需要极大的功夫，稍有不慎，就很容易出现拥挤感，体验感就会下降，而且这种陈列比较适合有一定时间沉淀的店面。

5. 咖啡馆的时尚布局

据了解，这个咖啡店从开业一直持续亏损 3 年，差不多亏损 120 万，这大概就应了民间一句老话：入行三年穷。所以对于那些希望老来有一个“咖啡店 + 书 + 科技产品 + 狗”的朋友，千万不要等你老了再去尝试这种风格的店面，一定要在你有足够赚钱能力的时候去尝试，因为当你不能赚钱了再去投入，那就是一种不可预估的焦虑和惆怅。

咖啡店，一楼是服务前台，经过五六年的打磨，已经具有一种低调专业小资的味道，麻布沙发加上吊篮，更有一种轻松休闲的暇意，如果在北上广一定会有大明星光顾。二、三、四楼是不同的风格，有台球桌、也有包厢和小酒吧。在调研的时候恰逢七夕节，三楼就被包场举办相亲会，这种活动一般都是会选择沉淀和相对私密的场所，A+ 智生活的店面咖啡店，已经进入一个成熟的发展时期了。

跨界的咖啡座

四、90 后的团队文化

A+ 智生活除去创始人，基本上都是 90 后，所以整个公司、店面都是一种年轻朝气的氛围。公司在管理上更是采用年轻人容易接受的方式，比如直播，一开始就是全员参与，然后选出主播，即使没有被选中的人，也体验了这种全新的方式。比如说他们采用微信群的方式，让更多人包含客户、供应商参与到“1 元夺宝”中来，这也是一种年轻的创新。

五、宣传方式社交化

A+ 智生活因为定义自己就是一种全新的生活方式，所以为了推广这种生活方式，他们加大了新媒体的宣传，比如微信、微博、今日头条、朋友圈，甚至计划请专业的公司帮助宣传。宣传在现在社会已经成为一种常见的方式，毕竟好酒也是怕巷子深的，在信息爆炸的社会，如果我们不精于此道，很容易就被淹没掉，等市场自发认可需要太长的时间。

这个店面是可以拍照和分享的，所以在芜湖的知名度也越来越大，他们可以用 anker 数据线去拉汽车，并通过直播分享出去，让更多的人知道这个产品

的优势，同时也极好的宣传了自己。据他们自己说，很多即使有了数据线的人也会买一根这个数据线，因为这个更炫、更酷、更有话题度，这就是通过宣传找准了消费者冲动与需求之间的契合点，产生的意外需求链，这都是我们需要努力去思考的和学习的。

六、互联网工具的应用

传统零售 + 互联网工具，A+ 智生活已经实现了这种模式，并且正在努力地迭代优化推广。这是他们的老板工程，不是因为这个事情有多难，而是因为这是一个新鲜的事物，对于新鲜的趋势性的事情，必须是一把手工程。

A+ 智生活的微店提出“线下京东实体店”的口号，打造线上线下同价格，并且开发出 1 元夺宝、维修咨询、软件推荐、影视推荐等栏目，目前在以芜湖为中心的安徽着力推广，这种尝试是值得鼓励的，虽然投入不菲，但是所有趋势小生的东西一旦坚持成功，能够获得回报，也是无可比拟的。

如果你没有去过芜湖、没有看过镜湖，如果你也想拥有这样的生活，不妨移步 A+ 智生活，点一杯咖啡，享受一下自己心目中的理想生活吧。

注：该店面因为房租问题，加上所属街区边缘化，已经在 2017 年年中歇业。但是该店面确实有很多的创意思想，也对于潮品店的发展有过贡献，依旧将该店面分析纳入本书中，也是希望给大家一个警醒，再优秀的店面，如果要持续发展，人、货、场都是需要综合考量的。现在 A+ 智生活已经在尝试更多的 SHOPPING MALL 店面，希望能够健康持续发展。

专卖店

| 第一章 |

超越视野的大疆无人机专卖店

专卖店特有简洁风格

超凡原来是一家广东湛江的公司，也是一家比较老牌的做苹果产品起步的公司，在湛江颇有影响力。但是这里分享的却不是超凡的苹果店面，也不是品类店，而是超凡创新的大疆无人机专卖店，也许你会说，专卖店还有什么可以值得挖掘的？如果是普通的手机、数码专卖店，可以挖掘的内容确实不会很多，但是恰恰是无人机专卖店，又恰恰是超凡在开的无人机专卖店，并且专卖店这种模式会存在很久，很多创新点值得我们关注。

大疆无人机，在中国制造的产品中已经属于公认的领跑者，市场份额占据绝对的统治地位。大疆的创新，已经不仅仅是其产品，在渠道运作上，也有一批看似一样，却又完全与众不同的店面逐渐出现在我们生活的城市。

超凡创新在广州太阳城的店面位于四楼一个非常容易辨别的中庭，应该说是一个最佳位置了。店面设计与其余的专卖店没有什么特别的差异，但是墙上的巨幅海报却让人惊喜，超凡创始人王总介绍，这是他们自己航拍的照片。其实店面的所有照片，都是他们自己活动时候的航拍照片，这样定期更换，可以给消费者讲解更多的拍摄的故事。你自己要有故事，讲出来才能更加动人。

这里说到了活动，这是超凡的强项，基本上每周超凡都有航拍、热卖、促销或者培训，每个月都组织户外活动，因为无人机属于集体活动项目，单一单人无人

机活动比较枯燥无聊，而集体活动是无人机爱好者比较热衷的一种方式，可以为店面聚集大量的粉丝用户，而一次飞行的成本平均下来是 150 ~ 200 元左右（含机器折旧），对于一个店面长期的效益而言，这是一种聚沙成塔的方式。

航拍照片墙

其实无人机航拍本身就是将人的视野延伸到更广阔的空间，这是人类梦寐以求的一种对自然的追求，因为一览众山小这种美景我们无法轻易看到，所以绝大多数爱好者也愿意分享这种大片式的风景，这就是无意识的社交模式。所以从理论的角度，超凡大疆无人机专卖店的形式，就是社群模式。社群是社交、社区之后的一种落地的模式，能够带来更强的顾客粘性，很少有品牌能够在线下形成如此强社群的粘性，这是产品的一种重要内在特征。

超凡店面的创新不仅仅在于自己航拍的照片、把自己的店面变成一个艺术空间；也不仅仅是面上的线下的社群活动，数不清的培训、热卖和促销等，还有更深层次的关于顾客维护的创新。

试飞体验区

1. 夏令营活动 —— 顾客从娃娃抓起

前几年大多数无人机爱好者还是专业人士和数码发烧友，随着无人机越来越智能化，正在逐步成为大众产品，走进普通人的家庭。超凡计划抓住这个机会，在寒暑假针对学生群体，开展夏令营活动，从小培养潜在的顾客。

其实国内外知名的消费类品牌，都特别重视儿童或者青少年市场的培育，因为他们才是未来。比如索尼刚进入中国市场的时候，大多数电视广告都是儿童配音。而无人机目前在学校都没有类似的实践课程，如果一家专业的公司可以开展，一定能够吸引非常多的学生家长，毕竟没有人愿意让孩子输在起跑线上。

2. 活动支持 —— 专业影响更广泛的人

因为超凡拥有更多专业飞手，2016 年央视春晚的无人机飞行表演，超凡的专业飞手团队也参与其中，这使团队得到了很好的锻炼。因为目前的无人机飞行，特别是一些商业飞行，还是需要经过专业训练的人来操作，一个拥有多名飞手的公司，提供商业化飞行不仅仅是对于店面走出去的一种有效尝试，更是培养了更为广泛的用户群体。

现在农业无人机等专业设备能够给人类提供更加高效的工作方式，更应该是大力推广的，但是毕竟这类工作前期相对来说还有一定的技术门槛，人工智能虽会逐步解决，但依旧需要比较长的时间，这时作为各地的无人机专卖店，拥有专业的人才本身就是一个极好的机会。

3. 在线服务 —— 提供全方位的支持

随着互联网技术的高速发展，人们对于网络的应用已经越来越熟练和习惯，网络已经成为人们生活中间的一部分。超凡利用微信群、在线培训、在线客服、售后咨询等各种在线模式，为消费者提供一站式服务，给消费者更多的差异化；不同的客户分类管理、开发小白客户等，可以让客户觉得贴心、安心。

产品展示区域

超凡创新是一家转型成功的店面，也是大疆无人机专卖店的一个典型的代表；目前大疆无人机店面也越来越多，如何建立大疆专卖店的生态系统？虽然现在说大疆机器人为时尚早，但其未来的角色应该如何扮演？大疆零售体系如何进一步应用互联网的技术？这些都是需要去解决的问题，已经走在专卖店前列的大疆无人机专卖店，还有诸多的创新需要去实现和解决，希望大疆在零售行业能有更新的突破。

大疆无人机拓宽了人的视野、实现了人的梦想，相信无人机未来是每一个家庭的必备选择，实现真正的超越视野，成就未来的梦想！

| 第二章 |

苹果 Mono 店的现状和未来

苹果 1600 家 Mono 店的未来

苹果在三年前，开始战略性的布局中国大陆地区的四六线城市，当时苹果还是如日中天、令人羡慕，能够在最辉煌的时候，有这种长远的规划和动作，说明苹果大中华区的营销策略是清晰的，也是具有长远眼光的职业经理人的典范。

店面产品体验区

拥有 1600 多家四六线城市店面，并且还在持续开发之中，很快就会达到 2000 家店面，这本身就是一种品牌的网络优势。目前能够拥有这种规模的品牌，除去之前联想、Dell、三星以外，均落后于苹果，即使这三家有先发优势，但是因为品牌老化、产品出现问题等原因，并不是苹果的直接竞争对手；后来者华为、OPPO、vivo 还需要比较长的时间，起码在对于零售的理解上和生态建设上，和苹果还不可同日而语。

苹果的 Mono 店，一般都处于城市最核心的位置或者通讯卖场一条街附近，都是当地数一数二的通讯商，虽然也有一部分实际上是外地企业或者类似于加盟店，但是总体来说开店的位置、质量、形象，都是当地最好的店面。苹果的 Mono 店面，对苹果品牌的影响力在四六线城市中的提升，起到了举足轻重的作用，这种影响力绝对不是靠几个广告能够解决的，线下体验推广非常有利于苹果的日后长期发展。

但是这并不表示这些 Mono 店生存的都很好，据了解有相当一部分 Mono 店单纯依靠季节性出货。生存不是很好的主要原因是有以下几点。

1.Mono 店部分老板并不擅长做新零售

Mono 店的大部分老板，都是当地通讯零售商的领军人物，之前到现在，基本上都是粗放式经营。因为手机作为高速发展的通路产品，只要产品没问题，在区域通讯卖场或者专卖店，并不需要多少的销售技巧就能销售得很好，这时候的零售其实是被市场和品牌拉着走，经销商谈好品牌、选好位置、做好活动，基本上就是等着收钱了，所以老板的主要精力就是和厂商、物业以及市场运营沟通，通讯零售更多的是粗放式零售或者是“野蛮”式零售，这是时代的影响。

实际上他们在区域上确实非常有销售能力，但是基本上都是主机销售，这和多年前的一二线城市的电脑城非常类似，但是一线城市电脑城随着后来的竞争，很多开始转型开品类店，但是绝大多数也并没有走出自己的博弈困境。现在四六线城市通讯零售商也是如此，他们在当地很有实力，但是他们面对真正的零售转型的冲击时并没有做好准备。特别是这几年，随着华为、OPPO、vivo 的渠道下沉，他们的盈利比之前同期还有增加，加上手机更新换代和市场变化极快，是 PC 行业的数倍，一天三个价格，吞吐量也是 PC 行业的数倍。这种情况下，让大家能下决心转型，确实是一件很不容易的事情。有时候老板想通了，但是人才也是一将难求，经常是有心无力。

2. 部分 Mono 加盟店，并非当地有影响力企业

当然，不可否认的现实是，也有部分 Mono 加盟的并非当地有影响力的企

业，而是一些小经销商加盟大经销商或者一些二级分销商通过加盟方式获取厂商货源，当然没有影响力，产出就比较低。不过因为苹果产品的特殊性，有些加盟商反而会销售得更好，这里说的销售是指店面实际零售，苹果是一个需要用心经营的产品，因为小代理没有更多的选择，反而更加用心。

其实"加盟"这种事请，都是大家默认的一种潜规则，在每一个强势品牌商都有发生，有时候去控制还不如去疏导，你会发现有些年轻的经销商并不一定就是弱者，企业的迭代和人类的迭代也是类似的，忽视或者轻视年轻小代理就可能失去大机会。

3. 四六线城市通讯零售商主要还是靠运营商的费用补贴

虽然运营商已经被一再要求不能补贴销售，但是这种营销利器，运营商都不敢轻易放弃，所以区域的运营商依旧通过不同的方式给予销售补贴，达到更高的开卡率，特别是在四六线城市，更为普遍和大胆。但是苹果如果通过总代理销售裸机，这种补贴就没有了，也就意味着一大块利润不见了，很显然，这样的裸机竞争力，还有更多需要完善的地方。

4. 苹果产品价格在四六级消费群体中还在成熟

现在苹果的手机价格基本上都是5000元开外了，虽然也有一些低端机器，但是国人还是喜好新品、大屏，潜意识就是威风、拉风，因为这是发达的移动互联网的趋势，当然也确实有硬需求。但是这样的价格，对于当地消费者，按照 2/8 原理，也只有 20% 的人群能够有此购买能力。所以，如果店面是以当地大部分人群为对象去设计、开店，本身就有方向上的偏差，因此苹果 Mono 店，核心思维上完全不同于其他手机品牌的店面、经验理念和模式，有着本质的差异。

5. 厂商对四六线城市零售的理解太过于一线化

Mono 店面的装修设计，和苹果一线城市店的模式是一样的，这原本是一件好事，因为统一形象更有利于品牌化的管理。但是苹果忽视了两个问题：一是，这种风格苹果已经持续十多年了，容易产生审美疲劳；二是，四六线城市消费者的认知能力大幅度提高，随着中国内地互联网的飞速普及，信息越来越扁平化和无差异化，所以四六线城市消费者和一线城市消费者在认知上的断层已经越来越小。

但是苹果目前这种风格，有点类似于从来没来过中国的外国人，一直看张艺谋的电影了解中国，结果穿了长袍马褂就来中国了，以为这样更容易被接受。结果站在大街发现自己周边都是花花绿绿的世界，和自己国家无异，你认为那是一种怎样的感受？当然此比喻不一定恰当，只是为了说明其实四六线城市零售业态也在变化，任何厂商做这个市场时一定要亲自去调查研究，不实地研究，很容易纸上谈兵、空中楼阁。（苹果中国已经做了大量调研，可惜美国总部授权还是比较有限。）

既然店都已经开了，而且未来几年内，苹果依旧具有极强的影响力，那么我们要如何做好这些店面呢？当然我们研究零售店面，习惯性的思考方式依旧是要定位服务对象，要避免误区，要做品牌店。

1. 四六级消费者是谁

中国线下零售的未来在哪里？很多专家说在四六线城市，四六线城市人口众多，经济依旧在高速发展，所以在目前还没有那么发达的情况下，很多模式可以借鉴一线城市，但如果直接拷贝，可能会比较麻烦，成功概率不高。因为对于任何市场，我们都要去梳理我们对应的客户群，去分析定位，才能发现更多机会。

苹果产品在四六线城市的客户群体是谁？准确地说就是那 20% 先富起来的人群，绝对不是大多数，这 20% 人群的消费能力不亚于一线城市，甚至有过之无不及，这一点我们一定要非常清楚，基于这一点店面一定不是那种卖场的模式，也一定不是粗放的模式，因为这部分人群，需要对应更高层级的服务。店员需要选择那些喜欢苹果的销售，操盘手需要选择那种能够热爱苹果产品的人。

2. 避免配件暴利误区

苹果店面赚钱，怎么赚？在很多人眼里，就是多卖配件，于是就有人批发 2 块钱的贴膜，98 块钱卖给顾客，60 块钱的音响销售 198 块。这种销售模式，看

起来很赚钱，利润都是几倍几十倍，但是不能忘记，苹果服务的顾客是谁？靠这种利润率真能赚钱吗？

现在是电商、信息极度发达的社会，任何配件价格都可以在网上获取信息，通过配件获取暴利的时代已经过去了，连区域信息差的时间差都没有给，所以如果我们还是靠一些低端产品来获取暴利，店面不会维持很久，而且来的顾客也一定不是你需要的顾客。所以请一定记住：不要把消费者当做傻子，一定要想法设法服务好我们定位的顾客，只有服务好，才能获取合理的利润。在信息化互联网化高度发达的今天，谁做暴利，谁就会被社会淘汰。

3. 做一个有影响力的品牌店面

一个 Mono 店，其实就是一块金字招牌，虽然厂商有各种检查，比如所有产品都不能随意摆放，但是他依旧是一个含金量很高的招牌，现在想拿到一个 Mono 店的授权，也不是一件容易的事情。当然，厂商如果能更懂一些零售，适度宽容一些，店面应该会更有人气，用这种宽容来弥补店面设计的落后，也不失为一种补偿。

其实，即使在当前情况下，Mono 店也完全可以打造为当地一个高端数码品牌集合店面。比如，苹果依旧给店面留了两张桌子，可以摆放第三方品牌的产品，而现在市面上有很多的产品是苹果授权的产品，有苹果授权的标识，比如 Bose 系列产品、B&O 系列产品，我们完全可以利用这两张桌子和配件墙，将店面打造为一个品牌店面（当然不会有其他品牌的标识），除去苹果还有五六个知名品牌，这样店面就会成为当地最具价值的数码店面了。如果我们再引进一些季节性产品和新奇特产品，店面服务再跟上来，店面利润就不会再有多大的问题了。

这种方式比卖一些低端产品更具有价值，而且也不违反苹果的第三方审查。当然每个区域、每个城市具体卖怎样的产品，也是需要一段时间打磨总结的，其实对于品牌商来说，如果有这样的借力机会，也是可以投入更多的资源的，当然这需要一个成功的案例，也需要有苹果公司这个“尚方宝剑”甚至前期资源倾斜，更需要有真的懂零售的人来操盘策划。

这种方式还是需要 Mono 店的老板自己去努力适应，因为等，是等不来任何资源的，尤其是苹果公司。

4. 员工转型，不是靠培训

这里特别强调一下 Mono 店面的产品培训，通过走访近 100 家 Mono 店，发现店员对于产品基本上是不熟悉的，或者只有一两个店员还算是比较熟悉，而且熟悉的也是苹果手机这样的产品，iPad、Mac 等就不是很专业了，更别提周边配件产品了，这些必须要加强培训，也相对容易培训，毕竟就是产品知识和销售技巧。

难的问题是，很多店员都具有双重性格表现，一方面很强势，因为我们卖的是苹果；一方面，只要你问的多了，内心是发怵的，有一种潜在的不自信。其实出现这种问题，根本上不在于店员自身，而是在于公司并没有很重视，或者是老板或操盘手在日常的言谈举止中，并没有很好地传递苹果真实的价值，这一点很重要，企业文化不是一句口号，而是一种日常行为的集合。

所以，对 Mono 店要分层次培训，从老板一级到操盘手，再到核心员工，最后是普通员工，必须进行一条龙的培训，建立一个生态的培训体系。单一或任何一个阶层的培训，都解决不了这个问题。这种能做好系统性的公司不是很多，因为这种培训需要结合产品，特别是需要结合苹果主机一起培训，要接地气，而不是那种专业的培训公司，有这种能力的公司不是很多。另外，培训也是一件很烧钱的事情，培训周期长、见效慢，舍得投入的企业也不是很多见，所以未来这些 Mono 店，大浪淘沙后能够留下来的到底有多少，还要看自身的行动了。

5. 借势苹果、跟对趋势、加速企业转型

苹果的 Mono 店是一个极好的机会，对于我们绝大多数通讯行业的零售商而言，一定不能将苹果仅仅当做是一个普通的生意，而是要当做一个机会，一个借势苹果、跟对趋势、加速企业转型的机会，因为苹果代表着：

（1）世界上最优秀的产品，最具创新的公司，最前沿的科技，至今也是属于一直被模仿，从未被超越的公司；

（2）对零售理解最深的公司。虽然这几年略有停滞，但依旧是在零售研究和变革上最为努力的公司，苹果推广的体验式营销，目前依旧是各大手机厂商模仿的对象；

（3）苹果第三方苛刻的要求，也是一种管理能力的表现，对于我们本身有很多管理漏洞的公司来说，这是一种绝佳的学习提升机会；比如对于服务流程的要求，每一步都有清晰的要求，看似非常严格，但是这其实是企业规范化管理第一步，也是实现制度管理而不是人管理最重要的一步，如果能够理解并学会，企业在管理方面就会提升到一个更具有竞争力的阶段，就不会因为一个人的离开而出现慌乱，同时不管管理者在不在店面，店里的服务质量都能获得保证，这些都是求之不得的价值；

（4）苹果公司在 Mono 店面的投入，是所有公司中最为慷慨的，可以优先分货、可以有装修、可以有特别的支持返点等等，这些都是其他公司无法比拟的；

（5）苹果公司容许销售第三方品牌，这也是目前其他品牌商基本上不能包容的，苹果有着完善的第三方授权方案，同时也能接受不冲突品牌的销售，即使没有获得苹果授权。这其实就是给予零售商更多的发挥空间，这有别于现有任何手机厂商和 PC 厂商，当然这对于我们也是一种挑战，但更是一种机会；

（6）苹果公司在一二线城市有着多年的成功经验，虽然不能照搬照抄，但是有人验证过的经验，总比一片空白要好，如果能多总结多学习这种经验，当然也是一种进步；

（7）有很多通过与苹果合作成功转型的企业，这些企业在内部管理、连锁经营上，都取得了不俗的成绩，比如成都新亚、英龙华辰等，还有众多的一线通讯企业。

苹果如此多的优势，目前都是其他任何品牌所不具备的。12 年前，顺电引进苹果生意，随之开展内部学习，通过苹果这个当时还不是很强势的产品，转型店面改造、提升服务质量，使整个顺电都得到了巨大的发展机遇。

苹果 Mono 店，对于四六线城市通讯渠道，是一个难得的机会，不要仅仅看中苹果公司优先分货的资源，也不要仅仅是为了分销赚些快钱，应该从长远出发、从企业的基本点出发，抓住这种难得的机遇，将企业提升到一个更高的高度，为未来 5 年、10 年的发展打好基础，这才是上上策。

苹果产品对于四六线城市零售商，其实是一件核武器，我们千万不要把这个核武器就当作大刀耍，而是要真的当做核武器去研究，这样我们才能发现其中的奥妙和价值。单纯地耍大刀，你得到的也就是一把大刀；真正地去研究消化吸收，你才能真正得到这个核武器。

做好 Mono 店，需要想象力

Mono 店是苹果的一项重要的战略措施，经过各方的调研，再次总结出如下 10 方面，提出可以有效提升 Mono 店销售量的方案建议，希望能给所有 Mono 店老板和专卖店老板一点启发和思路。

建议分为两个部分，第一部分主要是对零售商内部管理的建议。

店面产品体验区

1. 定位

要非常清楚地知道两个定位。

一个定位是苹果产品是为中等收入者服务的，在四六线城市需要扩大一下外延，即：中等收入者包含中等收入家庭、准中等收入者、区域上超过中等收入的富裕人群、区域成功的中小企业。这类用户是苹果产品的主力客户，当然

每个区域的用户需求依旧要根据区域的不同来分析，但是分析的方法论是一致的（如果加上消费金融，这个群体还会扩大）。

另一个定位是苹果自身在行业中的定位，就是一个创新的破坏者。虽然目前破坏者已经没有了，但苹果依旧是创新集大成者，表面上看苹果最近几年创新乏力，其实在全美，苹果仍然排在科技创新企业第一位，只不过乔布斯离世之后缺少了企业冒险精神，让大家感觉苹果创新一落千丈，其实并非如此；同时消费者对苹果产品的关注度和期待值都太高，所以一些非革命性的创新就被粉丝弱化了。

明确这两个定位非常重要，因为一个会决定店面如何销售，另一个会决定苹果这个生意在自己公司中的战略位置。

2. 策略

根据以上两个定位，我们需要制定企业内部策略，这种策略当然是要符合企业自己的大原则，但是也需要符合苹果这种产品的销售特性。虽然苹果的消费者出现了越来越多的大众化趋向，但是买苹果的人，潜意识里都把自己当作精英或者未来的精英，所以苹果对于绝大多数的购买者来说，不仅仅是一个手机，或是一台电脑，更是一种生活方式的改变。为此，我们需要采用相应的策略。

具体是什么策略，每家会有不同，这里给大家一个原则性的建议：苹果是企业未来战略转型的一个载体，做苹果产品要拥有想象力。如果坚持这个指导原则，很多事情就会引刃而解。比如苹果有很多的第三方合规检查，如果你认为这是一个障碍，那就是一个天大的不可逾越的障碍；如果换一个思路，发挥一下想象力，这其实就是一种负面清单，如果我们这么理解，我们可以做的事情就会非常多。大家不要小瞧这种想象力，负面清单是中国政府设立自贸区时，一个巨大的进步之一，可以让大众有更多的创新空间，而不会被政策所局限。

3. 文化

策略在一个公司如何去推进？当然需要具体的政策和考核，其中有一个非常重要的纽带，就是企业文化的建设，这一点无论对怎样的公司都是需要的，但是对于选择苹果 Mono 店的企业而言，这就显得更加重要，因为这是一次难得的契机。虽然苹果的销售占不到公司销售额的主要部分，但是苹果文化依旧具有极强的侵略性和渗透性，并且还能接受多元化的发展，在现在绝大多数通讯行业的零售企业都处于转型的关口的时期，这个时候遇到苹果，实在是一件值得庆幸的事情。

怎样做好企业文化，有 24 个字的总结：写在纸上、贴到墙上、记在心中、露在脸上、行在腿上、动在手上。这不是教条主义，每个公司都可以因地制宜去修改调整，这里结合苹果文化来说就是，苹果是一家极具创新、追求极致、重视体验、多元包容、引领潮流的公司，我们在转型过程中，就可以将这种文化转化为符合自己公司的文化，比如极具创新，要在原来的公司体制下，接受新的改革，创造新的价值；追求极致，就是公司对于客户服务，要想法设法满足客户需求；重视体验，就是表示公司在零售体验上，要向先进企业学习，想客户所想，创造更多的生活场景；多元包容，就意味着公司要大量使用 90 后、95 后甚至很快就走上社会的 00 后人才，接受不同的文化冲击，也要接受更多的年轻的客户；引领潮流，就表示我们需要在区域上起码有一家旗舰店，在当地建立自己的潮流领导地位。这些文化，都可以具体到每一件事，但是核心文化不能经常变化，现在也有很多在文化建设上很成功的区域零售企业，可以多学习借鉴。

4. 培训

培训是落地的一种最有效的方式之一，一个企业的策略、文化都需要通过培训去落实，所以我们需要重视培训，特别是苹果这种依靠客户体验、品牌和文化占领市场的产品，培训显得尤为重要。

苹果产品的培训一般分为内部培训和外部培训。内部培训，一般公司会有一个专职的内部培训师，负责将苹果的历史、文化、产品、使用、合规等等讲给公司各部门同事去听，也许大家会说，那些不是苹果的店员需要听的吗？答案是苹果店的店员需要听，其余的人员也非常有必要去听一次，但是讲课方式

一定要换一个大家能接受的落地的方式，毕竟苹果的思维和其余厂商还是有很大区别的，这样的角度，店员一般都不会拒绝，因为多一个了解，对于他们也是多一份机会。

外部培训，是主要来源于厂商培训、国代和专业公司的培训。苹果厂商的培训更高端一些，最近几年培训地点都是五星级酒店，相对条件较好，店员和企业培训师都是愿意参加的，并且苹果自己的培训师最近几年也提升很多，起码是接地气了一些。但是苹果毕竟是厂商，对于很多实在的销售技巧、一线的实战还是缺少一些必要的了解，即使了解，因为公司本身的要求，也不能说太多，这也是所有厂商培训的一个常见现象。

所以这个时候就需要国代的专业培训师。苹果国代一般一个大区至少有2~3 名专职培训师，采用落地式培训，更重视实效，讲课以销售技巧为主，一般来说对于店面的培训，效果还是比较明显的。当然他们的缺点是大多数没有实际店面销售经验，很容易讲着讲着就很像厂商的培训了。

这时就需要请专业培训公司，目前能够做苹果产品专业培训的公司非常少，即使有也价格昂贵，但好处是独立第三方，他们讲课的目的就是用短频快的方式来实现销售额的提升。这里有一个误区，就是认为培训就是快速有结果，其实培训本身是一个长期过程，而且培训能不能出结果，本质上还是看公司体制，培训只能起到推波助澜的作用，短时间内本身能改变的东西非常有限。

一个公司的培训要有普及教育，这里指所有员工的培训，主要内容是产品知识和销售技巧。核心员工和店长的培训重点是攻坚能力、总结复制能力。操盘手培训，主要让操盘手理解苹果是什么、未来趋势会怎样以及团队管理问题。老板也需要培训，主要讲苹果的企业文化、产品的趋势性和未来的机会。这四个层面的培训都要有，缺一不可，因为没有一个整体的体系，培训都很难获得成功。比如说，老板培训，就是要和已经获得更多培训机会的下属员工有交流的机会，否则下属提升了，但老板没跟上，就会让员工觉得没前途没机会，很容易被人挖走或者主动离开。

5. 研究

一个企业内部做到以上 4 个方面是有一定难度和压力的，但也不是不可能完成的任务，只要努力，还是有很大机会去改进的。除了做好以上 4 个方面，我们还要给自己的企业一个新的小目标，就是研究苹果能够影响到的未来，这个说起来很空泛，但是细想又是很实在。

研究苹果，这里的苹果已经不再是“苹果”，而是一种趋势的代名词，我们企业内部要有几个对苹果理解非常深刻的核心级别以上的员工，因为苹果已经是智能手机的先驱，是各个大企业争相模仿的对象，也是移动互联网硬件的引导者，所以研究这样的企业和产品，对于 Mono 的发展一定是非常有价值的，对于企业本身也就有了一个源源不断的信息汇集和来源，能讨论的就多了，机会也就会随之而来。

内部工作是基础，只有练好内功才能有效对外，这种对外，主要是针对消费者。对外的策略和方法中，以下 5 点是最为重要的方面。

1. 引流

客流量非常重要，特别是苹果这种在当地具有影响力的店面。虽然官方数字显示每月客流量都能达到 1000 人次，但实际情况还是有不小差距的。那么如何才能真正实现官方数字的客流量？

（1）充分利用好苹果官方网站

苹果的官方网站还是有相当的影响力的，很多消费者只相信苹果官网的推荐，所以我们可以充分利用好苹果网站的这种信用背书，在当地推广的同时，树立当地唯一授权的标杆，这非常有助于提高忠诚粉丝的进店率。

（2）充分利用当地有影响力的新媒体

随着新媒体的发展，各地的各种区域性质的新媒体也得到了高速的发展，比如区域吃喝玩乐的 APP、公众账号、微博等，花费比较少，但是效果还是很明显的。当然有些城市利用新媒体一次也要几千块，对于单一 Mono 店的老板，这也是一种负担，这个时候我们要建立自己的自媒体信息中心，逐步积累人气资源，达到一定量级就可以和其他的自媒体资源互换，这一点虽然有点艰难，

但是有店面可以宣传,所以只要用心去坚持,效果还是非常明显的。

(3)做好店外活动

Mono 店的店内活动,审批比较复杂,特别是在大家对于苹果还不熟悉、对口的国代也不了解规则的时候,就成了一件很难进行的事情,当然这不是不能做,而是需要一些技巧,也需要一定时间学习。这个过程,其实我们可以用来做更多的店外活动,因为零售店不要成为“坐商”,等待客户上门这种被动行为,而是要成为“行商”,主动出击,寻求更多的客户。店外活动比如:当地校园体验活动、一些优质写字楼的宣传活动、一些优质餐馆区域的热卖活动、一些高端小区的宣传活动等,花钱少见效快(不花苹果公司钱的活动理论上是不需要苹果审批的)。

2. 产品

Mono 店面的产品,当然是以苹果公司的产品为主,但是聪明的苹果一直在打造一种店面生态系统,就是容许销售和苹果公司没有冲突的第三方产品,这种店面的宽容度其实是绝大多数厂商都没有做到的,即使有个别公司最近几年有这个意识,也都还没有建立这种生态,所以经营 Mono 店,一定不能忽视这种优势的存在。

那么店面应该选择什么样的产品,就不再是一个简单的采购问题,而是一个公司的战略问题,为什么这样说?因为从理论上讲,我们完全可以把苹果零售店开设成为一个以苹果产品为主的潮品店,而且是一个极佳的切入机会,因为你有授权、有支持,也有社会地位。

我们一般把产品分为 20 个类别(之前文章有过详细叙述,这里要注意用户定位问题,一定不是做三无产品和不符合定位需求的产品),Mono 可以从中选择几个类别进行尝试,然后不断优化迭代,这是一个无法避免的过程,这也是一个学习和进步的过程,所以老板必须参与。通过一年的总结,才能够形成自己区域的一套打法,这也使企业在当地,也一定能够形成自己的核心竞争力。

产品方面有几点需要提醒 Mono 老板们注意。

（1）壳、膜、线只是基础配置，并不是第三方利润的唯一来源，也不是利润最大的来源。

（2）低端产品不符合苹果专卖店定位，也不会给店面带来优质客户。注意，低价不一定等于低端，并且不同产品的不同价位段，定位也不同。比如保温杯，在三四线城市，200元左右就已经是中产的需求了，而500元以上就是一个奢侈品了。

（3）新奇特产品不是为了销售量，而是为了客流量，这种产品一定需要注意库存和季节的变化。

（4）重度体验产品，比如无人机、机器人等，如果没有专业的店员以及线下活动的支持，都需要谨慎引进。

（5）产品周转，一定要对引进的产品库存有一个严格的周转管理，这将能够保证店面的利润稳定性。

3. 陈列

Mono店面的整体要求是苹果公司规定的，在其没有改变规则之前，能够发挥的空间不是很大，但并不表示没有发挥空间的可能，因为陈列也是苹果Mono门店需要深入挖掘的机会。

（1）主机部分：一定要按照苹果公司的规定来执行，这中间能发挥的空间有限，但是可以同时播放同一个演示软件以此保证协调性，可以保证随时随地的卫生等。

（2）墙面配件部分：可以按照彩虹原理来陈列产品，实现店面陈列效果的震撼性，这种陈列方式比简单的配件悬挂陈列要优秀100倍。

（3）桌面配件：虽然第三方留的桌面比较小，但是依旧可以按照专区陈列，产品不要太过于单调，也要解决数量不足的问题。

店面陈列要每个月更新一次，保持店面的新鲜感，即使没有新产品引进，也可以更换陈列位置，当然是在规定的空间去转换用户视角。

4. 服务

服务是零售店生存之本，所以“服务”不仅仅是一种“服务”，更是一种产品

和商品。对 Mono 店面的服务，除去常规的销售服务，还有如下的建议。

（1）把服务当作一种商品

服务到底是什么，端茶倒水？还是笑脸相迎？我相信很多零售商都有这样的困惑，毕竟我们能够体验到的服务，大多数都是纯服务行业的一些规范要求。实际上，零售行业也是一个以贸易为核心的另外一种服务形式，但是这种服务除去常规的礼仪接待要求以外，还需要有更多的标准化了的服务商品，比如系统检测，可以定价一次收费 50 元，定价的目的不一定是为了收费，更多是为了让顾客体验价值感。

为了实现服务商品化，我们需要有足够的专业精神，否则很难把服务设计成为收费项目，这就要求 Mono 的老板们能够在公司内部提出更多的要求，也需要操盘手发挥足够的想象力，去做好服务项目商品化的调研推进，这个体系一旦成熟，对于零售商而言就是一个宝藏。

（2）提供一些高频服务

店面要为用户提供更多的进店理由和机会，高频服务的提供，就是一种非常有效的方式，我们可以设计更多这样的服务机会，比如手机软件系统三年免费检测，一年 4 次的手机清洗服务、一年 4 次的贴膜服务（可以只收取服务费和材料费）等等，这些服务的目的只有一个，就是创造条件，让顾客更多的来到店面。这里需要注意的是，这种高频服务一样是需要有价值的，而不是一些没有吸引力的服务。

5. 会员

会员制，是现在很多零售商已经采用的一些方式了，也是为了加强客户关系的一种有效的方式。目前的会员制一般分为收费、不收费、混合模式三种。

收费：即为会员提供清晰的多项物有所值的服务，比如配件折扣、积分换礼、多项免费项目等，收费的优势是可以获取更多的优质客户，提供个性化服务，一般提供收费服务的企业，对于内部管理的要求也会很高。

不收费：即是一种简单的用户管理系统，有的公司无论是否消费都给会员，有的需要达到一定的购物金额方可成为会员。不收费会员制度，一般会采用积分升级来分类客户，积分模式可以是购物金额，也可以每次只要来店面就可以获得一定数量的积分(类似于签到模式)。不收费的会员体制，在内部设计上更复杂一些，因为不收费的目的是为了更多的流量和销售额。

混合模式：这种比较适合有多种类型门店的零售企业，比如专卖店体系和潮品店体系，就会采用不同的会员方式；有时候，即使只有单一的店面体制，也可以采用混合模式，采用递进的方式，让不同客户选择不同的服务。

会员制度是一项比较复杂但是也非常有效的模式，每个公司可以在自己零售特点下，遵循大的原则去制定，这种模式是一定需要尝试和实践的，也是零售企业未来增加互联网工具的一个有效的接口。

当然，Mono 是苹果公司的项目，这个项目已经存在三年多的时间，按照互联网优化迭代思维，也需要根据实际情况进行调整，亘古不变的教条和官僚主义会害死人。所以，对于苹果公司，也提出如下的建议，但是改变不是一朝一夕的事情。

1. 门头 logo 需要调整

目前苹果 Mono 店的门头是统一的标准，这样也非常有利于保护知识产权和宣传零售商的个体价值。

但是三四线城市毕竟还需要时间来认知，同时还有更多的非授权苹果店，普通消费者很少有这种识别能力，所以苹果 Mono 店需要一个接地气的 logo，或者一个广告牌，要让普通的消费者一眼看到就知道这是一个官方授权店。

2. 配件展柜和配件区域需要调整

Mono 店面的配件展柜已经是一种非常落后的陈列方式，依旧是采用挂钩形式，对于这么一家对体验要求极致的公司来说，这显得有点不合时宜。可以采用敞开式设计，让每一个配件，都可以直接获得用户体验。

同时第三方配件区域也太过于靠边，建议采用 Apple Store 的方式，主机和配件可以结合陈列，哪怕是和自己品牌的配合，也会更加生动，比如手机和 Beats 搭配陈列的效果就一定比现在单纯的手机陈列要好很多。

3. 活动审批需要灵活

苹果零售店面的活动审批一直都非常复杂，一般只能苹果自己组织，这就对他们的组织能力要求非常之高，并且也不可能有太多的活动机会。可是零售店每个区域、每个公司面对的顾客群体都有差异，所以建议苹果有一个快速审批通道，哪怕给一些促销模版组合，让零售店去自由搭配，这样也胜过没有活动，毕竟店面是需要人气的。

4. 合规管理销售流程，需要跟上时代

苹果零售店面第三方管理非常的严格，这对品牌形象的推广是一件有益的事情，但是有些合规检查却明显比较迂腐，比如对销售话术就有一些强制的要求，因为一般来说给刚加入销售行业的店员提供话术是很有效果的，如果是经验丰富的店员就显得有点多余了。而这几年店面更加年轻化，他们更喜欢接受一些个性化的要求，强制往往适得其反。

所以合规管理尽可能变成一种负面清单管理，这样效果会更佳有效，中间发现问题也可以及时修正，这也是一种创新的态度和模式。

5. 培训需要接地气

苹果的培训大多数还是非常高端的，也有众多资深的培训师，应该说是众多厂商中间最有体系的厂商之一。但是苹果厂商的培训，也多少有一些曲高和寡，特别是在互联网高度发的今天，有很多模式显得老旧，这一点，应该说也不只是苹果一家的问题。

6. 尽可能给店面提供管理新工具

苹果 Mono 店，对于很多零售商而言不仅仅是一个店面，更多是一种文化的选择，也是一种占位和学习，毕竟苹果依旧是全世界最具创新的公司，如果厂商能够根据中国零售企业的现状，为零售商提供更多有效的管理工具（或者是推荐适合的第三方），将会使这些店面和企业，获得更多的提升机会。

7. 数据需要真实性

苹果公司在店面管理上有一套严格的体系，为了获取更准确的消费数据，每个店面都需要报数，都有流量监控器和激活的追踪等，这些数据为苹果决策提供了有力的支撑，但是上有政策下有对策，苹果在这一方面的还是需要加强

监控的。

本文没有涉及互联网 + 的部分，因为互联网对于 Mono 店来说，是未来一定要走的路，但是当前，最重要的是把传统的部分先做好，“求木之长者，必固其根本；欲流之远者，必浚其泉源”，希望苹果在中国的路能走的更远，希望 Mono 店能像苹果公司一样有更多的想象力和创新精神，也能更上一层楼，能开出花，也能结出壮硕丰满的果实。

苹果 Mono 店，店主最关心的 4 个问题

苹果 Mono 店是三四线城市的战略规划，目前已经有近 2000 家店面。因为工作的关系，接触到一些 Mono 店主，据了解 2016 年如果加上返点，大多数 Mono 店老板还是能获得一定利润的，有的还利润不菲，当然也有亏损的。

谈及当下他们的生意以及未来的规划，有 4 个方面是他们非常关心的，也是急切希望去改变的，而这些问题恰恰是很多不同零售商都在关注的问题，所以我们来做一个详细的分析，希望抛砖引玉，让更多人有更多的思考。

店面产品体验区

一、如何提升店员素质

店员素质的提升是一个长期的话题，尤其是 80 后、85 后、90 后、95 后这些节点发生的时候，媒体开始大肆报道，各种讨论、分析、培训，都提出所谓的解决方案，其实是没有了解这个事情的本质。

店员素质提升的本质，就是一个公司的人力资源系统是不是健全、有没有合适的人力资源规划和方案、有没有持续的迭代能力等问题，一般分为以下 7 个方面。

1. 店员的选择

店员的选择标准是什么？估计绝大多数公司都会有各自不同的标准，但是因为优秀的店员本身不容易找，在招聘的时候就容易放松要求，这样即使制定了招聘标准，也会招来很多不是希望要招的人。

招聘标准要细化量化，一般店员要求：数码产品爱好者、大专以上学历、主动性、亲和力强、愿意学习分享等等。其中数码产品爱好者是一个必须的选项，如果一个人连产品都不喜欢，那你再怎么培训，都不会有明显效果。

一个零售公司，需要尽可能的把店员招聘要求细化，有的是必须达到的要求，有的是可以在一定范围调节的。有条件的公司一定要做店员的背景调查，对于有面试撒谎、团队中的刺头、有诚信度问题的人，一定要坚决排除在外。

2. 店员的入门手册

店员确认入职之后，上班前几天做什么？入职培训是一个必要的过程，至少以下几件事是一个常规的选择。

(1) 职位说明书

你需要告知新员工职务职能，职位说明书包含职位范畴、上下级关系、考核、晋升机会等。

(2) 入职培训

入职培训需要包含公司规则、公司文化、发展历史、未来规划等，最好老板要参与进来，让新员工感受公司的重视。

(3) 产品培训

因为是店面零售，一定要有销售产品培训，即产品知识和销售技巧，不要让新店员到了店面却把顾客都赶跑了。

有些公司本身规模不大，但是无论公司大小，店员的入职培训是一个必须的过程，时间可长可短，像百思买是 3 个月，我们起码也需要 3 天时间，这个培训决定了店员未来的稳定性和团队的融合性。

3. 店员的持续培训规划

店员的培训绝没有一劳永逸的事情，随着社会的高速发展，店员的培训其实就成了公司的一项长期策略。

持续的培训可以分为四种形式。

（1）常规产品培训

定期有厂商、总代或者自己的培训师培训，一定要有规划（一个月的场次、时间等）；一种是新品上线培训，不能把自己都不熟悉的产品直接放到店面去。

（2）读书会

这种属于分享型培训，读书会不一定是读书，也可以是读报读文章读新观点，主要是激发内部员工的参与热情。

（3）早例会

现在比较流行早上 8 分钟，利用早例会的时间分享一段讲座或一个案例都可以，这种既可以系统分享又可以碎片化的分享方式非常有效，特别是对于愿意学习的员工。

（4）店面直播

直播，是一种面向顾客的行为，其实要想讲好直播也不是很容易，所以店员一定需要做好前期准备工作，这种准备，也是一种自我培训学习的过程。

4. 店员的量化奖惩

每个公司都有自己的店员考核方式，但是只要坚持两个量化，一般来说店员的主动性就会大幅度提升。

（1）平行量化指标

所谓平行量化指标，就是店员每天都能算出自己能够拿多少钱，每卖出一个产品都知道自己的收入会有多少。比如给予店员每个产品的核算成本、最低限价、最高限价，店员每个人每个月都有自己的最低利润指标（销售价格－核算成本），完成以后提成空间清晰，这样店员每天都可以自己计算，激发店员的销售热情（安利的激励机制就是如此）。

2）晋升量化指标

人都有往上走的期待，一个店员长期不能晋升，就会出现流失的可能。现在的晋升机制基本上就是业绩完成加上老板的主观判定，这种被称为自上而下的考核。我们应该改变为自下而上的考核，比如销售业绩 + 顾客评价，这种更符合用户思维的精神所在，只要通过互联网手段，这就是一种简单的自下而上的考核晋升模式了。

5. 店员的上司素质

我们一直在强调店员的素质培养，殊不知“上梁不正下梁歪”，如果不能做好店员的上司的素质提升，再好的培训都无济于事。

上司的素质，基本的管理礼仪、持续的学习能力和新事物的接受能力都是必要的，当然更重要的是正能量，如果一个上司每天自己都抱怨、拉帮结派，他带领的团队是不可能带来惊喜的。对于这样的管理层，一定要快刀斩乱麻，发现一个立刻处理。

6. 店员的节点管理

老虎也有打瞌睡的时候，再优秀的店员也会有低谷的时期，如何保持店面优质服务不走形、不变形？最好的办法就是节点管理。

所谓节点管理，就是将店面服务分为若干个流程，每个流程都有一个节点，只要管理好这个点，店面的服务就能稳定在一定的水平之上，即使有人离职或者新员工刚到岗，也不会出现较大的差错。比如进店必须说欢迎光临、如果顾客呆上 5 分钟则必需倒水等，这都是节点。做好节点，是每个店面的基本要求。

7. 企业文化连贯性

一个企业的价值观是不能经常变化的，一旦确定就需要坚决地执行，不能今天一个思想、明天一个思路，朝三暮四的企业文化是没有核心竞争力的，会让员工不知所措。

我们要保持企业文化的连贯性，即使中间会有调整，也是有关联的进阶，而不是大换血，对于企业的创始人和高层，一定要慎重，这是零售企业店员素质持续提升的根基。

店员的素质提升，不是一个简单的、表面的事情，而是一个持续的企业系统管理能力的体现；店员素质的提升，从我做起，这不仅仅是一个口号，更是一个长期的战略。

二、如何提升店面人流量

一个实体店面，销售主要靠进店的顾客，那些在门外经过的、店外徘徊的，只要不进入店面就和你一点关系都没有。所以不要说商场人气很好、社区居民很多，这些人和你有没有关系，关键就是会不会到你的店面来。

提升店面人流量，是零售店一个长期的策略，如何才能提升呢？这需要换位思考，顾客如何获得你店面的信息？这些信息和他们有关吗？一定要站到顾客角度去思考问题。

1. 顾客如何获取信息

现在的顾客获取信息，有多种途径，我们把这些途径分门别类，弄清楚了，就能清晰地知道哪些方式有效、哪些方式无效了。

（1）传统媒体

传统媒体如电视、报纸、杂志、电影片头广告等，很显然这些传统方式已经不是我们首选了，除非你有较好的资源或者上游支持。

（2）网络

网络，尤其是新媒体，是现在的主流宣传方式，式样很多，比如公众号，可以是自己的也可以是当地的大号，朋友圈广告、微博、今日头条这样的新媒体等。这些投入大多数都需要一定的费用，但是效果相对也比较好。

如果不愿意花钱，可以做自媒体、逛论坛，这就需要时间，也需要创意。现在几乎所有的传统媒体都开设了自媒体频道，竞争也是非常激烈的，你可能需要组建一个专业的有思想的年轻团队。

（3）口碑

一个人，可以有效影响 250 人，所以口碑的力量是巨大的，那么我们如何

将口碑发扬光大呢？其实可以借鉴滴滴打车当年的做法，就是介绍客户获得优惠券，介绍的客户如果购买，还可以获得更多的优惠券（客户自己也会有），这种如果有互联网工具，使用起来会更加便携。优惠券打天下，是一个非常值得研究的方式。

一般来说，如果一家店面服务不好，你是不会推荐给朋友的，毕竟是一种信用背书，所以用好口碑这张牌，会有极佳的效果。当然这不是没有成本的，只是优惠券会让口碑传播得更快。

（4）热卖

热卖分为两种方式。一种是店面内部热卖，可以让店面有销售的氛围，这个很重要，冷冷清清的店面，顾客连门可能都不愿意进去，这就是马太效应。

另外一种热卖，就是走出去，我们不能做一个店面的坐商，一定要做一个行商。走出去可以是学校、社区，可以是广场、路边，任何有人气的地方，你都可以去做，可以是产品现场销售、可以是产品体验，也可以是单纯的彩页推荐。不过无论哪种，都建议让顾客关注你的公众账号，否则，一次性的宣传无法实现信息的二次传递，这对于宣传方来说是一种损失。

（5）门头

门头是用来吸引门前走过的顾客的，现在店面的门头大多数都是比较刻板的、千篇一律的门头，这中间有管理的因素，但是如果条件容许，可以多一些门头创意，因为顾客远远看到的只能是门头，所以我们可以将门头设计为 3D 的模式，也可以设计为一个产品的形式，比如耳机，如果多一些创意，就多一份收获。

2. 顾客的需求是什么

顾客会有怎样的需求，也同样是需要我们去研究的，只有清晰地了解顾客的需求，我们才能将上述的活动做得更精准。

（1）观察周边什么样的店面容易排队

如果一个店面出现排队，这家店面一定有他的优势所在，即使是餐饮行业，也是我们了解客户需求的一个非常重要的观察点。比如最近流行的喜茶，有的要排队 1 个小时以上，究其原因，就是他的奶茶品质高、式样多、服务优质，说明附近的顾客愿意为高品质的产品买单，再看看价位段，你就会发现喜茶和猫王收音机表达的内在东西是一样的。

（2）观察周边超市的购物习惯

周边超市的购物习惯，也能判断周边消费水准的标准，超市如果都是生活家居用品，客单价低，说明周边消费能力一般；反之，如果购物超出家居用品，还有服装、家电等，说明周边消费能力强。

当然还需要观察年轻人多还是老年人多，客流量是周末多还是日常也多。如果你周边是精品超市、外资超市，生意也不错，就说明周边消费能力是有的。去年沃尔玛的山姆会员店会员费用涨价（年费从 140 元涨价到 260 元），但是生意依旧火爆，说明山姆会员店的选址是成功的，这也很值得我们观察和学习，这说明消费已经在升级。

（3）查看周边停车场的车

这是一个消费者购买力的简单判断，豪车多就是购买力强，容易销售出一些非常规产品；普通车多，我们就需要多做一些流量产品了。这是当年很多外资企业都采用的一种判断方式，虽然简单粗暴，但是非常有效。

（4）了解行业的流行趋势

一个行业的发展，不定期会有一些新品推出，在现代的互联网媒体下，只要你多看一些行业分析、多关注行业动态、多出去走走、多和行业专家聊聊，基本的规律就可以掌握了，这样对于一些新产品的把握就会加深，可以让店面成为一个买手制店面。

（5）自己数据的统计分析

店面如果有会员登记，会员的购买记录会成为最宝贵的财富之一。定期分析购买记录，将会发现更多的精准的规律，当然，你首先要有一个互联网式会员系统。

现在了解需求的方式有很多种，看看周边小区快递数量就能部分了解周边顾客的购物习惯；了解医院产检的人数，就能知道儿童产品什么时候上架比

较合适等等。我们有一些很笨却是很实用的方式，只要你去挖掘，这也是一个金矿。

店面引流是一个创意的事情，要多学学互联网公司，也可以使用一些“免费”的手段，或许会有意想不到的效果。

三、如何提升配件销售

配件销售是苹果店面一个重要的利润来源，记得 2005 年刚入行的时候，苹果的一个总监就这么说过：“别指望苹果主机能给你带来多少利润，但是苹果主机的流量能给你带来更多配件的销售机会，这才是苹果生意的价值所在。”

苹果的授权店面，对于配件的销售现在是有相当的严格要求的，例如不能销售仿制苹果的产品、不能销售三无产品、不能销售和苹果有竞争的产品、不能销售和苹果毫无关系的产品等等。这些要求本身并不过分，因为既然是授权，厂商在店面也是有投入的，提出合理的要求也无可厚非。

那么对于刚入行时间不长的苹果 Mono 店的老板来说，如何提升配件销售量，就成为一件极为重要的战略性工作，以下一些常见的方法也许能够激发大家更多的思考。

1. 思想上的转型

配件的销售在原来的通讯渠道，并不是一个常规工作，就像 PC 行业不会销售配件是一个道理，如果老板强制要求，反而会影响主机的销售。

要做好配件的销售，首先就是要建立配件销售并不是一个宰客行为，而是一种常见的销售模型的思想，即价值延伸销售。

因为苹果主机的设计考虑了大多数人的共性需求，如果不使用配件，其价值只能发挥 50% 左右，因此对于一些细分需求，没有办法在主机产品上实现，比如微距拍摄，没有专业的第三方配件，就没有办法实现这种比较特殊的小众需求。而第三方的开发，既解决了苹果的外延，又实现了更多中小企业的价值创造，这也是一种共享的众创模式。

同时，互联网时代的趋势就是万物互联，即物体与物体之间有着无限的关联。苹果主机与其他产品比如音箱、耳机、汽车、机器人等等也需要关联，这种关联就是一种价值和机会。苹果有大量的配件，其实就是这种关联下存在，现在有一种通俗的说法叫做：一种生活方式。

所以，配件的销售并不是可有可无，而是一种存在的需求，这种存在符合未来的发展趋势，也是一种生活方式的需要。

2. 挑选苹果产品粉丝为店员

很多老板其实对于 Mono 店还是非常重视的，所以店面开业的时候，就从自己原有的店面中挑选销售业绩最好的店员来 Mono 店，但是事与愿违，销售业绩不但不好，还可能会引起人员流失，给公司造成不必要的损失。

其实苹果 Mono 店挑选店员最重要的一条，就是喜欢苹果产品，如果找不到粉丝作为店员，就找没有手机销售经验但热爱数码产品的店员，这才是正确的选择。

原因其实很简单，就是老销售员的惯性思维让他们在短时间内很难接受苹果的销售思路，尤其是配件产品，很多人在内心是排斥做这个销售的。在原来的岗位上干的好好的店员，突然做一件自己不熟悉又不喜欢的事情，绝大多数人做不好也是一种常态。所以，我们就需要选择合适的人，这个道理理解起来并不难，只是我们忽视了，有时候好心办坏事就是这个道理。

3. 产品选择重视产品的组合

苹果的配件种类繁多，一般刚开始进入的零售商，建议从常规配件入手，然后是流量型配件，然后是细分组合。

常规配件，就是常说的壳、膜、线，这基本上是苹果主机必备的产品，如果说还有什么是常规的，那就是移动电源，现在也是人手不止一个了。

流量型配件，一般是指音箱类产品，因为音频产品本身就具有巨大的市场规模，加上苹果在乔布斯时代再次崛起也是靠 iPod，所以手机和音乐其实有着无限关联。

细分市场的产品品类众多，比如新奇特产品，主要是吸引客流；功能类产

品,比如车载充电器、手环等;价值衍生类,比如空气净化器、机器人、按摩器等等。我们可以对周边顾客进行广泛调研后,逐步尝试,选择适合自己店面的产品,也允许有一个试错的过程。

无论是怎样的配件,都不要选择低端的配件,因为苹果在三四线城市也有20% 的高端客户购买,他们本身的需求就是希望能够跟上时代的潮流。所以我们在整个店面的产品选择上要实施中档产品销售为主、高端展示为辅的策略,提升客单价格才是正道。

4. 配件产品的价值陈列

配件产品的陈列,在 Mono 店有严格的规定,能发挥的余地并不是很大,可以从简单的几个方式入手。

色彩搭配陈列:可以采用彩虹原理,由浅入深,这样看起来会更协调一些,有视觉冲击力。

按照品牌区域搭配:因为各个品牌有自己的主题色,这样看起来也比较协调。一些正在兴起的城市推荐采用这种方式,更能符合消费者的需要。

按照功能区域搭配:这种陈列需要一个技巧,就是功能由简单到复杂、小区域颜色由浅入深。

场景搭配:这个有一定难度,因为 Mono 对于配件类产品陈列有要求,不过还是留了配件位置,可以集中陈列,这也是一种简单的场景。如果价格牌可以有图片,相对来说效果会更好一些,这个需要有一些创意,不过还是有一定的空间可以挖掘。

配件陈列的整体原则是,要突出配件的价值感,1000 块钱的产品有 1500 块钱的价值陈列,才是一种成功的陈列;如果 1000 元的产品,陈列看起来像 100 元,那就是一种失败的陈列。

5. 合适的店员激励方式

配件销售,需要有适合这一类产品的店员激励方式,很显然,原有的主机销售激励方式,是不太适合这种生活方式的产品销售模型的。下面介绍几种合适的店员激励方式。

新品上市激励：新产品上市，即使有店员培训，店员也不可能很快就熟练掌握，所以需要有新品销售激励方案。当然在新品销售之前，店员试用也是一个必不可少的流程，只有自己真正体验过才能知道产品的优劣，这也能避免引进一些厂商喜欢吹嘘的却达不到实际宣传效果的产品。

重点产品激励：毋庸置疑，很多配件产品的利润率比主机高，为了销售这类产品，可以制定长期的重点产品激励方案。

店面整体激励方案：一个店面整体的配件销售达标激励，其中奖金可以作为店面活动使用由店长申请，这也是店面文化建设基金的一种方式。

当然激励的方式有很多种，也有的公司采用安利的模式，即店员每天都能核算出自己的奖金，不过需要有一个细致的规划和核算。总之，我们不要担心员工赚的多，员工赚的越多，店面的利润就会越高。

6. 及时淘汰不合适的产品

滞销品在 Mono 店初期一定会经常出现，这是店面成长的学费，但是如果任由滞销品存放在店面，不但会影响形象，也会占据空间，给店面不仅仅是销售率的问题，还有客户的稳定性问题。

对于滞销品处理，零售商一定要有一个强有力的规则，即及时盘库，到什么时间点做什么样的决定，该降价就降价、该赠送就赠送，只有决绝才能有效减少滞销品问题。

7. 建立顾客档案，代客选购

Mono 店的顾客，其实都是当地比较重要的有价值的长期顾客，所以一定要做好档案登记，若有订阅号可以关注订阅号，没有订阅号可以关注店面微信。

对于登记的顾客，要有定期的信息推送，但是一定不能太频繁，避免被拉黑，而且一定要是有价值的信息，而不能是强制的广告推送。

对于这些顾客，可以提供代购服务。既然是代购，就可以降低一些利润空间，因为客户也有一个等待期，这样双方都得益。至于如何提供代购服务，那就需要各显神通了，可以是定期目录，也可以是精准信息推送，更可以是产品

实景展示，但是无论哪种，都要信守承诺方能长久。

Mono 店的配件销售模式是一种未来非常重要的生意模式，经过几年时间如果能够融会贯通，一定是大有裨益的，所以，这不仅仅是配件，更是一个战略转型的开始。

四、店面的文化建设

Mono 店面的文化建设，是一个全新的课题，国内能够将店面文化建设做好的并不多，基本上现有的教材都是讲企业文化建设，没有人涉及店面文化的研究。但是一个零售店确实需要自己的文化建设，特别是有的大型零售店已经不亚于一个企业的规模，并且每个店面服务的周边群体是不一样的，如果没有自己的文化特质，无论是管理还是对外形象的展示，都是没有根基的，所以店面文化建设是急需要解决的问题。

1. 店面文化要符合企业文化

店面属于企业的一个组成部分，所以再大的店面都必须遵循企业本身固有的文化，而不能独自成一派，所以在店面文化建设中一定要研究企业的文化，把店面文化作为企业文化的延伸和优化。

2. 店面文化要借鉴代理品牌文化

Mono 专卖店，是以苹果产品为主导的，其实也就是苹果文化的一个展示窗口，所以店面文化要承接品牌文化的传递，在承接品牌文化的同时，结合公司文化，成为一种“你中有我、我中有你”的特色文化。

长期在某一个品牌专卖店工作的店员，一定会受到品牌文化的影响，如果想转型去另外一个文化不同的品牌专卖店，会有一个比较痛苦的转型过程，内心不愿意转型的就是不太适应新文化，即使有转型意愿的人，也会有一个长期转变的过程。

3. 店面文化要有自己的自由度

既然说是店面文化，如果全盘吸收企业自身的文化或者品牌的文化，那么就没有自己的特色和个性，那就不叫店面文化，最多只能说是团队建设。所以店面文化至少需要有40%的自由度，即企业文化+品牌文化占60%，店面自身文化占据40%。

特伦斯·E·迪尔、艾伦·A·肯尼迪把企业文化整个理论系统概述为5个要素，即企业环境、价值观、英雄人物、文化仪式和文化网络，所以我们也依照这5个方面，看看店面文化应如何建设。

1. 店面环境

店面环境包含店面周边环境、店面形象、店面的产品、店面提供的服务等，我们需要有针对周边的环境、人员分布，制定合适的店面形象和产品选择，并且提供恰当的服务。

店面环境其实就是给用户的第一印象，店面想要能够让人一眼记住，就需要有自己独特的特点和标识，有自己与众不同的服务，在外人并不了解你的时候，就能够深深记住你，这就是店面环境的重要性。

2. 店面价值观

店面价值观就是店面统一的行为准则，它能够让你很容易辨别什么能做、什么不能做。这种价值观建立在企业价值观之上，但是又有自己的特色，并且体现在每一个店员的身上，说得直白一些，就是每个店员身上散发出来的气息都能够让人立刻想到这个店面。

比如某些房地产中介，总是西装革履，他还没有张嘴，你就能知道他会说什么、做什么，这就是价值观的具体呈现。

我们在建立自己的店面价值观的时候，就需要将一些原则、权责利讲清楚，不停地提醒员工什么是规定，什么是必须做的事情，这种价值观是需要长期训练的。

3. 店面英雄人物

虽然英雄人物不是这个时代的特征，但是榜样的力量总是无穷的，店面里需要有这样的榜样。这种人在店面中的存在，就是店面文化的一种象征，我们要着力发现和培养这样的榜样，成为所有店员学习的对象，这种形式更有助于实现店面文化的保持和延续。

4. 店面文化仪式

店面会有文化仪式吗？当然会有，团队的活动、团队的会议、团队的固定节目等都是一种文化仪式，通过这种文化仪式，能够有效地将店面各种事情形象化或者戏剧化，让店面处于寓教于乐之中。

比如店面固定时间的晨会，晨会之后的集体唱歌；晚上店面结束会有简短总结会议，将一天的欢笑和郁闷都简单说一下，然后集体跳舞后各自回归自己的个人的生活中去。这就是一种非常有效的文化仪式活动，虽然简单，但是却具有深深的店面文化仪式的内涵。

5. 店面文化网络

店面文化网络，指的是非正式的沟通渠道和信息传递渠道，主要是文化信息的沟通和传递，例如现在的沟通群组、日常聚会等，这些都能够建设店面文化，也能够让我们更清晰地了解店员的真实形态。优秀的店面文化网络，还能够帮助店面传播给用户更多的正能量，实现正面的社会价值。

店面的文化建设，尤其是在目前 90 后店员为主的店面中，是非常重要的一个趋势，也是很多有先见之明的老板比较关注的一个方向，这也是去中心化的社会趋势下的一个必然的选择。刻板教条的文化已经不适合现在年轻人的趋势，随性小众才是真正的未来。

Mono 店面，对于已经在进行中的老板，是一个难得的转型中的抓手，完全可以利用这个机会，实现企业全面转型的先期尝试，为自己的企业全面顺利过渡到线下线上的“新零售”的未来，创造一个扎实的基础。

Mono 店老板们提出的 4 个问题，是在经营过程中会遇到的 4 个广泛的问题，也希望借此能够给不同的零售商带来更多的思考和解决建议。

本文通过 Mono 店的案例，系统化分析了四六线城市市场传统零售商的转型之路，适合不同品牌的代理商借鉴参考。

| 第三章 |

小米线下实体店的秘密

小米，这几年极具话题性的公司，擅长以爆款打天下，以互联网渠道 + 抢购模式，一度成为国内手机第一品牌。但是手机市场是一个诸侯争霸、风云突变的市场，华为就凭借其精准的定位、过硬的质量以及粉丝营销，占据国内手机第一品牌。而“充电五分钟、通话两小时”的 OPPO 手机，借助其强大的营销渠道，排名第二。小米开始被质疑，雷军是不是过于自信自己的模式了？

其实纵观华为、OPPO 和小米，他们有共同之处，就是都是擅长做爆款产品、都擅长互联网营销、都很会经营自己的粉丝。主要差别就是，华为有 1.1 万家线下授权店面，OPPO 有步步高强大的三六线城市的渠道网络；而小米，只有线上模式，原有的线下渠道都是通过运营商和分销商、甚至黄牛通过非正规的方式覆盖的。小米一直没有认真经营线下渠道，从而错过了最好的机会。

小米店面外观

现在的小米直营体验店，是原有的小米之家升级改造而来（小米之家是小米线下售后服务中心），2017 年 6 月，已经开业 104 家门店，并且规划 3 年内开设 1000 家（原计划 5 年，2017 年调整为 3 年），且坚持自己运营、不加盟和不挂牌（现已经开放加盟模式）。

小米直营体验店，目前为客户提供产品体验、销售、预售提货、维修等服务，最主要的目的还是建立线下顾客存在感，让消费者能够在第一时间体验到小米的产品。据披露的数据，每 100 个到店面的顾客，大约会有 8 ~ 10 个人的购买率，如果真是如此，小米店面应该是可以盈利的，这种盈利将会给小米体验店未来的复制带来更多的积极意义。

虽然很多人说“扒掉店面小米的图标和标识，换成苹果的图标，就是苹果体验店了”，但是从正面的积极方向来看，小米店面依旧有很多值得学习的地方。

1. 极简的装修风格，可以低成本复制

小米店面的装修风格初看确实很像苹果店面，比如巨大灯箱片、原木风格的展示桌、简洁的主机陈列等。但是仔细去看却又有太多的不同之处。

（1）小米店面装修体现了雷军一贯的风格，感觉格调很高、实则极为简洁，大大降低了装修的复杂性和成本构成。

（2）主力产品都采用独立陈列的方式，这和小米刚开店面有关，主要是为了主机体验和销售。

小米店面体验区

（3）除去小米以及小米生态相关品牌产品，没有第三方品牌的销售。

以上说明，小米店面还属于开设初期，小米对于零售店面的理解还只是刚刚开始，不过是走在大趋势的方向上。

2. 去店员化的体验，降低店面运营成本

小米生态产品区域

这大概是最为特别的一点，小米通过单品重复陈列加上模拟演示，店面基本上不需要店员介绍产品，这和小米本身已经有相当的知名度有一定的关系。因为小米属于爆款销售模式，本身产品不是很多并且很多是冲动消费产品，加上陈列引导，比如插排就做了一个分解模型很容易看到材质、电视本身就是一个大的显示屏等，基本上就可以实现这种去店员化销售。

去店员化，看似一件小事，对于零售店来说，这就是一个大事。一个店面主要成本来源于租金、装修和人工，现在装修极简，人工降低，对于小米来说当

然是一个不得了的创新。当然这种去店员化并不是没有店员，只是相对数量在减少。

3. 线下粉丝聚集中心，粉丝经营的根据地

据媒体报道，小米线下体验店，平时也是小米粉丝聚集地。小米擅长粉丝营销，各地都有小米粉丝会，之前活动都是自行组织或者小米集中组织，现在终于找到组织了，这非常有利于小米的社群营销，估计不久的将来，这里还有可能出现小米咖啡、小米餐厅，真正成为小米之家。

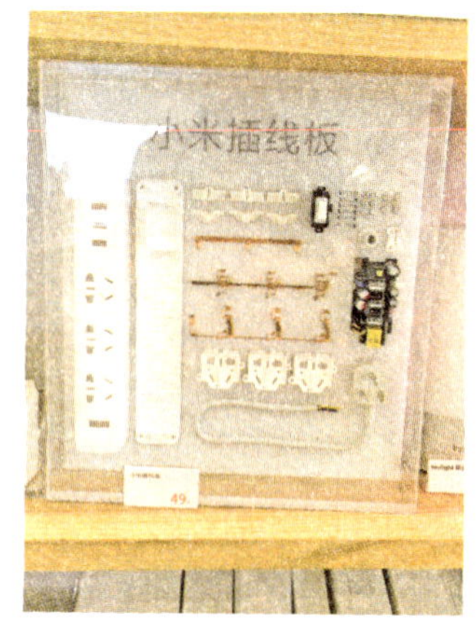

插线板的拆解图

4. 新品体验中心，容易让小米走向中高端

小米新品体验之前一直是通过发布会发布，然后抢购，最后等待体验，对于一般的消费者，可能无法像粉丝那样对新品充满信任，这就错失了大批用户。而现在有了体验店，就可以吸引大批用户，加强线下的影响力，实现更多的滚雪球销售效应。

5. 售后服务中心，解决快速维修问题

现在小米体验中心依旧保留了售后服务中心，表面看，这个体验中心还是比较传统的售后维修中心的方式，未来会不会采用一对一或者一对多服务，还要看小米未来的策略。当然售后服务中心存在的最大好处就是，让消费者保持信任感，虽然小米已经具有足够的知名度，但是竟还是一个年轻品牌，要想让更多普通消费者有踏实的购买欲，售后服务中心的普及还是非常有必要的。

小米电视陈列区

6. 线下数据收集分析中心，为以后大规模推广小米授权店做好准备

小米线下直营店目前还刚开始不到 1 年的时间，如果小米未来希望扎根这个市场，线下渠道建设还是必不可少的。但对于没有渠道经验、没有零售经验的小米来说，坚持互联网的特质，先开设自己的直营店面还是非常有必要

的，需要收集数据、不停总结迭代。要想实现雷布斯的无印良品的店面模式，还有很长的路要走。

小米线下直营店面还有很多需要改进的地方，比如既然叫"之家"，就要考虑消费者需求的满足问题，那么是增加品类还是只卖自己的爆款产品？如果只做自己的产品，是不是会增加更多的自有品类或者生态链？因为手机属于快速迭代产品，毛利率不是很高，本身小米的毛利率也就是在15%～20%之间，那么如何应对租金的增长问题？如果小米之后增加渠道授权开店，如何保证店面利润问题？这些问题都是小米要面对的，因为线下和线上的思维区别就是要考虑更多的成本，多一个中间层，就需要足够的利润空间，这个和互联网降维打击本身就有一定的冲突，这真的要看雷布斯是否具有化腐朽为神奇的力量了。

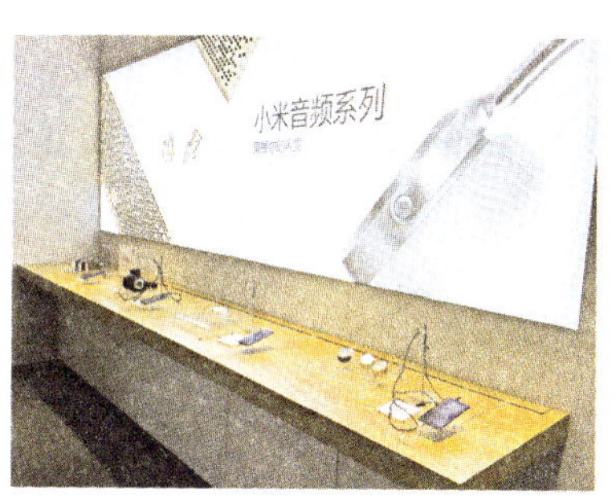

大背景灯箱

当然，小米走出了这一步，无论是被逼还是自愿，都算是互联网＋传统经济了，这也是互联网人必须要补的一课，补得好就能再上风口，补得不好，就只能在地上奔跑了，而且前面和背后都有无数在尝试的猎人，所以跑得不好的结果就可想而知了。

在趋势分析上，小米走的方向是正确的，因为坚持自营的路子在前期更容易积累经验。这个策略将会把小米推向一个新的风口。

小米之家，到底是一个什么新物种？

小米之家其实在2016年2月才开出第一家，那么小米之前在干什么呢？其实按照小米创始人雷军演讲的说法，之前主要经历了两个阶段。

第一个阶段是疯狂的增长期，这个时期小米是自负的，因为3年内就做到100亿的年销售额，这个时期主要靠线上，虽然线下也有小米形象店，但都不是授权的，是经销商自己开的店。

这个时期小米不重视线下，也不重视渠道，因为手机都是溢价销售，做小米的经销商还是很开心的，涨价生意容易做，所以那个时候也有不少经销商赚到了钱。

第二个阶段，就是小米开始走下坡路，小米副总裁黎万强离开之后，小米内部有很大的调整，《参与感》火爆的同时，小米投资众多方向，似乎从一家手机公司变成一家投资公司，手机价格也更加便宜。

这个时期应该是小米阶段性的顶峰，我一般称之为第一个抛物线的发展滞胀期，后来小米的压力是很大的，因为华为、OPPO、vivo 快速地发展起来了，虽然雷军不看好其中有些企业的疯狂开店和促销员激励措施，但是这些企业的市场占有率上去了，在结果导向的市场中，个人的看法阻止不了趋势的发展。

其实小米也就是在这个时期，忽视了线下渠道的开发，如果一开始就打造线下零售格局，也许现在已经是稳稳的领跑者了，但是历史没有假设。

当然不得不佩服雷军还是一个顶级高手，在手机行业，市场占有率一旦下滑就意味着可能会消失，因为这不是制造一部手机那么简单，而是上下游供应链，消费者可能因为你的脱轨而快速甩开你，毕竟手机生态链的圈子谁都不能掉队，掉队就会被圈子抛弃。

小米这个时候才发现，因为自己没有线下店面，整个市场的 90% 和自己无关（线上零售占社会整体零售总额的 10.7%），自己没有重视的那一块生意，已经严重影响了发展；但是小米在关键时刻，纠正了自己，2016 年 2 月，小米之家正式启动。

小米计划 3 年开 1000 家店面，实现 700 亿元销售额，这样小米线上线下就旗鼓相当了；如果在之前零售业中，尤其是专卖店模式下，说一个店面月销售额能过 1000 万元，那是天方夜谭，但是小米做到了。现在小米有多家店面月销售能过 1000 万元，比如北京五彩城店 2017 年 4 月销售额 1300 万元，同月上海一家门店销售额也过 1000 万元；小米之家目前月均坪效在 26 万元左右，仅次于苹果 40 万元的坪效。

小米创始人雷军把小米公司定义为：手机公司 + 移动互联网公司 + 新零

售公司。

手机自不必说了，小米一开始就是抓年轻时尚但是收入又不高的人群，随着后来的调整（其实也是伴随着这些人群的变化），小米手机也在逐步跟上消费人群的变化，推出性价比同样很高的 MIX 系列，2017 年 9 月全面屏 2.0 的推出，将会为小米铺垫一条新的心智之路。

移动互联网公司，是因为小米之前的销售主要靠网络，也发展出一条不寻常之路，比如目前已经形成小米商城、有品、全网电商三部分，其中有品是 2017 年 4 月份刚刚独立出来的。米家 APP 保守估计有 6000~8000 万用户，每天活跃用户 1000 万以上，去年米家有品销售额已经过 10 亿元，独立出来后要做一个"产品联盟"，但是在 SKU 上今年不会超过 1000 个，除了销售生态链的产品以外，还会销售区非生态链的品牌。

其实以上所说都是新零售的一部分，但是这里还是重点说一下小米之家。要想研究小米之家，我们先要弄明白雷军极其推崇的两家公司，一个是无印良品，一个是 Costco。

无印良品，是一个日本杂货品牌，在日文中本意是"没有商标与优质"。产品类别以日常用品为主。产品注重纯朴、简洁、环保、以人为本等理念，在包装与产品设计上皆无品牌标志（从铅笔、笔记本、食品到厨房的基本用具都有）。最近也开始进入房屋建筑、花店、咖啡店等产业类别。

无印良品是雷军推崇的一个模式，所以小米有生态链。什么是生态链？简而言之，就是小米有自己的选品标准，一种精选的标准，其中有的是小米投资的公司，有的是小米选择的合作公司，但是能够在小米这个系统中销售的产品标准是一样的，就是精品，SKU 不需要很多，只要一两个精心打磨的爆款就好。这就非常像无印良品的模式了，小米的品牌就是这种品质的保证。

当然也有人会说，小米的品质比较一般，在深圳很容易见到，其实这就要看你用的标准是什么，如果是爱马仕、LV 的标准，小米当然是达不到，但是如果是小米所锁定的用户需求的标准，性价比还是很高的。

好市多（Costco）是美国最大的连锁会员制仓储量贩店，始于 1976 年加州圣迭戈成立的 Price Club，七年后华盛顿州西雅图成立的好市多，在 2009 年是美国第三大、世界第九大零售商。好市多是会员制仓储批发俱乐部的创始者，成立以来即致力于以可能的最低价格提供给会员高品质的品牌商品。

Costco 也是雷军在很多场合经常提及推崇的公司，这个公司其实就是三个特点，一个是会员制度；一个是尽可能低的高品质产品；一个是 SKU 尽可能地少，只做爆款，一般一个 Costco 只有 4000 个 SKU（沃尔玛有 10 多万个 SKU）。其实很多人去 Costco 购物是不看价格的，因为 Costco 就是代表价低质优。小米之家也恰恰是这个理念，尤其是在生态链的很多产品上，你不需要去考虑价格问题，比如说移动电源、插座等，产品品质对应的价格让消费者感觉是超值的，让用户久而久之就放弃了价格的敏感性。

研究这两家企业之后，再看小米之家，很多事情就能豁然开朗，也能够理解为什么小米给予加盟商的利润区区只有个位数，因为他们要做的事情就是让消费者在小米之家享受无印良品 + Costco 的那种感觉。质量优异的产品能够解决大多人的需求，价格尽可能的低于预期。小米之家之所以能做到这些，主要是有以下几个原因。

1. 小米打造了一个高效的生态链

小米已经拥有近百家生态链公司，这些公司为小米打造出无数的爆款产品，这是其他公司望其项背的。小米建立了自己的产品选择标准，而这标准又是根据消费者需求去确定，不是一个简单的企业标准。

小米一开始走的就是这条路，比如从粉丝中筛选出 100 名有想法的发烧友，听取他们的意见。这不仅仅是一种用户思维，更是一种去中心化的策略，让小米可以真正实现“专注、口碑、极致、快”。

这种策略让小米之家拥有第一手的、更是独一无二的产品，在市面上不存在同质化竞争，这才是生态链的价值所在。

2. 小米拥有一个高效的供应链

目前小米之家可以保证每周两次配货，并且有强大的后台数据分析能力，在补货上实现了精准化。

现在国内物流业已经高速发展，正常来说二次配货以及数据分析并不是难点，但是我们国内消费类电子的零售店比较分散，个体老板是主流，每一家都有自己的独立采购权，这样就造成了效率低下。而小米无论是联营的店还是直营的店，都是统一管理的，这种统一管理就能够带来高效，这也是小米之家的竞争力所在，省去中间环节，将最优厚的价格让利给消费者，所以也赢得了消费者的认可。

3. 小米在全国有数以亿计的粉丝群体

小米目前粉丝数量过亿，并且还是一群忠诚度很好的粉丝，有数据显示小米之家进店顾客的成交转化率在 20% 以上，连带率（每人每次购买产品数量）为 2.7 个，而小米之家目前拥有 300 多个 SKU，这么少的 SKU 能够有这样的转化率，说明小米在产品的选择上是有独到之处的，这 300 多个 SKU 基本上能够满足不同人群的日常需求。

少就是美，大粉丝战略、少 SKU 策略，让每个产品都做到极致，让每个去过小米之家的人都能够接受小米这个品牌，这就是用互联网的思维在经营小米之家。

4. 小米在渠道建设上是接地气的

小米之家目前直营和联营比例大约是 2：1，选择的位置都是以一个城市最好的 SHOPPING MALL 为主，所以在位置上小米是没有妥协的，他们选择了年轻人都喜欢去的场所。

同时小米在联营上也是有较高要求的，不是随便去找一家就合作，而是找能够理解小米文化的、有想法的老板，需要这些老板专注、极致、反应快，目前联营店月销售额 200 万以上的店面也是习以为常了。

当然还有一点，小米创始人雷军亲自到一线市场，不论他是一场策划或是一个宣传，他都是确确实实去了，而国内外很多顶级企业，现在能够自己去一线市场调研的老板还不是很多。所以你会看到很多企业一些无法理解的营销策略和要求，就是因为二传手信息、三传手信息、甚至多传手信息所致，渠道策略不接地气，让渠道出现了畸形。

小米之家是一个新物种，你可以说他是潮品店，也可以说他是专卖店，但是我们需要切实地了解其后面的成长历史，才能看清楚本质。连雷军都说，小米到底是一家什么样的公司，小米既是手机公司，也是移动互联网公司，也是新零售公司，因为小米是一个新物种，很难用一个词概括。

雷军演讲曾说过两句话，也许值得我们所有人去思考，因为在新零售中这两点做到了，你也就了解用户了，同时线上线下的成本也就差不多了。

第一句："对于一个品牌公司来说，我觉得产品永远是最关键的事情。我在内部跟同事讲，用户不是买你的广告，不是买你的店面，不是买你的渠道，也不是买你的促销员，用户买的是产品。"

第二句："互联网思维里面最关键的两点，第一个叫用户体验，第二个叫效率。"

希望小米发展历程，能带给我们更多的启发！

后 记

经过两年多的写作，一年多时间的筹划，本书终于得以出版，这一年却又是不平常的一年，无论是市场的变化，还是我的未来选择。

2016年底，马云的一次演讲，成功地将“新零售”变成一个热搜的词汇，在零售转型迷茫不定的市场中，终于有了一个大致的方向。说是大致，是因为这仅仅是一种理论和期望，现实世界还需要更多的企业去验证和探索。

本书涉及的店面，大多数都是起步比较早的企业，他们有的是先知先觉、有的只是想改变自己的生存状态。他们开始改变的时候，其实还没有“新零售”这个词汇，但是他们去做了，并且影响了众多的传统零售企业的发展和思路，走在了潮流的前面。当然也衷心希望这些企业能够稳步向前，把自己店面的单店产能提升，不要盲目追求数量、不要一味地追求标新立异、不要梦想自己能快速地资本化，因为持续发展才是根本。

事实上，还有很多优秀的零售企业案例，因为时间关系并没有来得及收录其中，比如说盒马鲜生等。而且随着新零售的快速推进，还会有更多的优秀零售店面出现。另外，还有一些全新的模式也在出现，比如无人商店等。这些也是我们社会发展的一个标志，是一种新的生活方式。

这一年来，我也从一名职业经理人来转变为一名自由职业者，至于未来，我也在探索之中，希望寻求一种适合的方式推动中国新零售的发展，无论是BTB还是新媒体，这都是工具，我们需要用先进的工具和思维，改变我们的企业，也改变我们自己。

当然，我也要感谢我的家人，谢谢他们的理解和支持，给我一个独立的思考空间，去探寻那些暂时还没有准确答案的问题。

也谢谢我之前的同事，原谅我无法一一列出你们的名字，但是，你们知道我说的是谁——谢谢你们，没有你们的支持，我不可能有这么漫长的职业之路，更不可能有如此多的收获！

更要谢谢一路走来的各零售企业的支持，没有大家的支持和成果，我也写不出如此多的案例分析；没有你们无私的分享，我也不可能有这么多的感悟。

本书的出版需要感谢太多人，因为一个讲述转型中的书，不能凭空想象，需要太多实际操作、太多人的协助，我这里只能说谢谢大家！

愿本书读者都能从中有所收获！